KB045110

밥은 하늘입니다

밥은 하늘입니다

나를 살리고 세상을 살리는

늘 마주하는 밥상 제대로 차려
생명살림과 깨달음의 길로 간다

전희식 지음

모시는사람들

밥은 하늘입니다

아주 오래전에 '보따리학교'를 우리 집에서 열었을 때다. 밥 먹을 때 돌아가면서 하는 기도 시간에 울산에서 온 한 아이가 기도를 노래로 했다. 보따리학교는 빛살 김재형 선생 등과 함께 해월 최시형 선생의 별호를 따서 만든 유목형 대안학교의 이름이다. 그 아이가 부른 노래는 이렇다.

밥은 하늘입니다
하늘을 혼자서 못 가지듯이
밥은 서로 나눠 먹는 것
밥은 하늘입니다

딱 이렇게 두 번 반복해서 불렀다. 두 번째 부를 때는 다른 사람들도 낮은 목소리로 같이 불렀다. 김지하의 시에 곡을 붙인 것인데 노랫말도 간단하고 곡조도 쉬웠다. 이 시는 밥의 개념이 딱 한 단어로 정리되어 있다. '하늘'이라는 것이다. 밥의 성질도 나와 있다. 혼자 가질 수 없는 것이라 서로 나눠야 한다는 것이다. '독차지하지 말고 같이 나눠라.' 평화 세상의 이치, 생명 세상의 이치가 이 한마디에 담긴다.

4연으로 구성된 이 시의 셋째 연을 보자.

밥이 입으로 들어갈 때에
하늘을 몸속에 모시는 것
밥은 하늘입니다.

밥을 먹는다는 것은 하늘을 몸속에 모시는 것이라고 했다. 비로소 분명해졌다. 하늘은 온누리다. 대자연이고 하느님이고 스승이다. 배움을 크게 일으켜 주는 그 어떤 존재. 평화의 세상과 생명의 세상을 겪는 것이 밥을 먹는 일이다. 그건 곧 천국이다. '밥값 한다'

라는 말의 의미이기도 하겠다.

시의 마지막 연은 딱 한 줄이다.

아아~ 밥은 서로 나눠 먹는 것

'아아'라는 감탄사가 밥을 나눠 먹어야 하는 뜻을 더욱 간질하게
만든다. 세상 모든 다툼은 밥그릇 싸움이다. 밥그릇 싸움을 그치는
길은 밥을 나누는 것밖에 없다는 호소이기도 하다. 밥은 누군가가
독차지하고 나서 선심 쓰듯 나눠서는 안 된다. 처음부터 나누는 것
이다. 아무리 똑똑하고 성실하고 능력 있고 겸손하고 착하다고 해
도 그 사람이 밥을 독차지해서는 안 된다. 밥에는 천지의 노고가 스
며들어 있다. 밥이 오롯이 내 것일 수가 없는 것이다. 내가 한 끼 밥
값으로 8천 원을 줬더라도 밥이 내 것이라기보다 천지의 노고에 내
가 얹혀가는 것이다.

누구나 밥을 먹어야 일도 하고, 수행도 하고, 놀 수도 있고, 공부

도 한다. 그래서 "공양간에서 보살 난다"라는 말이 있다. 밥의 종류 또는 식품 재료, 밥을 대하는 마음, 밥 먹는 법, 밥의 색이나 맛을 내는 일 등 이 모든 게 하늘을 모시는 일이다.

숭산 큰스님은 "밥 먹을 때에는 밥만 먹어라."하고 말씀하셨다. 마음을 모아 밥을 정성스럽게 대하라는 말씀이다. 그래야 하늘을 몸속에 모시는 일이 된다.

동학에서는 동식물도 다 하늘로 여긴다. 생명체와 무생물, 존재와 부존재 모두 다 하늘이라고 말한다. 이 책은 동학에서 말하는 하늘 모심을 밥 이야기로 풀고 있다. 동학이라고 해서 160여 년 전(창도)이나 130년 전(동학농민혁명) 이야기가 아니라 오늘의 이야기다.

고속도로 휴게소의 공중화장실에서 화장지를 손에 둘둘 감아서 쓰는가 아니면 한 마디 한 마디를 정확히 가늠하면서 필요한 만큼만 떼어내는가. 세면대에서 손이나 얼굴을 씻을 때 물마개를 막고 수도꼭지를 트는가, 그냥 틀어 놓고 씻는가. 하늘 모심은 이렇게 사소한 일상에 스며있다.

10.29 이태원 참사를 당한 가족들의 울부짖음에 개인적인 위로와 조문도 하지만, 정부의 태만과 무책임을 질타하고 당국자의 진정 어린 사과와 책임자 처벌을 요구해 봤는가? 정부의 정책과 정치 행위를 살피고, 제도와 시스템을 개선하는 노력도 하늘을 모시는 일이다. 이 책은 그런 책이고자 한다. 내 안의 세계와 밖의 세계가 하나로 온전하게 통합되고자 하는 책이다.

이 책은 여러 매체에 쓴 글 중에서 '밥을 모시고 사는 이야기'를 모아 새로 다듬었다.

글이 완성되기를 오랜 시간 묵묵히 기다려주신 '도서출판 모시는사람들'에 깊이 감사드린다.

2023년 3월 덕유산 기슭에서
목암 전희식 심고

01

밥
상
의
뿌
리

농
사
와
생
태

햇살은 어떻게 내가 되는가
―바람과 이슬이 내가 된다

오뉴월 햇살이 우리 밥상에 오르기까지

"오뉴월 하룻볕이 무섭다"는 말은 서로 형 노릇, 언니 노릇 하려고 나이 경쟁 할 때 자주 하던 말이다. 호적이 잘못 실렸다느니, 너무 약하게 태어나서 죽을까 봐 출생신고가 늦었다느니 하면서 말이다. 한 살이라도 더 올리려고, '어릴 적'에는 그랬었다. 상급학교로 진학하고 처음 등교한 교실에서 이런 실랑이가 심심찮게 벌어졌고, 직장에 출근해서도 나이를 한 살이라도 더 올리려고 안간힘을 쓸 때였다.

해가 바뀌며 나이 한 살 올라가는 소리에 가슴이 철렁철렁하는 이때, 그 시절을 돌이켜보자니 진짜 '옛날이야기'다. 한 살은 그만두고, 나이 들수록 하루하루가 애틋하고 금쪽같다.

지난 주말에 얼굴에 볕 가리개를 쓰지 않고 들판에 나섰다가 목덜미까지 새까맣게 타버린 날도 나는 이런 말을 썼다; "오뉴월 하룻볕이 무섭다." 여름이면 더워서 지레 그늘부터 찾겠지만 추위는 확실히 물러갔고, 그렇다고 덥지는 않은 봄날. 아무 준비 없이 무방비로 집을 나섰는데 햇살이 송곳처럼 날카롭게 살갗을 파고들었다.

정확히는 주말이 아니라 금요일 오전이었다. 분명 하루 전에 한 바퀴 돌았던 길을 따라 두릅을 따러 좀 더 높은 산으로 올라가는데 길가에는 여전히 두릅이 달려 있었다. 갓 얼굴을 내민 새순 외에는 알뜰하게 땄는데도 말이다. 어제는 못 보고 그냥 지나쳤었나? 그날은 내 발자국을 듣고 두릅이 얼굴을 돌리고 있었나? 이유야 어쨌든 배낭에 두릅을 따 담는 손길은 신이 난다.

손등이 가시에 찔려 따끔대지만 아무 불평도 하지 않는다. '오뉴월 하루 햇살이 정말 무섭군. 좋아. 내일도 오늘만 같아라.' 팔목이 타건 얼굴이 타건 무슨 상관이랴. 오뉴월 하루 햇살이 두릅 순을 '부울쑥' 밀어 올린 것이니 말이다.

눈높이에 맞추어 산등성이를 훑으며 살살 걸어가다가 발걸음을 멈췄다. 누군가가 키 큰 두릅나무를 낫으로 찍어 부러뜨린 가지에서도 새순이 올라오고 있었다. 밑동이 잘렸는데도 말이다.

'한겨울 견디며 살아냈는데 봄맞이 나가야지. 겨우내 버텨 왔는데 이대로 죽을 순 없지. 세상 구경은 하고 가야지.' 하루하루 말라가는 가지가 이를 앙다물고 새순을 더 밀어 올리려고 하지만, 힘이 달리는지 두릅 순은 웅크린 채 활짝 피지는 못하고 용만 쓰고 있는 것 같았다. 오뉴월 하룻볕이 그려낸 안타까운, 경이로움이다.

낫으로 두릅나무를 자르는 사람은 분명 동네 사람이 아니다. 산과 땅에 의지하여 내일을 기약하고 내년을 기다릴 줄 아는 농촌 사람은 절대 산나물 뿌리를 캐거나 두릅나무 가지를 자르지 않는다. 타지방에서 원정을 온 사람이거나 주말 연휴에 고향을 찾은 외지 것들(!)일 것이다. 이건 내일을 기약하지 못하는 사람들의 행태다.

코로나19 이후의 세상은 자연 생태와 더불어 살아가는 세상이 되어야 한다는 석학들의 글과 방송은 즐겨 듣고 동의는 하지만, 눈앞의 좁쌀만 한 이익 앞에서는 반사적으로 습관 된 자아가 발동한다. 뒷사람을 배려할 겨를이 없다. 사지선다형 시험문제로 마주한다면 다들 '배려'와 '친환경'에 동그라미를 칠 것이다. 그러나 몸은 습관적으로 '이익'과 '효율'을 따라 움직인다. 역시나 습관은 호랑이보다도 무섭다. 곶감보다도 무서운 게 습관이다.

우리 몸과 마음은 햇살이 빚어낸 것이다

오뉴월 하룻볕이 빚어낸 그 두릅을 데쳐 먹을 생각에, 산을 내려가는 발길이 가볍고 황급하다.

산길을 오르내리는 발길이 가벼운 까닭은 또 있다. 두릅의 속성은 햇살 덕분만이 아닌 거다. 쾌적한 산속 공기와 함께 숲이 뿜어 주는 항균성 건강 물질 피톤치드(Phytoncide)는 망설임 없이 마스크도 벗게 한다. 코로나도 범접하지 못한다. 자연이 주는 축복이다. 그 자연을 해치는 인간의 습관이 오뉴월 하루 햇볕보다 무섭다.

감염병이 만든 새로운 삶의 기준들이 떠오른다. 사람끼리의 물리적 거리는 유지해야 하지만 자연과의 단절된 관계는 다시 복원해야 한다는 주장이다. 세계화 대신 지역화, 무역 중심의 대외 의존형 경제 대신 자립 경제, 성장 대신 성숙….

산속에서 동네 할머니를 두 분이나 만났고 아랫동네 할아버지도 만났다. "없는 사람은 위로 올라가고, 있는 사람은 아래로 내려간다"는 옛말이 있다. 틀린 말이 아니다. 아랫녘에 논뙈기나 있고 읍 소재지에 면서기로 일하거나 점포라도 하나 열었다면 아래로 내려가는 '있는' 사람들이다. 이도 저도 없이 궁핍한 사람들은 봄이 오기를 기다려 산으로 올라가 먹을 것을 구하게 마련이라는 격언이다.

농사짓기에도 연세가 많아 관공서 용어로 '퇴출농'이 되다 보니 맥없이 노인복지관에 가서 놀기에도 열적은 분들이 시골에는 많다. 그런 분들에게 산은 놀이터이자 운동기구이자 먹거리 보급소다. 이때 오뉴월 햇살은 무서운 게 아니라 보약이자 다기능 건강복

합센터가 된다.

　이렇게 보면, 우리 몸을 이루는 뼈와 살과 피는 결국 햇살로 이루어진 것임을 알게 된다. 두릅도 햇살이요, 벼-쌀, 온갖 푸성귀까지 모두가 햇살이 깃든 것임을 알게 된다.

　햇살뿐이랴, 바람과 비와 이슬, 게다가 산새의 울음이나 멧돼지의 똥·오줌까지 어느 것 하나 보태지지 않은 게 없다는 데로 생각이 비약한다. 그렇게 깨닫고 보니, 나이 먹는 것도 두려워할 일만은 아니다. 햇살 받고 산속 공기 호흡하며 살아온 나날을 생각하면, 그렇게 나이 먹는 건 당연한 일이 아니겠는가.

　두릅을 먹는 것이나 나이를 먹는 것이나, 무언가를 먹는다는 건 그렇게 햇살과 바람을 내 몸에 받아들이는 일이라는 거다.

농촌과 농업 그리고 문명

―자연으로 돌아가자

문명 위기의 징후인가?

우리나라의 귀농운동은 그 출발과 과정이 이채롭다. 버려진 듯한 농업·농촌에 귀농운동이 일어난 것은 사회 변화와 맞물려 있다. 그 출발점이 어디이며 뿌리는 무엇인지를 살펴보려 한다. 밥을 살리는 일이고 밥의 뿌리이기 때문이다.

모든 존재는 그것이 물질이건 비물질이건 또는 사회현상이건 자연현상이건 그것을 구성하는 재료(질료)가 있다. 물리화학적 구성이 있다. 귀농운동이 무엇을 자기 운동의 근거로 삼고 있는지를 바로 규명하고 재설정하는 것은 한국 귀농운동 30년 역사를 살피는 일에서 긴요하다 하겠다. 이것은 귀농운동의 본질을 들여다보는 일이기도 하다.

우리가 현상 이면의 본질을 보지 못하면 늘 바뀌고 달라지는 현상만을 좇느라 언제나 허둥댈 것이다. 본질을 직시하는 일은 무엇보다 귀농귀촌의 흐름이 넓어지고 깊어지는 속에서 근본적인 정책적 대안 마련을 위해서 필요하다. 궁극적으로 귀농귀촌이 지금 여기에서의 나의 생명과 생활에 어떻게 연결되는지를 가늠하는 데에 필수적인 지혜이기도 하다.

어찌 보면 개인의 인생 여정의 전환이라는 사적인 영역의 문제처럼 보이는 귀농귀촌운동의 시원을 문명 위기에서 찾는 견해가 있다. 지속가능성 위기, 에너지의 위기, 관계성의 위기, 인간됨의 위기 등 현대 문명은 여러 측면에서 위기 증상을 보이는 것은 사실이다. 때로는 과장되기도 하고 때로는 왜곡되기도 하지만 위기인 것은 분명해 보인다.

그러나 그 위기가 어느 수준의 위기인지와 어느 만큼 전면적인지 여부는 진지하게 따져 볼 필요가 있다. 위기를 강조하기에 급급하다 보면 우리의 사고와 행동은 공포에 기댄 동력만 만들기 십상이다. 그것은 우리 삶을 엉뚱한 데로 이끌어갈 수 있고, 목표를 왜곡하기 마련이다.

이하에서는 우리의 농업, 특히 귀농과 관련해 우리가 익히 알고 있는 사실과 견해들은 재론하지 않고, 몇 가지 핵심 논점을 중심으로 논의를 전개해 보려고 한다. 알게 모르게 관성의 법칙은 우리 의식에도 강하게 작용하는 법이어서 위기 담론 그 자체가 위기를 키우기도 하므로, 최대한 조심스럽게 위기를 다루는 게 좋겠다는 뜻에서이다.

문명 종말론에서 인류 절멸론까지

2008년 10월에 방영된 유명한 다큐멘터리가 있다. 케이비에스(KBS)에서 3부작으로 방영한 〈호모 오일리쿠스〉라는 작품이다. '석유형 인간'쯤이 되겠다. 나는 그 다큐멘터리를 보고 주변에 적극적으로 권장한 것은 물론, 방송국에 연락하여 테이프를 구입하여 이러저러한 자리에서 상영회를 주선하고, 담당 피디를 초청해서 강의를 듣기도 했다.

그 다큐멘터리 도입부에 충격적인 화면이 나온다. 산유국인 어느 나라 주유소를 무장경찰이 지키고 있다. 석유를 사기 위해 주민들이 길게 줄을 서 있고, 경찰은 총기로 무장한 채, 새치기를 막고 규정대로 석유가 판매(배분)되는지 감시하고 있었다. 여기까지는 사실이었다. 그다음부터는 한국의 미래를 예측하는 화면이 나온다.

대형 아파트 단지와 잠실체육관은 사람 발길이 멈춘 지 오래고 거미줄이 쳐져 있다. 주차장은 물론 길가에는 내다 버린 자동차들이 즐비하다. 미래(2008년 당시 기준 8년 후인 2016년) 한국의 모습을 그렇게 그리고 있었다. 기름값이 천정부지로 올라 자동차를 버린 상황을 상정한 것이다. 사람들의 생존 자체가 위험에 빠지고 보니 정상적으로 폐차 절차를 밟을 돈도 없고 겨를도 없어서 벌어진 풍경이라고 친절(?)하게 부연 설명하는 내레이션이 덧붙었다.

나름 과학적인 근거와 추정치로 재구성한 이런 화면이 긴박하게 비춰지고 있었다. 다큐멘터리를 보던 2008년 당시에 나는 8년쯤 뒤에는 꼭 이렇게 되리라고 의심 없이 받아들였다. 석유의 생산 정점(peak oil)이 이미 지났다고 보고, 석유 고갈과 가격 폭등을 축으로 삼은 디스토피아적인 미래상은 상당히 설득력이 있어 보였다. 지금은 2023년이다. 당시의 예측과 많이 다르다. 달라도 너무 다르다.

다른 풍경을 하나 더 소개한다. 2012년, 마야의 달력이 끝나는 그해 동지에 지구가 자전을 멈추고, 지구 축이 23.5도에서 수직으로 바로 서며, 혹한이나 해일이 덮칠 것이라고 하면서, 자급 공동체를 꾸리고 비상식량을 준비하며, 자위적인 무장을 해야 한다는 주장을 내 주변에서도 심심찮게 들을 수 있었다.

당시 나는 한 공동체 집단에 상당히 깊이 관련을 맺고 있었는데, 사단법인 전국귀농운동본부의 유력한 인사의 설득(?)에 나도 한 발 담갔던 것이다. 귀만 솔깃했던 것이 아니라 관련 서적과 지구 종말 잠언들에 탐닉했다. 주변사람들로부터 '종말론자들'이라는 비난을 들었지만, 오불관언했다. 그러나 지구 종말 운운하던 2012년은 아무렇지도 않게 지나갔다. 물론 처음부터 무지하거나 무관심했던 사람도 있었다. 마야 달력과 석유 정점에 무관심했을 뿐 아니라 인류 문명의 위기 자체에 무관심한 사람들이 훨씬 많았다.

또 있다. 서기 2000년을 앞두고 전 지구적으로 떠들썩했던 이른바 '밀레니엄 버그' 논란도 생생하다. 세상 모든 컴퓨터가 연도 표기를 못 하거나 100년 전으로 계산하는 바람에 전대미문의 대재앙 사태가 벌어진다고 했다. 연도 표기의 네 자리 숫자 중 앞자리는 19로만 되어 있어서 20이라는 새로 필요한 앞자리는 인식하지 못하는 데서 빚어지는 연산 오류와 그로 말미암아 닥쳐오는 대재앙이 그 위기 시나리오의 요지다.

위와 같은 야단법석이 무의미하지는 않았다. 몇몇 자급 공동체가 내 눈앞에서 생겨나는 것을 보았고, 어느 집단은 지구 볼텍스를 찾아서 저 멀리 남미로 집단 이주를 감행했다. 볼텍스(vortex)는 '소용돌이'라는 뜻으로 지구 파장인 7-8헤르츠(hz)가 강하게 분출되는 특정 지역을 말한다. 지구에는 21개의 볼텍스가 있다고 알려져 있다. 말하자면 지구 버전의 십승지(十勝地)인 셈이다. 다 허망한 해프닝이었다.

지구 역사상 최초, 인간 문명이 위기의 주범

코로나19 팬데믹 이후 인류 문명 위기론이 다시금 팽배하고 있다. 어찌 보면 지금까지의 그러한 위기론의 재현인 것처럼 보인다. 그렇다면 현대 문명의 위기는 지구 역사 어느 시점에나 등장하던 그렇고 그런 위기론의 반복일 뿐일까. 위기의 개념을 넓혀서 보면 문제의 본질이 크게 바뀐다. 현재의 전 지구적 위기 국면은 현대 산업문명의 위기인가? 아니면 인간종의 위기인가? 그것도 아니면 지구 자체의 위기인가?

나는 위기의 징후들을 고장 난 녹음기처럼 되뇌며 늘어놓는 말들에는 흥미를 잃은 지 오래다. '뉴스룸'에서 손석희 앵커가 자주 했던 말처럼 "한 걸음 더 들어가고 싶은 것"이다. 현재의 국면은 '위기'라고 하더라도 거론되는 위기의 내용과 근거가 지금까지와는 엄청나게 다른 게 사실이다. 종교적 교의에 빠진 위기론도 있고, 생태환경 중심의 주장도 있다. 인문사회적 위기를 축으로 설파되기도 한다. 이 모든 것을 음모론으로 규정하며 희화화함으로써, 실재하는 위기를 축소해서 도리어 위기를 증폭하는 경우도 있다.

한 가지 공통된 것은 위기의 근원이 '인간'이라는 관점이다. 초대형 자연 재해도 그 원인의 중심에는 '문명화'라는 이름의 인간 활동이 있다. 봄베이 화산 폭발이나 유카탄반도에 떨어진 운석 등 자연

재해도 지구 역사를 바꾸어 왔다. 그러나 현재의 위기는 임계점 근처에서 인간 문명의 건설과 그로부터 나온 부산물이 위기의 최종 원인 제공자라는 점이 지금까지의 위기(론)과 결정적인 차이점이다.

기후재난, 기후난민, 기후정의…. 이런 논점들은 사실 여부에 대한 찬반 논란이 거세던 시기를 지나 이제는 거의 통설로 자리 잡는 분위기다. 계속되는 홍수와 가뭄, 폭염과 폭설은 일반적인 기후 정형을 깨고 있다. 그로 인한 산불과 동식물의 멸종은 누구라도 감각적으로, 경험적으로 느끼고 인지할 수 있는 위기들이다. 결국 98℃ 물에 2~3℃의 온도를 더하는 역할을 인간이 하고 있다는 얘기다. 대형 재난으로까지 가지 않을 자연현상도 대형 재난 사고로 이어지는 지경에 이르렀다는 것은 인간의 문명 활동 외에 달리 설명할 길이 없다.

자본 중심의 성장주의, 도시 문제, 농촌에 대한 도시의 식민지적 약탈, 빈부의 극단적인 양극화, 지구온난화, 거대국가들의 개입에 의한 약소민족/국가 분쟁의 상시화, 인간 심성의 파괴, 끊임없는 무기 경쟁 등 끝이 없다. 관련 지표를 인용할 필요도 없다. 예컨대 우크라이나와 러시아의 전쟁은 인간 지성의 종말 전쟁이라 해도 과언이 아니다. 이 전쟁에 빨대를 들이대고 단물을 빠는 무기산업과 그 돈으로 국가권력을 운용하는 세력이 인류를 공멸의 구렁텅이로 내몰아가고 있다.

이런 암울한 현상들은 우리의 삶이 이 상태로는 계속되기 힘들다는 걸 거듭해서 말해 준다. 내가 보기에는 치료하기 힘든 인간 고질병이다. 재독학자인 한병철이 현대사회를 '성과사회'라고 부른 것도 이런 측면을 지칭하는 것이다. '피로사회'라고도 했다. '성공하라' 또는 '이겨라'라고 하는 것이 우리 삶의 유일한 집단 규율로 되어 버렸다는 진단인데, 일리가 있는 얘기다. 나는 졸저『아름다운 후퇴』(내일을 여는 책, 2012)에서 이를 '자해문명'이라 이름 붙여서, 움직이면 움직일수록 그것이 경제활동이건 교육이건 의료행위건 자신의 무덤을 파고 있는 인류의 실상을 적시한 적이 있다.

위 책에서는 농업 분야에서 당장 '식물복지'가 필요하다는 견해를 체계적으로 갈파하기도 했다. 또 다른 졸저『소농은 혁명이다』(모시는사람들, 2016)에서는 그 대안으로 자연재배 자급농을 제시했다. 자급농은 소농과 가족농의 합성어라고 보면 된다.

국내외 학자들도 현대 문명의 위기 진단을 많이 하고 있다. 내가 최근에 탐독한 종교·인문·과학·영성·천문학 관련 저작들은 이구동성으로 지구 문명의 위기를 다룬다. 신비주의 색채가 있는 서적은 제외하더라도 피케티, 윌리엄 제임스, 아이젠스타인, 유발 하라리 등의 저작은 물론 문명서의 고전에 해당하는 제레드 다이아몬드의 저작들도 절체절명의 문명 위기를 말하고 있다. 지나칠 정도의 과학적 접근으로!

자연과 멀어진 만큼 중증의 위기

도서출판 모시는사람들에서는 『다시개벽』이라는 계간지를 내고 있다. 다시개벽이란 현재의 인류 사회가 땅과 하늘이 처음 만들어 질 때만큼의 초(超)전환기에 직면해 있다는 인식을 반영하는 말이다. 그만큼 문명 위기의 감도가 높아져 있다. 왜 이렇게 되었을까? 내 견해는 단순하다. 자연과 멀어진 것이 그 원인이다. 인간이 자연의 자식임에도 불구하고 제 부모인 자연의 은혜를 잊고 배은망덕하게 가해를 계속했기 때문이다. 자연과 멀어진 딱 그만큼 인간은 경쟁병과 긴장병(스트레스)과 결핍증과 분노병 등의 현대병을 앓는 것이라고 단언한다.

현대인은 다 일종의 정신질환자라고 볼 수 있다. 내가 하는 말이 아니다. 호주 원주민이 우리 같은 문명 사회의 인간을 '무탄트'라고 불렀다지 않는가. 무탄트는 원주민 언어로 '원래 모습을 상실한 자, 이상한 종의 인간'을 말한다. 탁 트인 환경에서 살지 못하는 종, 냉난방이 완비된 건물을 짓느라 시간을 허비하고 정상적인 기후에서는 병을 앓는 종, 자연 상태의 음식보다 이상하게 조작한 음식만 먹는 종을 일컫는다. 우리는 이런 문제에 대한 지각력마저도 잃어버린 듯하다.

우리가 본래 갖고 있던 예지력과 공감력, 소통력 들은 자본의 유혹과 농간으로 시장에서 거래되는 '상품'으로 대체되었다. 스마트폰에 얼굴을 처박고 살다 보니 옆 사람이나 풍경을 살필 겨를이 없다. 전화번호 하나, 노랫말 하나 못 외는 사람이 수두룩하다. 자연과 멀어진 거리만큼 중증이다. 기계에 내맡기고 편하게 지내다 보니 몸과 정신이 퇴화했다.

이런 현상은 인간 이성이 주된 원흉이라고 보기도 한다. 이성과 합리적 사고, 기계론적 분석주의 등 인간 문명의 원동력이 현대 병증 원인으로 진단되고 있다. 개별화의 극치를 부추기는 현대 문화는 사실 이성과 논리의 바탕 위에 구축된 모래성이다.

생각과 이성의 주체가 절대 인간이 아니다. 인간은 소나기 같은 정보에 갈피를 잃고 둥둥 떠 있으면서 생각에 이끌려 이리저리 시달리고 있다고 보면 된다. 요즘 유행하는 말로 '알고리즘의 노예' 딱 그 모양이다. 이성과 논리의 종이 되었다고나 할까? 고도화된 자본의 그물망에 걸린 거미줄 위의 매미 신세라고나 할까? 그래서 역설적으로 이성의 대척점에 있는 힐링과 감성과 수련과 명상이 대두되고 있다. 자연으로 되돌아가기 위한 통로를 만드는 애틋한 노력이다.

사실, '자연으로 돌아가자'라는 운동은 중세 때부터 있었다. 이성을 버리자는 운동이었다. 그때 이미 인간 이성이 만든 사회(도시)가 인간됨을 타락시킨다고 했으니 참으로 역설의 선견지명이라 아니

할 수 없다. 따지고 보면, 인간이 만들어 낸 도시는 인간의 피조물이다. 피조물이 창조주를 외면하고 도리어 능욕하는 것은 도시보다 훨씬 앞서 인간이 먼저라고 할 수 있다. 인간을 창조한 것은 자연이니까 그렇다.

자연에 대한 인간의 배신은 하늘을 찌르고 땅을 쩌렁쩌렁 울린다. 요즘은 신이 곧 자연이라는 인식이 널리 퍼져 가고 있다. 절대적 위치의 이원론적 신관이 무너진 지 오래되었고, 모든 존재의 내면에 있는 신성성의 회복에 주력하고 있다. 우리나라 근대에도 이미 150년 전 동학에서 '천지부모가 하늘님'이라고 설파한 진리이다. 이런 흐름을 한마디로 말하자면 자연스러운 삶을 복원하여 순리의 삶을 살아가자는 염원의 발로이다. 이것이 농업 본연의 역할이고 귀농 흐름의 저변에 있는 염원이다.

밥상을 점령한 유전자 조작 식품
— 핵보다 무서운 건 독이 든 사과

상인 중에 가장 고약한 상인은 먹는 걸 가지고 장난치는 사람이다. 그렇잖은가. 살자고 먹는데 그 음식에다 죽음의 독을 뿌리고자기 돈벌이만 열중한다면? 있을 수 없는 일이다. 그 있을 수 없는일이 버젓이 벌어지고 있는 게 오늘의 현실이다. 문명의 붕괴는 하늘(기후위기)에서 벌어지는 것이 본질이 아니다. 문명의 뿌리이자발원지라고 할 인간 자신이 그가 먹는 것으로 말미암아 붕괴하고있는 것이 문제의 근본이다. 이제 그 이야기를 해 보자. 끊임없이되풀이되는 얘기긴 하지만.

식품 업체들의 막무가내 수입

누가? 대체 누가 먹는 걸로 장난 치는가? 미국의 몬산토(Monsanto)다. 한국의 씨제이제일제당이 그렇고, 대상(주)이 그렇고, 사조그룹

이 그렇다. 유전자조작식품 지엠오(GMO)를 두고 하는 얘기다. 좀 오래된 이야기이긴 하지만 2013년 7월 1일 경실련 소비자정의센터가 그렇게 발표했다. 이 단체가 식약청의 자료들을 두루 분석해서 발표한 〈씨제이제일제당·대상·사조그룹 제품의 지엠오 표시현황 실태조사〉에 따르면 이들 회사는 2010년부터 3년 동안 총 지엠오 콩과 옥수수를 395만 5,888톤이나 수입했지만 어떤 제품에도 지엠오 표시를 하지 않았다.

경실련이 3개 업체의 제품 가운데 콩, 대두, 옥수수 등을 원재료로 표기한 386개를 조사한 결과 씨제이제일제당(249개), 사조그룹(99개), 대상(38개)의 제품 어디에도 지엠오 표시는 없었으며, 266개 제품은 원산지 표시마저도 하지 않은 것으로 확인되었다. 정말 고약하기 짝이 없는 짓이다. 동아원, 대선제분(주), ㈜삼양밀맥스, 한국제분(주) 등도 마찬가지였다.

정보공개 청구를 통해 얻은 최근 자료에는 2013~2017년 동안 지엠오 가공식품 수입 총량이 1,036만 톤에 이르는 것으로 나온다. 연평균 207만 톤이다. 이는 국민 1인당 40.2킬로그램에 해당한다. 2017년 1인당 연간 쌀 소비가 61.8킬로그램인 것을 감안하면, 1인당 지엠오 식품 소비량은 쌀 소비의 2/3에 이르는 많은 양이다. 2023년 올해는 더 많을 것이다. 그동안 계속 늘어 왔기 때문이다.

도대체 마음 놓고 먹을 것이 없다. 마트에서 제품을 치켜들고 뒤집어 가면서 트랜스 지방이 있는지, 지엠오는 아닌지, 아무리 살펴보아도 알 수가 없다. 깨알만 한 글씨로 '대두:수입산, 옥배유:수입산'이라고만 쓰여 있을 뿐이다. 옥배유는 옥수수기름을 말한다. 이 옥수수기름은 100퍼센트 지엠오 옥수수로부터 나온 것이라고 보면 된다. 지엠오이나 지엠오가 아닌 척 하는 것이다.

이는 현행 '유전자재조합식품 등의 표시기준'이 그렇게 되어 있어서 그렇다. 원재료 5순위 안에 포함된 제품이나 외래 단백질 · 디엔에이(DNA)가 남아 있는 제품만 지엠오 여부를 표시하도록 규정했기 때문이다. 식용유 등 대다수 제품은 가공을 거치면서 외래 단백질 · 디엔에이가 남지 않아 표시 대상 제품에서 제외된다.

지엠오 천국, 괜찮은가?

농작물에 있는 해충이 '살충성 지엠오' 작물인 옥수수 잎이나 콩 잎을 먹으면 바로 죽는다. 유전자 조작을 통해 그렇게 만들었다. 농약을 칠 필요도 없다. 해충이 자기 식성에 맞는 옥수수 잎을 먹는 순간 죽으니 말이다. '제초성 지엠오'도 있다. 제초제를 아무리 많이 쳐도 옥수수와 콩은 싱싱하게 잘 자란다. 몬산토에서 개발한 '라운드 업 레디'라는 제초제가 그렇다. 제초성이 얼마나 강한지 풀이란 풀은 다 죽는다. 그러나 같은 풀인 콩과 옥수수는 유전자를 조작했기 때문에 끄떡없다.

그 외에 '맞춤형 지엠오'도 있다. 운송 과정에서 서로 좀 부딪쳐도 상하지 않도록 한 것으로, 고무공처럼 통통 튕기는 토마토가 그것이다. 『음식의 종말』(갈무리)이라는 책에 적나라하게 나온다. 저자인 토마스 폴릭이 맛있게 생긴 토마토를 한 상자 샀는데 아들 녀석에게 먹으라고 던져 주었다. 야구공 던지듯이. 다행히도 아들이 토마토를 놓쳤다. 정말 다행이었다. 토마토는 아들 머리 위를 날아 뒤쪽 건물 벽에 부딪혔는데 토마토가 깨지기는커녕 고무공처럼 통 튕겼다. 이 책을 쓰게 된 저자가 실제 경험한 사례이다. 이런 게 '맞춤형 지엠오' 농산물이다.

유통 기간이 길어져 생산한 지 오래되어도 상하지 않도록 한 '항균성 지엠오'도 있다. 유통 기간이 길어진 만큼 매대에 오래 진열해도 신선도가 전혀 떨어지지 않고 썩지도 않는다. 어떤가? 반가운가 아니면 끔찍한가? 더 놀라운 것은 크기를 균일하게 하는 지엠오 제품도 있다는 것이다. 이는 제품 선별 과정상의 편의를 위한 것으로, 이 종자는 다 자란 토마토 24개가 딱 한 박스가 되도록 유전자를 조작한 것이다.

이런 것을 사람이 먹으면 어떻게 되겠는가? 당장 아무 일도 없는 건 사실이다. 그러나 만병통치약이었던 디디티(DDT)를 기억하자. 너도나도 애용했던 석면 단열재와 슬레이트 지붕재를 떠올려 보

자. 그것들이 인간에게 어떤 해악을 끼쳤고, 뒤늦게나마 이를 알아챈 덕분에 지금 어떤 운명에 처해졌는지를.

옛날에는 손가락 마디만 했던 딸기가 지금은 하나같이 어린아이 주먹 크기만 하다. 달기는 또 얼마나 단가. 다 유전자 조작이다. 이런 얘기 듣다 보면 너무 암담하니까 "에이, 그러면 뭘 먹어. 죽을 때 죽더라도 일단 먹고 보자."라고 한다. 그러나 어쩌랴. '나'만 고통스레 또는 요행히 아무 증상 없이 죽고 끝나는 게 아니라 가족과 이웃, 특히 후손에게 크나큰 고통을 안겨 줄 수 있다는 데 문제가 있다. 의료비로 애써 모았던 돈도 다 날린다.

일본에서 지엠오를 실험한 결과치가 있다. 임신 2주 전에 쥐에게 지엠오 먹이를 줬더니 무려 36퍼센트의 체중이 감소했다. 태어난 쥐의 새끼 55.6퍼센트는 3주 이내에 죽어 버렸다. 또 지엠오 작물은 생태계를 교란한다. 제초제가 더 이상 듣지 않는 슈퍼잡초가 마구 나타난다.

모든 포유류는 출산해야 젖이 나온다. 그런데 젖소는 만날 젖이 나온다. 유전자 조작 때문이다. 유전자 조작을 통해 젖이 많이 나오게 한다는 건 널리 알려진 사실이다. 그걸 우리는 먹는다. 지엠오 작물을 먹은 젖소는 평균수명이 2년 단축되었다는 보고가 있다.

개인적으로 지엠오를 안 먹겠다고 다짐해도 잘 안 된다. 보통의 직장인이 즐겨 먹는 자장면(에 들어간 춘장), 두유(에 쓰인 대두), 찜닭

(양념으로 쓰인 물엿과 간장은 물론 여기에 사용된 당면), 커피(에 타서 먹는 시럽), 팝콘(재료인 옥수수), 콜라, 과자 등이 온통 지엠오이다. 소고기, 돼지고기, 연어 등이 다 지엠오 사료로 만들어진다. 그러나 어디에도 표시가 없는 것은 물론이다.

알뜰한 주부가 '국산 들기름'을 샀다고 하자. 그것도 결국 지엠오일 가능성이 크다. 옥수수 식용유를 섞은 가짜 국산 들기름이 많기 때문이다. 식당에 가서 비빔밥 먹을 때 넣는 참기름. 이것들은 거의 100퍼센트 옥수수 식용유를 섞었다고 보면 된다. 국산 쌀과 국산 김치와 국산 참기름으로 된 비빔밥을 먹었는데 뜻하지 않게 지엠오를 먹은 꼴이다. 기가 막힌다.

수입된 식용 지엠오는 식용 기름이나 전분당 및 각종 식품첨가물을 만든다. 사료용은 일단 소와 돼지, 닭, 어류 등이 먹는데 그 소, 돼지, 닭, 어류를 사람이 먹으니 결국 사료용 지엠오도 사람이 먹는 꼴이다. 게다가 이런 식으로 먹으면 식품 내 성분의 섭취율이 훨씬 더 높아진다. 최종 포식자인 인간이 가장 고농축된 지엠오 성분을 섭취하게 된다는 것이다. 이것을 '생물농축'이라고 한다. 2021년에는 훨씬 더 늘었다. 1,264만 톤을 수입했다.

지엠오 아닌 게 없네?

켈로그(Kellogg's)는 미국의 곡물 시리얼 브랜드이다. 1898년, 켈로그 형제에 의해 세계 최초로 콘플레이크가 탄생했다. 현재 100년 전통의 콘플레이크를 비롯하여 스낵, 크래커, 와플 등을 생산하고 있으며, 국내에는 1981년에 설립된 합작 투자회사가 있다. 지엠오를 사용했다가 최근에야 지엠오 아닌 제품을 내기도 한다.

한국에서 만든 된장, 청국장은 믿을 수 있을까? 된장 원료는 수입 콩일 수 있다. 그러면 지엠오 식품이다. 한국 목축 농가에서 짠 우유. 하루 18리터에서 20리터까지 짜내는 이 우유는 한국 농장에서 생산한 것이니까 믿을 수 있을까? 천만에다. 한국의 농장 젖소들도 지엠오 사료를 먹이고 지엠오 제품인 호르몬제를 먹인다. 그래야 우유를 많이 짤 수 있다. 이른바 '고름 우유'를 막기 위해 항생제를 먹여서 기른다. 제초제 저항성 지엠오는 글리포세이트라는 독성 제초제를 맘껏 뿌릴 수 있게 한다.

돼지 축사. 인 성분이 많다. 분뇨는 녹조현상을 일으킨다. 돼지 유전자를 조작하여 인 성분이 없게 한다. 그러다 보니 돼지의 생리적 리듬이 깨진다. 이는 양식장의 연어도 마찬가지다. 원래 자연 상태에서 다 자란 연어는 무게가 2킬로그램 남짓이다. 그러나 양식장에서는 2개월에 20킬로그램으로 자란다. 슈퍼연어다. 덩치만 커지고 다른 기관은 제대로 발육이 되지 않아서 사실은 기형이라 하겠다. 2022년 한국 환경영화제에서 개봉된 다큐멘터리 〈우리의 식생활, 멸종을 부른다〉를 보면, 양식장의 처참한 광경이 나온다. 이런 물살이들을 먹는다면 스트레스 호르몬인 코티솔 호르몬을 그대로 우리가 섭취하는 꼴이다.

참! 그런데 지엠오 수입 업체 이름에서 삼성이 빠졌네? 삼성은 지엠오 사업을 하지 않을까? 천만에! 삼성은 더 크게 일을 벌이고 있다. 아예 몬산토와 손잡고 전라북도 새만금 지역에 지엠오 곡창지대를 만들려고 하고 있다. 황금 종자(Golden Seed) 사업이다. 이 사업은 지역사회의 큰 반발에 부딪혔다. 결국 전라북도와도 세부 사항에서 조율에 실패해서, 체결했던 양해각서(MOU)를 폐기하게 되었다.

언론에 시끄럽게 보도가 될 때 내가 대상(주) 홈페이지에 들어가 봤더니 대문짝에 "건강한 식문화로 행복한 미래를 창조하는 기업"이라고 되어 있다. '쿵~!' 하고 가슴이 내려앉는다. 혹시나 하고 사조그룹에 들어가 봤다. 역시나였다. "안전하고 건강한 먹거리 제공으로 가족의 건강과 행복에 앞장서는 기업"이라는 문구도 모자라는지 "사랑하는 우리 가족 행복한 식탁"이라고 되어 있다. 그렇다면 씨제이제일제당은? "건강과 행복을 드리는"이다. 대책이 시급하다.

인간은 기후위기보다 훨씬 더 깊은 곳에서부터 붕괴하는 중이다. 신데렐라는 독이 든 사과를 먹고 잠들었다가 왕자의 입맞춤으로 깨어났지만, 인류는 영영 깨어나지 못하고 인간 아닌 괴물이 되거나 사라져갈 가능성이 농후하다. 북핵보다 더 무서운 게 독이 되는 음식이라는 걸 깨달아야 할 때다.

농민 기본소득제, 우리가 살길
— 지방소멸 불가론

지방소멸론의 허상 너머

건강하고 안정적인 먹거리 공급은 한 나라의 경제 문제일 뿐 아니라 인간의 존재론이며 생명론이자 인류 문명, 지구 문명과 관련된 것이다. 그 반대편에 '지방소멸론'이 놓여 있다. 무슨 말인가?

'지방소멸'이 걱정이라는 이야기가 자주 나온다. 지방에 사는 사람으로서 '소멸'이라는 말을 들을 때마다 섬뜩하다. 전쟁터에서 살상 행위를 '제거'라고 하기도 하고 '소멸'이라고 하기도 하기 때문이다. 그러나 지방이 소멸하는 일은 단연코 없을 것이다. 여러 지표와 사회현상으로 '지방소멸'의 위험성을 입증코자 하는 연구 발표와 보도가 있는 걸 안다. 그것들이 전하고자 하는 메시지는 이해하지만, 그 논리에 나는 동의하지 않는다. 이른바 '지방소멸 불가론'

을 제기하는 바이다. 앞서 말했듯이 이건 지방 사람의 고집이 아니라, 인류 문명사적인 선언이다.

지방소멸론을 펼치는 주된 근거는 지방의 인구 감소다. 더 정확히 말하면 출산율 저하와 고령 인구의 증가다. 지방의 가임 여성이 큰 폭으로 준다는 것과 경제활동인구 감소와도 연결시킨다. 이 말은 원래 2011년에 일본 국토교통성이 〈국토의 장기 전망〉 보고서에서 처음 사용했고, 2015년에 마스다 히로야라는 도쿄대 교수가 더 널리 퍼뜨려 위기의식을 높인 바 있다. 이러한 위기론은 종합적인 지구환경 측면에서나 인류 문명사적으로 볼 때 받아들일 수 없다. 한국 현실에 비추어 봐도 그렇다. 그 사실관계는 바로 드러난다.

우선, '지방소멸 위험지역' 설정의 비과학성과 임의성이다. 20-39세 가임 여성 인구를 65세 이상 인구로 나눈 지수가 0.5 미만이면 그렇게 부른다. 그런데 이상한 것은 지방소멸 위험지역 지수가 있다면 당연히 지방소멸 지수가 있어야 하는데 그게 없다. 우리나라 지방자치법에도 그런 용어는 없다. 0.5 미만의 지수가 되면 살기 힘들어진다는 근거도 없다. 그러다 보니 당연히(?) 관련된 '지방확장 지수'라는 희망의 표본은 없다. 소멸 지수가 있으면 확장 지수가 있어야 마땅하다 하겠으나 위기를 강조하는 것이 목적이라 그런 개념을 생각지도 않는다.

만약 그 의도가 행정구역 수의 감소나 통폐합이라면 굳이 소멸이라는 위협적인 단어를 쓸 일이 아니다. 인구가 줄어드는 지역이 있으면 행정상 통폐합할 수도 있고, 인구밀도가 낮아짐에 따른 정치적·행정적인 대응을 해서 다른 방식의 삶을 설계하면 되는 일이다. 여러 이유로 행정구역 통폐합은 지금도 비일비재하다.

일본에서 만들어낸 이 개념과 지수를 놓고서 우리나라 〈한국고용정보원〉을 비롯하여 여러 단체와 지자체들이 앞다투어 '30년 뒤면 우리나라 지자체의 1/3이 소멸한다'느니 어쩌니 하는데, 이는 명백한 사실 왜곡이며 공갈협박이다. 물론, 이런 담론이 출산율 저하에 따른 정책적 대응을 요청하려는 것이라는 점은 이해한다. 대도시로의 인구 집중, 경제활동인구 감소 현실에 대한 우려를 담은 담론이라는 것도 안다. 따라서 다음 사항을 지적하고자 한다. 지방소멸 불가론의 두 번째 이유가 되겠다.

지구 생태계의 적정 인구는 얼마인가?

인구수에 관한 얘기를 해 보자. 한국의 적정 인구는 얼마라고 보는가? 지금처럼 출산율 높이기에 천문학적인 돈을 쓰며 출산을 독려하는 정책 당국은 한국의 적정 인구를 얼마로 보고 있는지 묻고 싶다. 1983년인 것으로 기억된다. 우리나라 인구가 4천만 명을 돌파했다. 당시의 산아제한 구호가 생생하다. '덮어 놓고 낳다 보면 거지꼴을 못 면한다'거나 '하나씩만 낳아도 삼천리는 초만원' 같은 것이었다.

남한의 현재 인구는 모든 측면에서 과잉이다. 이 땅에서 나는 것으로 2023년 현재의 5,155만 명이 먹고, 쓰고, 입고 살 수가 없다.* 다른 나라의 자원을 가져와야 한다. 그것은 언젠가 한계에 직면한다. 인간의 활동이 자연 생태계에 끼치는 부담을 '생태발자국'이라는 개념으로 수치화하여 표시하는데, 1인 기준으로 한국은 기준치의 3.3배다. 그만큼 인구 과밀현상과 과소비가 심각하다는 얘기다. 80억 지구인**이 한국인처럼 생태 자원을 소비하면서 산다면 3.3개의 지구가 필요한 셈이다. 세계자연기금(WWF) 한국본부가 발표한 〈한국 생태발자국 보고서 2016〉에 나오는 얘기다.

모든 생명체는 생존 조건에 따른 생체호르몬 반응 체계가 있어서 자연스럽게 개체수를 조절한다는 설이 있다. 환경이 급변하거나 식량 공급량이 줄어들면 호르몬 체계가 작동해서 정자의 숫자나 활동성을 떨어뜨리고 난자 생존율도 떨어진다는 주장이다. 실제 수조에 사는 물살이들도 수조의 크기에 적당한 개체의 수만큼 번식하다가 멈춘다는 보고도 있다. 이렇게 볼 때 한국 사회의 출산

---

* 이 글을 처음 쓰던 2020년 시점의 대한민국 인구는 '5,182만 명'이었다. 지난 3년 사이에 약 30만 명이 줄었다. 우리는 이미 순 인구감소 국면에 접어들었다.

** 지구 인구는 2022년 11월 15일에 80억 명을 넘어섰다.

율 저하는 아주 자연스러운 인구 조절 과정이라고 보는 게 타당하다. 전쟁이나 끔찍한 재해보다 출산율 저하가 인구 조절의 평화로운 연착륙 과정이라 보는 것이다. 이 현상을 수용하고 이를 전제로 대응책을 마련하는 게 좋다. 출산율 높이기로 대응하는 것은 옳지 않다.

지방소멸 문제가 단순한 인구수 얘기가 아닌 것을 내가 모르지 않는다. 그러면 세 번째 이유를 말할 차례다. 노령화 문제를 다뤄 보자. 경제활동인구 감소도. 전문가들이 인용하는 노령화 관련 통계 수치는 맞다. 우리나라는 고령화 사회(65세 이상 인구가 7퍼센트 이상)를 넘어 초고령 사회(65세 이상이 20퍼센트 이상)로 나아가고 있다. 그러나 최근 십몇 년간의 통계만 인용하며 강조하는 것은 전문가로서 양심 불량이라고 본다. 6, 7년쯤 전에 나는 구례 자연드림에서 열린 농촌인구 노령화 대책 포럼에서 이 점을 발표한 적이 있다. 아래에 그 근거를 제시한다.

저출산 시대에 태어난 세대는 이미 사회의 청·중년층이 되고 있다. 평균수명이 아무리 늘어난다고 해도 그들이 언젠가 노년층으로 진입하면서는 노령화 비율이나 가임 여성과의 비교 지수가 낮아질 것은 명백하다. 가분수형 인구분포에서 항아리 형으로 바뀔 것이고 종내에는 안정적인 모델로 갈 것이다. 그 과정을 차분히 맞이하는 게 맞다.

인공지능이 인간 노동을 대체할 것이다

일본의 통계를 보자. 일본 내각부에서 나온 『고령화 사회 백서』 2016년도 통계다. 이를 보면 노령화 증가율이 뚝뚝 떨어지고 있다. 2000년도에서 20년까지는 노령화 증가율이 11.7퍼센트였지만 20년에서 40년까지는 7퍼센트이고, 다시 60년까지는 3.7퍼센트에 불과하다. 저출산 세대도 나이를 먹는다는, 너무도 명료한 사실을 드러내 주고 있다.

경제 문제와 노령화, 1인 가구 증가, 경제성장률 둔화 등 많은 부문에서 일본을 따라가고 있는 한국도 예외가 아니다. 2018년 통계청의 '고령화 통계'를 보면 고령화 지수가 2020년에서 2040년까지는 근 3배가 증가하지만 2040년에서 2060년까지는 기껏 1.3배 증가에 그친다.

전문가들이 즐겨 인용하는 '인구 피라미드' 그림도 문제가 있다. 통계청의 통계지리정보서비스(https://sgis.kostat.go.kr/view/index)에 잘 나와 있다. 30~40년 전의 완전한 피라미드 형태를 보여주고는 2020년의 중간 연령층이 불룩한 항아리형 그림에 이어 2050년과 2070년의 고려청자와 같이, 위쪽의 노령인구가 가분수 꼴인 그림까지만 보여준다. 그다음의 그림은 없다. 이런 추세에 따라 2100년의 인구피라미드 그림을 추론해서 그리면 거의 평행의 사다리 뿔 형태가 될 것이다.

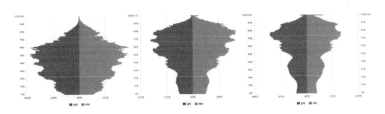

2021년, 2050년, 2070년 인구 피라미드 예측 모형

그런데 이런 그림은 보여주지 않는다. 인구수에 따른 사회경제적 문제를 중·장기적으로 분석하려면 그런 그림도 함께 놓고 얘기하는 것이 옳다. 이런 식의 전문가 집단의 '양심 불량' 현상은 치매 문제 토론장에서도 종종 목격한다. 비선형적인 치매 인구 증가율을 보여주는데, 당연히 노인 인구 증가라는 모 집단의 크기를 놓고 치매 유병률을 말해야 함에도 치매 노인인구 증가만 얘기하는 경우다. 치매 인구가 늘어난다는 것만 가지고는 상황을 제대로 파악하는 것이라고 할 수 없다. 절대 인구수의 증가도 중요하지만 모 집단인 노인 인구의 급증을 함께 다뤄야 객관적인 실체를 알 수 있지 않겠는가?

마지막으로, 경제활동인구에 대해 살펴보자. 15~64세의 경제활동인구가 줄어든다면서 이들이 부양해야 할 (노령)인구가 늘어나고 있다고 걱정들을 한다. 이 역시 인용하는 숫자는 맞다. 하지만 곧장 큰 위기가 닥치는 것으로 진단하는 것은 문제가 있다. 우선 주목해 보아야 할 것은 인구 노령화만 진행되는 게 아니라 경제활동 연령도 상향되고 있다는 사실이다. 요즘 65세, 즉 법적 노인이 되었다고 해서 뒷방살이를 자처하는 사람이 누가 있는가? 그 나이는 여전히 활동력이 왕성하다. 옛날 지표를 가지고 경제활동인구를 따지는 것은 현실을 외면하는 것이다.

이보다 더 긴요한 통계의 숨은 진실이 있다

'소멸'이라는 말에서 우리는 출산율 저하를 바로 떠올린다. 그리고는 '농촌이 소멸한다'는 상상으로 나아간다. 이것은 사실과 부합하지 않는다. 출산율은 도시가 농촌보다 훨씬 낮다. 그럼에도, 농촌에서 도시로 인구가 계속 이동하는 현상만 살피기에 그 부분을 보지 못하고 농촌인구가 줄어드는 사실만 부각하니 농촌 소멸은 농촌 출산율 저하 때문이라고 인식하는 착시현상이 있다. 자세히 들여다보자. 도시권 인구 집중이 저출산을 얼마나 부추기는지 아래 기사를 보자.

저출생과 수도권 집중은 우리가 일본보다 훨씬 심각하다. 수도권 인구집중도는 우리나라가 50.24퍼센트로 일본 30.12퍼센트보다 훨씬 높다. 2021년 우리나라의 출생률은 0.81명(일본은 1.34명)으로 세계에서 가장 낮다. 대체출산율(한 나라의 인구수가 유지되는 데 필요한 합계출산율)이 대략 2.1명인 것을 고려하면, 이대로 가면 언젠가 우리나라 자체가 소멸할 것이다. 서울의 출생률은 세계 역사상 가장 낮은 0.63명으로, 전국 평균에도 훨씬 못 미친다. 수도권 인구 집중은 대한민국의 소멸을 가속화할 것이다. 지방소멸론대로라면 지방이 소멸하고 대한민국이 소멸할 것이다. 그렇지만 그런 일은 결코 일어나지 않을 것이다.(박진도, 「'지방소멸' 부추기는 지방소멸론」, 《농정신문》 2022.7.3)

지방소멸을 기정사실화하는 과도한 공론들은 지자체들이 지방정부 예산 늘리기와 지방 공무원 수 자연감소 막기를 위해 퍼뜨리는 이데올로기가 아닌지 그 배후가 의심되는 대목이다. 농촌 지역에 과도한 토목 사업들을 들여다보면 대부분 인구 감소 문제와 맞물려 있다. 인구는 줄어드는데 시설 투자와 중복 투자는 끊이질 않는다. 인구 감소를 방지하기 위해 복지를 늘린다는 미명 아래에.

'성장에서 성숙으로' 레파토리 바꿀 때다

요즘은 70세가 되어도 경제활동을 할 수 있다. 평균수명이 늘어나서 노인 인구가 증가하는 현상의 다른 측면이다. 실제의 경제활동을 하는 나이 대가 달라지고 있다. 또한 청년 실업문제를 같이 떠올려 보자. 경제구조가 바뀌고 산업 형태가 변하기 때문에 앞으로 일자리 총량은 더욱 줄어든다. 4차 산업혁명으로 운위되는 경제구조 변화 속도는 더 빨라진다. 일자리가 주니 경제활동인구가 줄어드는 게 좋다. 더욱이 로봇이 일하고 인공지능이 일하는 쪽으로 이미 변하고 있다. 노동의 종말이라는 말이 나온 지가 십수 년이 넘었다.

좀 더 근본적으로 보자면 경제성장의 미신에서 벗어나야 할 때이다. 사람이건 경제건 성장만 할 수 없다. 성장만 한다면 병증이다. 성장이 일정 정도 되었으면 '성숙'으로 가야 한다. 인구 감소에 대해 유난을 떠는 건 '경제성장' 이외의 길을 전혀 고려하지 않는 단견에서 나온 호들갑일 뿐이다. 고용과 취업률 중심의 생활 안정 대책에서 이제는 전 국민 기본소득 지급과 소득 불균형 해소, 불로소득 상한제, 토지 공유화 등으로 정책의 패러다임을 전환해야 할 때이다.

이처럼 지방소멸 논리들은 따지고 보면 매우 부실하다. 위기를 증폭해서 만드는 정책은 문제가 있다. 인구수가 경제성장에 요긴한 변수라는 것은 전 근대적 사고다. 연령별 인구 분포 역시 과장된 측면과 함께 위기를 조장하는 분석들이 많다. 직업이 사라지고 노동의 종말이 운위되는 시대에 안 맞는 얘기다.

집값 잡고, 물가 안정시키고, 사교육 없애고, 경쟁 사회 완화하고, 복지 사각지대를 줄이는 데에 집중해야 한다. 논거조차 부실한 지방소멸 지수 말고, 행복 지수, 소통 지수, 배려 지수, 평등 지수 등을 만들어 보자. 귀하게 낳아서 공들여 키우면서 세계 자살률 1위 사회를 두고는 출산을 장려하기에 낯 뜨겁다.

중앙정부의 교부금 예산 확보와 지방 공무원 숫자 유지, 지자체의 물질적 외형 성장 추구, 산업예비군의 일정한 유지 등의 의도를 의심받는 지방소멸 얘기는 그만했으면 한다. 요즘 농민 기본소득을 중심으로 기본소득 논의도 활발한데, 한 발 나아가 기후폭동과 쓰레기 몸살 대응 정책으로 '생태 기본소득'을 만들어 자가용 버리고 자전거 타는 사람, 가전제품 안 쓰거나 적게 쓰는 사람, 재활용과 재사용 물건만 쓰는 사람이나 그런 지자체를 격려하고 지원하는 정책을 만들면 어떨까. 인구수에 매달리기보다는 삶의 질 중심의 성숙한 사회를 더 꿈꾸는 것이 좋겠다. 레파토리를 좀 바꾸자는 얘기다.

농촌 얘기를 이렇게 길고도 세밀하게 하는 것은 누구나 먹는 밥 한 그릇이 바로 여기, 농촌에서 나오기 때문이다.

3농의 과제도 기본소득제가 다 풀어낸다

'농촌소멸' 대신에 '농업소멸'을 이야기할 수는 있다. 이것 또한 과도한 위기론보다는 그 대안을 중심으로 말하는 것이 좋다. 그 맥락에서 가장 요긴하고 현실적인 담론이 농민 기본소득제 이야기다. 이 이야기는 더 큰 범위의 '기본소득' 얘기의 일부분이면서, 농촌과 먹거리, 그리고 그에 이어지는 인간의 생존, 생활, 생명 그리고 그 결실로서의 문명 전반에 관련되는 이야기라는 점이 특징이다. 농민 기본소득을 강조하는 것은 도시 서민과 청년보다 농민이 더 소중하다는 논리를 펴는 것은 아니다. 농업의 생태 환경적 가치, 기후폭동 상황에서 예상되는 식량난, 한국의 먹거리 정책 대안의 빈곤 등을 같이 바라보는 관점이다. 농촌 현실에서는 '농민 월급제'라는 말이 같이 쓰인다.

국정 농단의 주범 전 대통령 박근혜 씨는 4년 10개월여를 서울구치소에 있다가 사면받고 2021년 12월 31일 석방되었다. 재산이 엄청 많은데도 불구하고 나라에서 국민 세금으로 공짜 침식을 제공했다. 박근혜 씨는 물값이나 티브이 시청료, 청소비 등 공과금도 안 냈다. 전기세도 안 내고 살았다. 몇 년 전, 가만히 감방에 앉아서 1년에 360억인가를 벌었던 에스케이 최태원 씨도 한 푼도 안 냈다. 이런 수감자들에게서 1박 세끼를 그들의 평균 일당에 맞게 받아내야 하지 않을까? 벌금형이 선고되면 일당이 억대가 넘는 '황제 노역'을 하는 이들에게 나라에서 공짜로 침식을 제공하는 게 과연 맞나?

그렇다. 두말할 나위 없이 맞다. 국가라는 기구는 이렇게 최소한의 공공성을 유지하려고 한다. 대 재벌도 노숙자와 고속도로 통행료가 같은 것은 이 때문이다. 담배 한 갑을 이들에게 똑같은 값에 파는 것도 이 때문이다.

나는 농민 기본소득제를 어떻게든 쉽게 설명해 보려고 위와 같은 예를 들었다. 대한민국에서 농민이라는 이유 하나만으로 나라에서 배당을 받을 권리가 있다. 이 배당권은 신체의 자유, 거주이전의 자유처럼 천부의 기본권이다. 공공성의 최고 형태다. 자세한 논거는 다 설파할 수가 없다. 대한민국 시민으로 살아 있는 것 자체가 나라에 엄청나게 기여한다는 사실만은 기억하기 바란다.

최태원 씨가 감방에 꼼짝 않고 들어앉았어도 에스케이 주주이기 때문에 배당 수익을 수백억 원 올렸듯이, 다른 건 아무것도 하지 않고 농사만 지어도, 아니 농촌에 살고만 있어도 생산과 별개로 생활 가능한 배당금을 받아야 한다는 것이 바로 농민 기본소득제의 핵심이다. 농민은 농민이라는 그 이유 하나만으로 국가라는 주식회사의 핵심 주주라는 생각으로부터 나온 주장인 셈이다. 농민은 배당 받을 권리가 있고 그 배당금이 농민 기본소득이다. 이렇게 되면 웬만한 농업·농촌 문제는 다 풀린다.

당장, 연로한 농민을 대상으로 하는 전화사기(보이스 피싱)가 사라질 것이다. 매달 일정한 생활비가 나오니 무리하게 안 먹고 안 쓰며 저금할 일도 없고, 돈을 많이 쌓아 둬야 할 이유도 없다. 전화 사기꾼들이 털어먹을 게 없으니 손길을 돌리지 않을까?

무엇보다도 농촌에 젊은이가 늘어날 것이다. '결과보고서'니 '평가서'니 하는 것 없이 농촌 청년에게 생활이 가능한 기본소득이 지급된다면, 자유롭게 재능과 끼를 발휘하는 젊은이들의 둥지가 여기저기 생겨날 것이고, 그들은 지역민에게 즐거움과 활기와 예술과 편의를 제공할 것이다. 방과 후 아이들을 돌볼 것이고, 농산물 홍보대사가 될 것이고, 노인회관의 도우미가 될 것이며, 다양한 공방의 운영자가 될 것이다.

늙은 농민들이 아득바득 보험에 들어서 한 푼도 못 써 보고 세상을 뜨는 일도 없을 것이다. 농사라는 고된 노동은 자기를 실현하는 치유의 일거리로 변할 것이다(이는 시범 사업으로 입증된 사실들이다). 그달에 받은 농민 기본소득은 그달 팡팡 써 버리면 된다. 부동산이나 현금 다발로 묶여 있지 않으니 장바구니 시장경제는 팽팽 돌아갈 것이다.

현재 30여 군데 지방 정부에서 시행하는 농민 월급제를 한 단계 향상시킬 필요가 있다. 지방조례를 제정한 18개 지자체도 천편일률적인 조례를 손질할 필요가 있다. 농민 월급제는 기껏 제한적인 대상에게 수확물을 담보로 무이자 빚을 주는 것에 불과하다. 현재 복잡한 계산식을 거쳐 다양한 명목으로 지급되는 각종 복지 예산, 노령화 예산, 생활 보조 예산, 직불제 항목 들을 통합하여 조건 없이, 모두에게 일정액을 지급하는 방향으로 손질하면 된다. 완전한 농민 기본소득제를 위한 10년 계획, 또는 20년 계획의 설계를 할 필요가 있다고 본다.

조건 따지고 부정수급 파헤치고, 위반한 사람들 시비 가리고, 처벌하고, 환수하고 그러느라고 들어가는 간접비가 엄청나다. 법정 분쟁까지 가는 경우도 적지 않다. 이 비용이 기본소득 재원으로 전환될 수 있다. 감방에서 박근혜 씨와 최태원 씨를 조폭이나 좀도둑과 똑같이 공짜로 먹이고 재우듯이, 모든 농민 또는 농촌 인에게 기본소득을 제공하면 각종 농민 지원금과 보조금이 한쪽으로 몰리는 폐단도 사라진다.

현재는 매년 한 사람이 아들딸, 사위, 며느리까지 동원하여 그럴싸하게 법인이라고 만들어서 이런저런 명목으로 나랏돈 따서 빼먹고, 그것이 능력인 양 거들먹거리고 있지 않은가 말이다. 우리 지역에도 복지사업, 보조사업, 지원사업이랍시고 벌여서 지원금을 빼먹고는 법에 걸려서 언론에 오르내리는 경우를 본다.

제대로 된 하늘 밥상을 차리는 길이다

농민 기본소득제를 하면 진짜 실력 있고 신실한 사람들이 부상할 것이다. 2022년 기준 농업예산 16조 8,756억 원이 엉뚱한 데로 다 새서 밑 빠진 독에 물 붓기가 안 될 것이다. 농사건 축산이건 과수건 투기하듯이 땅과 하늘을 오염시켜 놓고는 툭하면 보상하고 책임지라면서 생떼를 쓰는 투기 농부들도 사라지지 않겠는가? 제대로 된 하늘 밥상을 차리려면 이런 문제가 현실의 과제로 등장한다. 이렇게 농업이 살고 농촌이 살면, 덩달아 도시가 살고 나라가 살고, 위기, 위기, 위기를 말하기 급급한 인류 문명이 살길이 열리게 된다. 길은 거기에 있다.

미래의 희망 보인다, 귀농귀촌
—사람이 희망이다

육지에도 등대가 필요하다

자연으로 돌아가는 길은 여러 갈래로 나 있다. 홀연히 열반하는 것도 자연으로 돌아가는 것이겠다. 세상 인연을 다 끊고 토굴 생활을 할 수도 있다. 요즘은 '자연인'으로 오지에서 나홀로 살아가는 사람도 자주 소개된다. 그런 경우는 제쳐두고, 사회적 관계망을 유지하면서 자연으로 돌아가는 길을 보자면, 남는 길은 농업과 농촌과 농민이다.

현실 속의 농업과 농촌과 농민은 낭만적이지만은 않다. 다 아는 사실이다. 1년에 17조 원에 달하는 농업 예산이 쏟아부어지지만 농촌 현실은 악화일로다. 이곳에서 인간됨을 회복하고 문명사적 전환의 씨앗을 뿌릴 수 있는 것인데, 너무도 황폐해져 있다. 농촌에 대한 공격은 주로 자본이 하는데, 자원을 약탈해 가는 도시도 공격자 역할을 하고 있지만, 사실은 이율배반적으로 다 소시민들이 그 안에 웅크리고 있다. 편리와 속도와 이기심에 중독된 채 살아가는 소시민이 자본과 도시의 유혹과 이간질에 춤추며 자연(농촌)을 공격하고 있는 형국이다.

그나마 최근 들어 '귀농귀촌'이 하나의 트렌드가 되었다. 아직은 대세를 뒤집기에는 한참 못 미치지만, 그래도 그것이 하나의 등대는 된다. 육지에도 등대가 필요하다.

사람을 부른다, 농촌이 부른다

지금 60대 전후 또는 70대 이상의 사람들이 서울로 서울로 모여들던 청년 시절을 회상하며, 당시 서울 시내에 많이 걸렸던 간판들과 지금 우리 농촌에 걸린 간판들을 비교해 보면 재미있는 사실을 발견할 수 있다. 당시 서울에는 사람이 부족했다. 자동차 정비학원, 양재학원, 주산 부기학원, 간호 보조학원, 직업안내소, 용접학원, 양복점, 전파사, 복덕방 등의 간판이 즐비했다. 농촌 사람들을 스펀지처럼 빨아들였고 농촌을 마른 수건 쥐어짜듯이 짓눌러서 사람들을 도시로 내몰았다.

지금은 농촌에 사람이 모자라다 보니 도시민 유치 사업이 한창이다. 귀농귀촌 교육장이 지자체마다 다 있다. 공짜 농사 교육도 많고, 사은품까지 주는 농촌 여행이 줄지어 있다. 오죽하면 귀농귀촌 투어객이 있다는 말까지 나온다. 1~2만 원만 내면 1박 2일 농촌 체험을 할 수 있는 프로그램이 있을 정도다. 한결같이 "농촌으로 오라!"를 외친다.

이런 현상은 뭘 말하는 것일까? 몇 가지 이유를 댈 수 있겠다. 핵심은 농촌에 사람이 필요하다는 것이다. 거꾸로 생각하면, 농촌에 살려고 하지 않는다는 것이다. 농촌은 힘들다는 자기 고백이다. 또한, 그럼에도 불구하고 도시는 이제 온전한 사람이 살 만한 곳이 아니라는 것이다. 도시적 인간, 도시적 감성, 도시적 습관, 도시적 소비는 이제 선호 대상이 아니라는 것이다. 도시는 이제 우리의 꿈일 수 없고, 우리의 신체적 · 정서적 · 경제적 대안이 아니라는 생각이 팽배해졌다는 것이다. 다들 본능적으로는 돈을 좇고 뭐든 움켜쥐려고 하지만 속마음은 많이 달라져 있다.

1996년에 창립된 사단법인 전국귀농운동본부는 이런 일이 생길 줄 미리 알았다. 2010년에 처음으로 정부 차원의 귀농귀촌 종합대책이 나왔다가 2015년에는 법제화가 이루어져서, '귀농어 · 귀촌 활성화 및 지원에 관한 법률'이 제정되어 시행되기 시작했다. 이 법 제정 때 나는 국회 헌정기념관에서 진행된 입법 토론회에 토론자로 참석했었다. 농촌을 압박해서 탈농을 유도하고 도시빈민을 양산하던 때가 엊그제 같은데 이제 그 반대가 되었다.

통계마다 다르긴 하지만 2030년이 되면 우리나라 농어촌 지자체의 반 이상이 소멸한다는 우울한 기사가 있다. 이 문제는 앞에서 자세히 다루었으니 별도 비평을 생략한다. 이런 현상이 전혀 이상할 것 없다. 자본주의적 경향이라고 보면 된다. 개발이라고 하는 신화와 성장이라는 신기루는 영원할 수 없는 것이다. 일본이 선례를 잘 보여주고 있다.

결국 모두 다 농촌이 부르는 소리이다. 애타게 부르고 있다. 농촌이 적당히 무너져야 도시의 흥청망청 소비가 보장되는데, 한편으로, 농촌이 왕창 무너져 버리려 하니까 법석을 떠는 것이라고 볼 수도 있다. 우리는 수동적으로 손목 잡혀서 갈 수야 없다. 원래부터 자연의 자식, 자연의 피조물인 우리는 고향 부모를 섬기듯이 농촌을 섬기고 자연을 모시러 적극적인 자세로 농촌으로 가려고 해야 한다. 그곳에 답이 있고 떡이 있고 행복이 있기 때문이다. 하늘밥상! 그 자체가 하늘인 밥이 나오는 곳이기 때문이다.

밥상을 지켜 낼 귀농·귀촌

자연의 삶을 회복하는 농촌으로 가는 길이 어떤지 살펴봐야 하겠다. 무턱대고 플래시 하나 들고 어두운 산길로 나설 수는 없다.

지도를 한 장 가지고 가야 한다(스마트폰이 없던 시절이라 하자).

농촌으로 들어오는 인구가 도시로 빠져나가는 인구보다 많아지기 시작한 것이 2015년이다. 그해에 전국적으로 딱 377명이 더 많았다. 규모는 아주 작지만 비로소 역전된 것이다. 중요한 분기점이다. 서울 인구는 2016년부터 줄기 시작했다. 중요한 것은 이렇게 줄어든 인구의 연령대다. 50대 이하가 70퍼센트를 넘고 40대 이하도 40퍼센트나 된다. 젊다는 건 좋은 징조다. 귀농귀촌의 불문율 중 하나가 '한 살이라도 젊었을 때 하라'는 것이다.

현재 전국에는 33개의 귀농귀촌 민간교육기관이 있고, 38개의 교육과정을 공모 방식으로 운영하고 있다. 10개 대학에서 정규과정으로 취업 및 창업 교육을 하고 있기도 하다. 성과는 아직 미미하지만 어느 기관이건 청년 귀농에 주력하는 게 눈에 띈다. 이런 상황을 반영하여 귀농귀촌 종합센터도 운영되고 있다.

우리나라 농촌의 고령화가 심화하면서 65세 이상 고령인구 비율이 역대 최고인 46.8퍼센트에 이르렀다고 한다. 통계청이 2022년 4월 12일에 발표한 '2021년 농림어업 조사 결과'에 2021년 12월 1일 기준 전국 농가는 103만 1천 가구, 농가 인구는 221만 5천 명이다. 6년 전 2015년의 256만 9천 명보다 35만 4천 명이 줄었다. 11년 전 2000년의 403만 1천 명 때보다는 무려 181만 6천 명이 줄었다. 그 기간에 고령화도 급속히 진행되었다는 사실도 주목해야 한다.

그러면 귀농귀촌인 현황은 어떨까? 귀농운동이 어디에 집중해야 하는지 현실적인 지표 몇 가지만 더 소개할까 한다. 아주 재미있는 통계가 있다. 2022년 1월에 《동아일보》에 자세한 내용이 실렸다. 2020년 기준으로 귀농인의 평균연령은 55.3세였고, 대부분이 1인 가구였다. 또 10명 중 7명은 남성으로서 농업에만 종사하는 전업 귀농인이었다. 반면 귀촌인의 평균연령은 42.2세로 상대적으로 낮았고, 연령대별 비중도 20대가 가장 높았다.

이들 귀농인과 귀촌인의 40퍼센트 이상은 베이비 부머(1955~1963년생)였다. 또 수도권 거주 베이비 부머는 귀농이나 귀촌 지역을 선택할 때 도시적 성격이 강한 지역을 상대적으로 선호했다. 국토연구원은 이런 내용을 담은 보고서 「수도권 거주 베이비 부머의 귀농・귀촌 특성 분석」을 2021년 12월에 발행했다. 귀농은 농사를 지을 목적으로 농촌 지역으로 이전하는 것을 말하고, 귀촌은 전원생활을 즐기기 위해 농촌지역으로 이전하는 것을 의미한다.

이 통계 수치로 보자면, 젊은 피가 농촌으로 수혈되는 것으로 보인다. 학력 비교도 농촌의 변화와 방향을 이해하는 한 근거가 될 수 있다. 대졸 이상이 현재의 농업인은 6.6퍼센트인데 반해, 귀농귀촌인은 65.5퍼센트 이상이다. 물론 제도교육의 질과 한계가 있으니 큰 변수는 아니라고 보고, 제도교육에 장기간 노출된 사람들의 이른바 '근대성' 때문에 문제가 될 수도 있긴 하겠지만, 농촌에 활력소가 될 수도 있다.

주목할 만한 지표 또 하나가 있다. 농촌 생활 중에 교육 참여 비중이 기존 농업인보다 귀농귀촌인이 월등히 높다는 것이다. 작목반 참여율도 분야에 따라 서너 배에서 대여섯 배 높다. 이미 현재 농업인 중 40대 이하에서는 귀농귀촌인이 전체 농민의 42.9퍼센트를 차지할 정도로 높아졌다. 5년이 지나면 귀농인이라 하지 않고 농업인이라 한다. 지역의 주도층으로 발돋움하는 것은 시간문제다. 40대라면 이제 곧 농촌 중장년층을 형성하면서 주도력을 보일 것으로 기대되기도 한다.

인구수나 학력뿐 아니고 경제활동 분야를 보더라도 상당한 요직을 차지하고 있다. 귀농귀촌인이 가장 많이 종사하는 분야가 교육 분야다. 4.3퍼센트나 된다. 예술·스포츠도 4.6퍼센트나 되며, 과학기술 서비스와 협회나 단체 종사가 8퍼센트 가까이 된다. 만약 외국어를 할 수 있는지 또는 단순 관광 외에, 해외여행이나 외국 생활을 한 경험을 조사해 본다면 이 역시 월등하리라 본다. 자기 표현 능력이나 집단생활의 경험에서 비롯되는 합리적 사고 등과 갈등 해결 능력 등에서도 높은 수치를 보이지 않을까 싶다. 나도 이 조사에 참여했지만, 귀농귀촌의 동기와 궁극적 염원 등이 조사되지 못한 것은 아쉽다.

귀농운동은 새 문명 창조 운동

앞에서 언급한 자료를 염두에 두면서 한국에서의 귀농운동을 어떻게 전개해야 안전한 밥상이 지켜질지 살펴봐야 하겠다. 결론부터 말하자면 단지 '귀농하게 하는' 활동에 머물러서는 안 된다는 것이다. 개인의 심적 피폐함이나 가정경제의 붕괴를 넘어 문명의 위기에 직면하고 있는 시점에서 거시적 활동과 중·단기 활동이 각 분야에서 진행되어야 한다. 새로운 문명 운동으로 가야 하는 것이다. 삶의 모든 부문에서 일관되어야 하며 단기 활동은 장기 목표에 부합되어야 한다. 무엇이 귀농의 방향이 되어야 할까?

우선, 자립하는 삶이다. 우리는 대개 우리가 자립해서 살아가고 있다고 생각하기 쉬운데 사실은 그렇지 않다. 대단히 의존해서 사는 게 현대인이다. 한 분야에서 돈만 벌지 다른 모든 분야에 대한 지혜와 능력을 다 잃어버리고 돈으로 사서 해결한다. 그러니 의존적인 삶이라 하지 않을 수 없다. 내가 생각하는 자립은 세 분야에 걸쳐 있다.

가장 중요한 것은 심리적·정신적 자립이다. 경제적 자립은 그다음이다. 하루 세끼 경제문제로 어려움을 겪는 사람이 여전히 있지만, 우리를 무너지게 하는 가장 주된 요인은 심리적·정서적 의존과 공황 상태다. 세상이 그렇게 바뀌었다. 힐링, 수행적 삶, 자기 치유 등의 삶이 그래서 등장하는 것이다. 현대인의 심리적 붕괴는 광범위하다.

다음으로 신체적 자립과 경제적 자립이다. 좀 생소할 것이다. 정치적 독립과 식량과 에너지의 자립은 나중의 문제라고 여긴다. 신체적 자립은 자기 몸을 약물이나 병원이나 건강식품에 의존하지 않는 삶을 말한다. 잘 먹고 먹은 것 잘 소화하고 병 없고 늘 활기 넘치는 몸은 모든 자립하는 삶의 기초다. 경제적 자립은 자급 생활의 토대를 갖추자는 것이다. 혼자서가 아니라 함께! 말이다. 경제적 자립은 식량, 에너지, 물, 공기 등의 자급을 기본으로 삶의 영역을 세워 나가는 것이다.

자립은 단지 출발점이다. 개인과 소집단 차원에서의 자립적 삶의 외연이 확대되어 지역과 광역, 나라가 엮이는 데로 나아가야 한다. 머릿속으로는 남녘과 북녘, 동북아시아, 동아시아로 망을 구상하는 게 필요할 수도 있다. 자급에 기초한 자립은 지식, 문화, 교육, 의복, 교류 등도 포함되니 그렇다. 그래서 나는 연대하는 삶이 두 번째의 귀농운동의 방향이 되어야 한다고 본다. 연대를 요즘은 네트워크라고 말한다. 다중이론이 등장하기도 한다. 해체주의가 나오기도 하고…. 중심과 주변, 중앙과 지방 따위의 이원론을 넘어서서 다원론을 주장하는 것이다. 다원적 공동체성이라 해도 되겠다.

이 모두는 농업에 기초하고 농촌에 기반한 삶을 말한다. 자연과 인간 사이에 매개물이 없는 게 가장 좋고, 있더라도 1단계만 제한적으로 있는 게 좋다. 직거래가 좋듯이 말이다. 얼굴도 알고 성질도 아는 사람한테서 농작물을 사 먹어야 믿고 먹을 수 있듯이, 자연과 하나 된 자립 생활, 연대 생활이 되어야 하겠다.

기형적이고 왜곡된 사회 질병은 치유될 것이고 몸의 질환도 깨끗이 나을 것이다. 이렇게 되면, 좋은 약이 필요한 것이 아니라 내 몸이 내 몸을 치유하는 최고의 의사임을 자각하는 삶, 내 몸이 내 몸의 의사 노릇을 하게 하는 삶이 되었다고 하겠다. 여기서 '몸'은 사회이기도 하고 정치이기도 하고 교육이기도 하다. 소우주인 셈이다. 그래야 밥은 온전히 하늘이 된다. 미래가 희망으로 변화하는 갈림길이다.

세탁기를 없앴더니 깨달음이 왔다
—깨달음이 비움에서 오는 까닭

세탁기 고장, 놀라운 반전

생각지 못했는데, 손빨래 생활을 한 달 정도 했다. 세탁기와 눈물 없는 이별을 해서다. 결국은, '참 잘했어요!'가 되었다.

언젠가 지인으로부터 "너는 부자 되긴 글렀다"는 악담(?)을 들은 적이 있다. 구멍 난 면장갑을 바늘로 꿰매고 있는 나를 보고 친구가 혀를 차면서 한 말이다. 내가 세탁기와 이별한 것을 알면 더 심한 말을 할지도 모른다.

나는 세탁기와 헤어지고 손빨래를 한다. 세상에서 둘째가라면 서러울 만치 바쁜 내가 세월아 네월아 하면서 손빨래를 하고 있다면, 그 지인이 이번에는 뭐라 할지 궁금하다.

꿈에도 생각해 보지 않았던 세탁기와의 이별이다. 세탁기가 고장이 났을 때도 나는 당연히 고쳐 쓰리라 생각하고 서비스센터 직원을 불렀다. 센터 직원이 와서 단종된 지 오래된 구형 세탁기라 부품을 구할 수가 없다면서 새로 사야겠다고 할 때도, 세탁기와 헤어질 생각까지는 안 했다. 그냥 본능적으로 중고 세탁기라도 살 생각이었다.

차일피일 미루다 급한 대로 손빨래를 하게 되었는데, 놀라운 일들이 생겼다. 놀랍다기보다는 '새로운 발견'이라고 하는 게 맞겠다. 자동차를 없애고 자전거만 타고 다니면서 신대륙을 발견한 콜럼버스 이상으로 새로운 발견의 재미를 본 나는 그날 이후 세탁기와 헤어지고도 그에 버금가는 발견들을 거듭하게 되었다.

세탁기 없이도 잘 삽니다

첫째, 빨랫감이 획기적으로 줄어들었다. 그리고 그 전까지 내가 얼마나 자주 빨래를 했는지 알게 됐다. 세탁기가 있을 때는 바짓가랑이에 흙만 묻어도 세탁기에 넣었는데, 이제는 웬만한 건 손으로 싹싹 비벼 흙을 털어내고 깨끗한 물걸레로 닦아 입는다. 빨랫감도 줄고 그만큼 빨래하는 시간도 줄었다.

둘째, 땀이 찬 러닝서츠는 샤워할 때 빨아 버리니까 며칠씩 모아두는 일이 없다. 늘 뭔가가 담겨 있던 옷 바구니가 사라졌다. 그 덕분에 일주일에 한 번, 그것도 두어 시간 사용하면서 늘 한쪽 자리를 차지하고 있던 세탁기 자리를 돌려받으니 큰 공간이 새로 생겼다.

셋째, 때가 잘 타는 곳에만 집중적으로 비누칠을 하니 비누를 아낄 수 있다. 세탁기에게는 눈이 없으니 때 묻은 곳을 골라 빨지 못한다. 그래서 마구잡이로 가루비누를 풀고 옷 전체를 평등(!)하게 빨지만, 나는 비록 불공평해 보일지언정 정의롭게(!) 옷을 빤다. 정의롭다고까지 표현한 것은 이 과정에서 옷의 훼손이 훨씬 덜할 것으로 여겨져서다.

중요한 발견이 또 있다. 오래전부터 나는 면과 모직으로 된 생활한복을 즐겨 입었지만, 손빨래하면서 합성섬유로 된 옷들은 입지 말아야겠다는 다짐을 새삼 다시 하게 되었다. 면과 달리 합성섬유는 비누칠 할 때나 비벼 빨 때 미끈거려 느낌이 안 좋다. 세탁기에 넣을 때는 알 수 없었던 사실이다. 질감의 차이로부터 합성섬유의 문제를 다시 돌아보게 된 것이다. 합성섬유는 가볍고 질기고 따뜻하고 잘 마르는 데다 값도 싸서 누구나 입지만 치명적인 문제를 안고 있다. 미세플라스틱이다. 석탄이나 석유에서 뽑아낸 합성섬유로 만든 옷에서는 세탁기 한 번 돌릴 때마다 수만 개의 미세물질이 빠져나온다고 한다. 그것이 그대로 바다로 흘러든다.

1밀리미터(mm) 이하의 미세물질은 어패류 등 해안에 서식하는 생물들의 소화기나 호흡기로 들어간다. 소금에도 묻는다. 이는 스편지처럼 유해물질을 빨아들이는 성질을 갖고 있어서 각종 중금속이나 화학물질들이 잘 흡착된다. '생물농축' 과정을 거치며 농도는 더욱 높아져서 종착지는 먹이사슬의 최상위 포식자인 인간이다. 사람들은 한 달에 칫솔 하나 분량의 미세플라스틱을 먹고 있다고 하는 연구 결과도 있다. 세탁기와 헤어진 덕분에 이러한 사실들을 실감하게 된 것이다.

세탁기에 이어서 올 또 다른 이별은 무엇이 될까? 냉장고? 아니면 모바일 메신저? 스마트폰? 블루투스 이어폰? 이 모든 편리가 농촌과 지구, 무엇보다 나 자신을 병들게 해 왔다는 걸 깨닫는다. 육조 혜능은 땔나무를 지고 가다가 독경 소리 한마디에 대오했다면 나는 세탁기와 이별하며, 세탁기를 비워내면서 깨달은 셈이다. 그동안 내 손과 귀, 내 눈과 내 마음까지 거머쥐고 좌지우지했던 것들과의 이별이 언제쯤 올지, 그것을 비워내면 그때는 또 어떤 깨달음이 내 마음통을 울릴지 기대하며 기다려 보겠다.

02

같이 먹는 밥

어울림

"마을회관에서 글 좀 갈차 줘"
—늬들이 글농사를 알아?

땅에 짓는 농사만큼 중요한 게 글농사다. '공부'라는 말로 넓혀 말할 수도 있지만, '글농사'란 말에는 그 말에 깃든 스토리가 있다.

다시 어르신 한글 교실을 열게 되었다. 마을회관에서 점심을 먹는데 한 할머니가 "우리도 글자 좀 갈차 줘!" 하셨기 때문이다. 나는 눈이 번쩍 뜨였다. 반가워서다. 한때 고등학교에서 학생들도 가르쳤고, 얼마 전까지 저 멀리 읍내로 나가 다문화가정 컴퓨터 강의를 했던 내게 뭔가를 가르친다는 것은 익숙하기도 하고 재미있는 일이다. 그 할머니는 자식한테도 쉽게 못 할 말을 내게 하신 거다.

글을 몰라서 겪는 불편함과 괴로움, 글 아는 사람은 모른다. 엊그제가 읍내 장날이었다. 아랫집 할아버지가 찾아왔다. 한 손엔 스마트폰을 들었고 다른 한 손엔 서울 사는 아들이 써 줬으리라 여겨지는 전화번호 쪽지가 들려 있다. 지역 택시 콜센터 전화번호다. "전

슨상. 택시 좀 불러줘." 할아버지는 단돈 1,000원을 내면 우리 마을까지 12킬로미터를 달려와서 읍내까지 데려다주는 군내 '행복 콜택시'를 전화기가 있어도, 전화번호를 알아도 못 부른다.

글을 모르시기도 하지만 숫자도 모르신다. 간단한 계산을 못 하는 것은 물론이다. 문맹 할아버지의 불편함은 귀가 닳도록 들었다. 읍내 나갔다가 이 눈치 저 눈치 보다가 동네 아는 사람이 타는 버스를 뒤따라 탔는데, 그 사람이 마침 타지에 나가는 길이어서 덩달아 엉뚱한 곳으로 갔던 이야기, 우리 동네 이름이 두 글자다 보니 앞머리가 두 글자로 된 버스를 자신만만하게 탔다가 막차까지 놓친 이야기 등등….

글 모르는 불편함

"할아버지, 나가는 택시는 제가 불렀는데요, 장에 가셨다가 돌아오실 때는 택시 어떻게 부를 건가요?" "사람 봐 감서 부탁해야지." '사람 봐 가면서 부탁한다'는 말이 무슨 말인지 아는가. 당신을 모르는 사람에게 부탁하겠다는 뜻이다. 아는 사람에게는 글 모른다는 걸 드러내기 싫어서다. 자식이 노부모 걱정에 스마트폰을 사 드리고 수시로 안부 전화를 걸기는 하지만, 할아버지가 걸지는 못한다. 숫자도 모르고 글자도 모르니 자식이 스마트폰에 단축키를 설정해 드렸지만, 한 번 엉뚱한 곳으로 전화가 걸린 뒤로는 혼자 번호판 누르는 게 겁난다.

한 번은 농협 앞에서 농협이 어디냐고 묻는 할머니가 있었다. 농협이 번듯한 건물을 지어 이사한 뒤였다. 아마 이 할머니는 농협이 어디냐고 이 사람 저 사람 붙들고 여러 번 물은 듯했다. "저쪽에 저기요. 조금만 가시면 바로 저기요"라는 답을 들었을 경우, 할머니는 '조금 저기'가 어딘지 알 수가 없다. 그러니 간판을 곁에 두고 또 물어야만 한다. 언젠가 뉴스에 농약 가룬지 밀가룬지 모르고 부침개를 부쳐 먹었다가 사망사고를 일으킨 기사가 나기도 했다.

나는 글 좀 갈차(가르쳐) 달라는 할머니에게 두 말 않고 그러자고 했다. 할머니더러 같이 글자 배울 사람들 모아 보라고 했더니 "그러마!" 하셨다.

아주 오래전 다른 고장에 살 때 한글 교실을 했었다. 반년 정도 진도가 나갔을 즈음 삐뚤빼뚤 글을 쓰게 되었는데 그때 한 할머니의 한글학교 소감문이 생각난다.

'모티(모퉁이)를 돌아 버스가 와서 정거장에 학생들을 부라(내려) 놓으면 가슴이 철렁했다. 아들을 상급 학교 보내느라 딸은 공부시키지 못한 한이 가슴에 응어리가 맺혀 있었다.'

글 속에 등장한 딸도 이미 할머니가 되어 있다. 당신도 글을 모르고 딸도 글을 모르니 그 불편함이 오죽했을까. 그때 있었던 일이다. 대통령 선거를 하는 날이었는데 투표소에서 그 할머니를 만났었다. "이번에는 내가 좋아하는 사람을 찍었다"면서 눈물을 글썽였다. 글자가 보이더라는 것이다. 이제까지는 마을 이장이 찍으라고 하는 칸에 찍었지만 제대로 찍혔는지는 하나님 외에는 아무도 모른다. 태어나 처음으로 대통령 후보 이름 밑에다 붓두껍을 찍은 그 감동을 알 만했다.

학교에 가는 게 소원이었던 그 어르신들에게 가방도 사 드리고 공책도 사 드렸다. 소풍도 갔다. 바리바리 음식을 싸 들고 소풍을 가니 그야말로 '초등학생들 저리 가라'였다. 어찌나 와글와글 시끄럽게 떠들며 좋아하시는지….

요즘은 한글 교재가 더 잘 나올 것이다. 알아봐야겠다. 평생교육원? 아니면 군청? 또는 다문화 센터에도 알아볼 생각이다. 교육청에도. 할머니 할아버지 이름 뒤에 '학생'을 넣어서 출석도 부를 생각이다. 숙제도 내줘서 잘해 오면 선물도 드릴까 싶다. 밭농사나 논농사만 하다가 이제는 동네에서 글농사를 짓게 되었다.

교육감 선거

동네 어르신들 글공부 시킬 생각을 하니, 동네 학생들 생각이 난다. 동네에 몇 안 되지만, 농촌 학생들의 글농사는 그 지역의 교육감이 누구냐와 관계가 깊다. 초등학교에서 고등학교까지의 교육을 담당하는 교육감, 그리고 교육감 선거.

감수성이 풍부하고 하루가 다르게 쑥쑥 자라는 시기인 학생들에게 이익보다 정의, 효율보다 진리를 앞세우는 교육감이 필요하다. 지난주에 울산엘 갔다가 노옥희 교육감 후보 사무실에 들르게 되었다.* 노옥희 님 부부와 나는 30년이 넘은 동갑내기 친구지만, 울산에 갔기로서니 굳이 그녀의 선거 사무실까지 갈 생각을 하진 않았었다. 『울산저널』에 기자로 일했던 후배가 그곳에서 만나자고 연락이 와서 간 것이다.

사무실에 후보는 없었다. 자동차 매연 있는 길거리에서 땡볕을 뒤집어쓰고 유권자들에게 인사를 하고 있으려니 싶었다. 후배는 농담을 섞어, 진보 교육감이 있는 전북 도민 대표로 인터뷰를 하겠다는 것이다. 진보나 보수의 구분도 애매한 요즘 굳이 진보 운운하

---

* 노옥희는 2018년 울산광역시 교육감으로 당선되었고, 2022년에 재선되어 재임 중 지난 2022년 12월 8일, 심장마비로 타계하였다.

는 것은 울산 지역의 특수성으로 보였다.

전라북도의 김승환 교육감을 비롯하여 진보 교육감들이 있는 지역과 교육자치가 시작된 이래 줄곧 보수 교육감이 있는 울산광역시의 여러 교육 지표들을 비교하는 얘기가 오갔다. 놀라운 사실은, 보수 교육감은 부패와 비리로 구속되기 일쑤였고, 아이들의 밥상과 안전 생활, 학교의 자율성, 교사들의 잡무 양, 교장 권한과 선출 방식, 교사 권익, 학생인권조례, 그리고 무엇보다 진리와 정의에 대한 것이 조목조목 달랐다. 후배의 설명을 듣자니 내겐 새로운 발견이었다.

여러 해 전에 익산에 있는 전라북도교육연수원에 교감 연수 교육 강사로 가게 되었는데, 강의를 마치고 담당 선생님께 물어보았다. 어떻게 나 같은 시골 농부를 강사로 부르게 되었냐고. 담당 선생님은 씩 웃으며 '김승환 교육감 덕'이라고 했다. 그동안 강사는 교육 관료나 교수들이 대부분이었는데, 이제는 농부 등 현장 전문가를 모시는 게 수월해졌다는 것이다.

내 강의는 방학 때마다 전주교육대, 전주공고, 전주생명과학고 등에서 계속되었다. 주로 생태적인 실생활을 주제로 했는데, 텃밭 가꾸기, 목공, 집짓기, 대안교육의 실재 등이었다. 전라북도의 김승환 교육감이 재선에도 성공한 뒤로는 학교 현장 분위기도 사뭇 바뀌었는지, 임실중학교에 가서 학교 텃밭 가꾸는 강의도 했고, 계북 초등학교의 학부모·교사운영위원 전원에 대한 특강도 했다. 산서중고등학교에는 지도교사와 학생회 임원 연수에 나를 오라고 해서, 학생 진로에 대한 집단 상담과 생태환경 주제의 이야기도 했다.

반대하는 쪽에서 '고집불통'이라 불리는 김승환 교육감의 외골수 옹고집 때문에 한때 불편했던 적이 있다. 내가 순창군 귀농지원센터 운영위원장으로 있으면서, 폐교인 구림중학교를 인수하여 귀농자 교육장으로 이용하고자 군청 관계자와 짝을 이뤄 두 차례나 간곡하게 요청을 드렸으나, 김 교육감은 매각하지 않겠다고 잘라 말했다. 언제가 될지 모르나 교육의 공간으로 이용할 것이라는 친절한(?) 답변만 돌아왔다.

벽을 보고 얘기하는 듯했다. 귀농자 교육도 교육인데 참 답답했다. 그런데 교육청에서 전라북도 지역의 귀농자 자녀 교육과 관련해서 나에게 발제를 해 달라고 했다. 그때, 의외의 상황이 전개됐다. 폐교 활용에 대한 여러 구상을 마주하게 된 것이다. 폐교를 어떤 경우에도 매각하지 않는다는 철칙에 예외를 두지 않는 이유를 알 수 있었다. 그동안 이명박·박근혜 정부와 사사건건 부딪히며 논란을 빚었지만 국사교과서 국정화에서 보듯 이때는 하향식 관리와 통제가 주를 이뤘던 때라 충돌이 불가피했다고 여겨진다. 어쩌면 충돌 자체가 교육의 과정일 수도 있다는 생각이 든다.

행정 지자체장보다 관심이 적은 가운데 전국 동시 선거가 치러진다. 교육 자치체의 수장만큼은 이익보다는 정의, 효율이나 업적보다는 진리를 추구하며 딸깍발이 조선 선비처럼 외골수 고집으로 청렴한 것도 좋다는 생각을 한다. 울산의 교육감이 전직 교육감에 이어 현직 교육감도 비리 문제로 부부가 다 구속 중인 것을 보면 더더욱 그렇다.

공부는 묻고 부탁을 하는 것에서 출발

공부 얘기를 하나 더 해 보자. 그게 글공부건 사람 공부건 공부는 질문에서 시작된다. 질문이 깊어지면 답이 나타난다.

'짱다르크'라는 별명을 가진 친구가 있다. 성씨가 장씨인 30대 중반 젊은이인데 일 처리도 빠르고 정확하며, 성격도 활달한데다 외국어에 능통한 친구다. 무엇보다 창의적인 아이디어가 넘친다. 원래 그는 서울시에서 주관하는 돈의문박물관마을 도시건축비엔날레 실무자로 있으면서 『시골집 고쳐 살기』 저자인 내게 몇 년 전에 강의를 하나 맡기면서 알게 된 사이다. 근데 지금 별명을 바꿔 줄까 고민 중이다. '곱빼기 짱다르크!' 그 이유는 이렇다.

그가 며칠 전 내게 부탁할 게 있다며 연락이 왔다. 국제기구에서 알게 된 인도 친구가 한국에 오는데, 학대 받는 노인들을 보호하는 시설을 돌아보고 싶다면서, 나더러 맞춤한 데를 알아봐 달라는 부탁이었다. 내가 어머니를 오래 모신 데다 광역 지자체의 치매관리 센터 자문위원을 2년 하면서 노인 관련 법령과 시설을 잘 알고 있으리라 여겼나 보다.

나는 그동안 귀농지 상담에서부터 농지 구입, 집수리, 자녀교육, 채식, 자연건강, 명상 수련, 부모 모시는 문제까지 온갖 상담과 자잘한 부탁과 질문을 들어 왔다. 이런 종류의 부탁이나 질문을 받으면 몇 가지 기준을 적용해서 응대한다. 부탁 내용이 속속들이 알찬 것인지 아니면 거두절미한 채 주어와 술어만 있는지를. "귀농을 하려는데 어떻게 해?"라고 질문하며 답을 알려달라는 부탁은 무성의의 극치라 할 경우이다. 취지와 목적, 동기와 조건 등이 갖추어지지 않은 부탁과 질문은 파투가 나기 쉽다. 그런데 짱다르크는 그렇지 않았다. 짧은 카톡 문장 속에는 부탁 내용이 가지런했다. 내가 다시 질문할 게 없었다.

이 정도에 그쳤다면 별명 앞에 '곱빼기'를 붙여 줄 생각까지 하지는 않았을 것이다. 이 친구는 내가 여기저기 수소문해서 알려 준 내용을 가지고 일방적으로 취사선택하지 않고 나와 상의하면서 조절하였다. 인도 친구가 원하는 지역에 있는 해당 기관 두 곳을 알선해 줬는데, 짱다르크는 두 곳이 같은 성격의 기관이면 한 곳만 가도 되지 않겠냐고 물어 왔다. 이뿐 아니었다. 다른 사람에게도 같은 부탁을 했다면서 그분이 알려온 노인 기관을 내게 알려 주면서 의견을 구했다. 이런 자세는 부탁하는 사람의 모범 중 모범이라 하겠다. 부탁할 때는 급한 마음에 소개를 해준 사람의 의중보다 자신의 판단을 마구 뒤섞는 경우가 많은데 이런 때에 사달이 난다.

돌이켜보면, 부탁을 들어주고서 낭패를 본 경우가 적지 않다. 아무 통보도 없이, 부탁을 받고 소개해 주어서 찾아가기로 한 곳에 안 가거나, 연락도 안 하는 경우다. 그러면 기다리던 그쪽에서는 내게 화를 낸다. 나는 자초지종을 파악해서 해명해야 한다.

말 한마디가 밥 한 그릇이다

정읍 어디로 귀농하려는 선배 한 분이 대표적인 사례다. 살 만한 땅을 소개해 달라는 부탁을 받고 발품을 팔았다. 마침 빈집에 딸린 농지가 꽤 쓸 만했다. 내가 직접 찾아가서 집 상태도 살피고 묵은 논밭의 등기부까지 확인하고서 연결해 줬는데, 며칠 지나고 원주인한테서 내게로 연락이 왔다. 오기로 한 사람이 안 오는데 땅을 다른 곳에 넘겨도 되냐는 것이었다.

웬일인가 하고 선배에게 연락했더니 약속과 달리 땅 주인을 만나지는 않았고, 내비게이션으로 지번을 찾아서 혼자 직접 가 봤는데 마음에 들지 않더라는 것이었다. 그럴 수 있다. 부탁 내용이 부실해서였건 선택 기준이 달라서였건 마음에 안 들 수 있다. 그런 차이와 변화한 상황을 공유하는 게 중요한데 그 선배는 그걸 간과했다. 뒤늦게 땅 주인에게 전후 과정을 설명했지만 나를 못 믿을 사람 취급했다.

그 일 말고도 그 선배는 미운털이 박힐 일만 골라서 했다. 귀농운동본부의 계간지 『귀농통문』을 한 권 우편으로 보내드리고는 책 뒤에 있는 지역별 귀농 교육기관을 잘 살펴보고 조건에 맞는 곳과 상담해 보라고 했는데, 선배는 책은 들춰보지도 않고 귀농 교육을 받으려면 어디로 가야 하냐고 툭 하면 전화부터 했다.

짱다르크의 다음 연락이 기다려진다. 내가 알선한 기관을 찾아갔는지, 안 갔으면 어땠는지를 알려 줄 것이다. 그러면 내가 이 일을 처리하기 위해 내 부탁을 들어준 사람들에게 경과를 전달하고 인사를 할 수 있을 것이다. 말 한마디 하는 일은 밥 한 그릇 차리는 일과 다르지 않고 그것은 결국 마음 한 그릇 차리는 것에 가 닿는다. 밥이 몸의 영양소가 된다면 말과 글과 생각은 마음 밭에 주는 좋은 거름이 될 것이다.

지역 축제의 미래를 생각한다
―쓰레기 없는 지역 축제를 꿈꾸며

지역 축제의 명과 암

특색 없는 지역 축제들이 넘쳐난다. 쓰레기 몸살만 있다. 2019년 가을의 막바지, 때를 놓칠세라 지역 축제는 연일 계속된다. 올해만 가을 지역 축제를 다녀온 곳이 서너 곳이나 된다. 전남 장흥에서부터 장수, 서울을 거쳐 경기도 파주까지. 고향 함양에서도 지인으로 부터 연락이 왔었다. KBS 전국노래자랑 녹화를 함양 상림 숲에서 한다면서 오라고. 장흥은 내가 속한 단체에서 부스를 하나 운영하게 되어 요가 명상을 지도하러 갔고, 장수, 파주, 서울은 그냥 구경꾼으로 갔다. 구경꾼이면서도 지역의 예술과 문화를 살펴보러 간 것이다. 토속 음식도 맛보고.

사실 이런 축제를 하나 기획하고 준비하려면 입안과 예산 편성,

사업 승인 등의 절차를 제외하고라도 실질적인 준비에만 최소한 반년 이상 매달려야 한다. 담당 공무원은 물론이고 지역의 책임 있는 사람들의 노력과 헌신 없이 돈만 가지고 될 일이 아님은 분명하다. 뼈 빠지게 고생했는데 어디선가 섭섭한 소리가 들리면 다시는 축제 일을 맡지 않겠다고 기분이 상할 때가 비일비재한 것이 이 일이다.

함양 축제에는 일정이 겹쳐 가지 못했는데 얼마 전에 우연히 밥을 같이 먹게 된 함양의 유력인사가 함양산삼축제에 대해 언급하면서 사람이 많이 오지 않아 아쉬웠다고 했다. 인구가 적은 다른 지자체를 언급하면서 그보다도 적게 왔다고 아쉬워했다. 잔칫집에는 손님이 많이 와야 좋은 법이다. 지역 토산품 매출도 늘고 향토사회를 널리 알리는 계기가 되니 어찌 아니 좋겠는가.

그러나 내가 둘러본 지역 축제 속내에 대한 솔직한 소감은 사뭇 다르다. '사람이 많이 오고 매출이 높은 것이 과연 좋은가?' 하고 생각한다. 이렇게 반문할 까닭이 있다.

우선 지역마다 천편일률적이다. 물론 내거는 주제야 다양하다. 함양의 '산삼', 남해의 '맥주', 장흥의 '통합의학…'. 내가 천편일률적이라고 하는 것은 큰 주제가 뭐든 간에 실제 펼쳐지는 마당은 유흥성 오락과 먹자판, 주민들이 주체가 되기보다 기관장이나 출연진이 중심이고 주민은 구경꾼이 되는 방식이다. 문화의 생산자이자 향유자여야 할 민이 구경꾼이라니. 물살이(생선)나 동물을 오락물로 취급하면서 동물 학대에 해당되는 일도 다반사다. 아이들에게 매우 나쁜, 생명 경시 풍조가 학습될 소지도 있어 보인다. 새 시대의 화두인 환경과 생명, 성평등에 대한 인식은 더욱 요원하다.

천편일률 지역 축제, 고유성이 없다

그중에도 가장 일관되게 천편일률적인 풍경이 바로 쓰레기다. 엊그제 서울서 벌어진 거리 음식 축제가 끝나고 나서 어느 방송에서는 '쓰레기 폭탄'을 맞았다고 밀착 카메라를 통해 고발을 할 정도였다. 반쯤 먹다 버린 음식과 일회용 용기들, 비닐봉지가 사방에 날리고, 그냥 두고 간 플라스틱과 스티로폼으로 된 돗자리와 자리 방석…. 그중에는 재활용되는 용기들이 많은데 이물질이 가득 묻어 있다 보니 그걸 다 씻을 수도 없고 그냥 일반 쓰레기로 매립되거나 소각된다. 일회용 종이컵과 비닐봉지는 어느 축제장에서나 공짜로 무제한 나눠준다. 좀 더 고상해지고 새로워질 수 없을까? 모두의 존재감을 구현하면서도 깊이 있는 일체감을 갖는, 즐거움과 뿌듯함과 자부심이 충만하는 민 중심의 축제로 말이다.

만약에 말이다. 함양군 축제를 '일회용 없는 축제'라는 구호를 내걸고 한다면 어떨까? 천 장바구니와 통컵, 손수건을 감사 선물로 나눠주고, 축제가 끝나고 나서도 환경미화원이 할 일이 없어 직장을 잃을까 전전긍긍하는 그런 일이 일어난다면…. 함양군민의 호감도와 지역 농산물의 신인도, 그리고 축제의 참여도가 급상승하지 않을까?

시골뜨기 생태 근본주의자의 꿈같은 얘기로 치부하진 말라. 대한민국은 불명예스러운 세계 1등이 참 많다. 교통사고, 자살률, 산재도 1위이고 여성의 지위는 거꾸로 1위다. 중요한 1위가 더 있다. 비닐봉지를 1인당 1년에 420장이나 쓴다. 4장 쓰는 핀란드의 105배다. 플라스틱은 1인당 132.7톤으로 미국(93.8톤), 일본(65.8톤)보다 훨씬 많이 쓰고 버린다.

값싸고, 가볍고, 때깔 좋고, 내구성 좋다고 마구 쓰고 버리다 보니 세상천지가 비닐이고 플라스틱이고 미세먼지다. 뉴질랜드 정부는 2023년부터 일회용 비닐봉지 사용을 법으로 전면 금지하기로 했다. 우리나라도 올 연말(2022.11.24)부터 마트와 슈퍼마켓 등에서 일회용 비닐 쇼핑백 사용을 전면 금지하기로 했다. 일회용품과 플라스틱의 대 역습이 시작되었기 때문이다.

내가 가 본 다른 나라 몇몇 축제가 떠오른다. 일본의 나가노 지방 축제, 필리핀의 바기오 축제, 독일의 제그 공동체 축제, 그리고 뉴질랜드와 대만의 축제…. 하나같이 지역 특색이 명료했고 고유의 흥이 있었다. 다인종 국가여서 지역 문화가 확연히 차이가 나고 식문화도 다른 게, 단일민족(?) 대한민국과는 다를 수밖에 없다는 걸 안다. 그러나 그것이 전부는 아닐 것이다.

지난 2022년 가을에 작은 행사를 진행했다. 안내장 모서리에 '탄소 0(제로) 행사'라고 하고는 그 아래에 '종이컵과 물티슈, 화장지가 없으니 개인 컵과 손수건을 가져오세요'라고 썼다. 화환과 화분은 안 받는다고도 썼다. 외출할 때 스마트폰을 꼭 챙기듯이 개인 컵과 손수건을 꼭 챙기는 것을 탄소 제로와 연결하자면 '탄소 제로 외출' 이요 '탄소 제로 나들이'가 되겠다.

고유성의 다양성이 축제의 미래다

지방 축제 전성시대를 맞이하여, 어느 축제 할 것 없이 '성공'하기 위해서는 차별화를 통한 고유성을 갖추는 것이 필수적이다. 그렇게 함으로써 '축제의 다양성'을 성취해야만 성공하는 축제의 기본 요건이 갖춰지는 셈이다. 그러나 이 기후 위기, 농촌과 농업 위기의 시대에 천편일률적으로 일원화해야 할 가치도 있는 법이다. 바로 쓰레기 없는 축제라는 모토다. 모든 축제가 그렇게 되어야, 성공을 비로소 말할 수 있다. 이것은 새로운 문명 전환에 대한 인식 문제라고 본다. 일회용품을 안 쓰는 행사, 쓰레기를 안 만드는 축제…. 그런 축제 표어를 내건 지역 축제가 일상화된 날을 기대해 본다.

재난기본소득 기부 운동과 농민 기본소득
―기본소득은 나의 당당한 권리다

서민, 상시 재난 상태에 빠지다

재난기본소득 기부 운동이 불안과 불신을 없애는 대동 세상을 촉진하는 계기가 되기를 바란다. 코로나19가 시작될 때 이 운동을 시작하면서 꿈꾼 것이다. 온라인 상에 참여 신청 양식을 만들어 재난소득(재난지원금) 기부 운동을 벌인 지 한 달가량 지났다. 내가 어느 누리소통망에 전액 기부 의사를 밝혔더니, 이를 보고 생협에서 일하는 후배가 전화를 걸어와서는 사회운동으로 벌여나가자고 제안하는 바람에 시작된 것이다.

알음알음 소문이 나면서 한 사람씩 참여자가 늘어났는데, 그동안은 내가 참여하는 농민단체나 명상단체, 인문학단체 등에서 참여자가 많았다. 총선 전에 만들어진 농민 기본소득 추진 전국본부 사람들도 참여했다. 공식 의결기구를 통해 기부 운동을 결의한 단체도 두 개 생겨났다.

　내가 불쑥 이 생각을 하게 된 것은 어느 날 산나물을 뜯던 때였다. 나야 시골에서 농사를 짓고 있으니 해고될 위험도 없고, 아이들은 다 커서 자립했고, 농협에 빚도 없으니 날아들 독촉장도 없지 않은가. 산과 들에는 먹을 봄나물이 넘쳐나고, 밭에는 작물들이 잘 자라고 있다. 술 담배도 하지 않고 채식을 하니 고기 사 먹느라 돈 쓸 일도 없다. 자동차도 없이 자전거를 타니 교통비 들 일도 많지 않다.

　2020년 당시, 길어진 코로나 사태로 국민은 한시가 급한데 정치권에서는 총선이 끝나고도 재난소득의 지급 대상과 규모를 놓고 갑론을박했다. 70퍼센트 국민만 주느냐 아니면 모든 국민에게 주느냐를 가지고 또 논란을 벌이는 모습이 답답하기만 했던 때에, 그날 벌어 그날 사는 사람들은 지금의 상황이 얼마나 불안하고 답답할까 하는 데 생각이 미치자, 어떻게든 해 보자는 마음을 먹은 것이다.

　어려운 때일수록 사람들이 불안과 경쟁에 빠지지 않고 같은 처지인 이웃과 나누면 믿음과 자긍심이 생긴다는 것이 기부 운동에 동참을 호소하는 명분이었다. 나눌수록 커지는 원리라고나 할까. 이런 시각에 대해서는 오래되었지만 중요한 실험이 있다. 하루에 도토리 열 개를 먹으면 만족하는 다람쥐 열 마리를 한 곳에 모아 놓고 백 개의 도토리를 주면 더 가지려고 싸움을 벌인다. 그러나 도토리를 이백 개나 일천 개를 주면 싸우지 않고 열 개씩만 먹고 만족해한다는 것이다. 불안과 경쟁이 집단 전체를 위험에 빠뜨린다는 것을 입증한 실험이다.

재난기본소득 기부 운동을 시작할 때 기대하는 것이 하나 더 있었다. 무상급식이 그랬던 것처럼 이번 재난소득이 선례가 되면서 조만간 국민 기본소득이 전면적으로 시행되는 꿈이다. 일찍이 녹색당 농민특위와 농민 기본소득 전국본부에 몸을 담으면서 논쟁을 다 거친 것인데, 부자들에게도 재난소득을 주는 것은 논쟁거리가 아니다.

국민 모두에게 기본소득을 주면 5분위 소득 격차가 줄어든다는 산술적 계산도 있지만, 그보다는 국민 기본소득제(국민 배당금제)라는 바탕 철학이 소중하기 때문이다. 자본주의 시장경제에서 자영업자나 소상공인은 물론 일반 서민은 늘 재난 상태다. 양극화의 심화 현상이 이를 말해준다. 국민 기본소득은 그러한 자본주의의 근본적 상황에 상채개를 내는 일인 것이다.

현대 자본주의 체제하에서는 청와대에 취업 상황판을 걸어놓고 매일 닦달을 해도 일자리는 줄어들고 실업자는 늘게 되어 있다. 기계가 몸 노동을 대체하기 시작한 지 오래되었고, 이제는 인공지능이 인간의 서비스 분야와 감정노동, 창의적 노동까지 꿰차고 있다. 부자들은 주식과 부동산, 파생상품 투자로 가만히 앉아서 돈벼락을 맞는다. '인생 낙오자'들이 생겨나 은둔형 인간이 되든지, '묻지마 폭력'을 분출하는 당사자가 된다. 경쟁에서 이겨 돈을 벌어도 불안과 불신에 기대어 새로운 경쟁의 동력을 만들어 내야만 하니 참으로 인생이 고단하다. 재난 사회인 현대의 일상이다.

인간이라면 누구나 지구 유기체의 일원으로서 배당금을 받을 권리가 있다는 국민 기본소득제가 등장한 배경이기도 하다. 재난소득(재난지원금) 기부운동은 지금도 계속되고 있다. 전 국민에게 재난소득을 주는 첫 고개를 넘어 국민 기본소득 경제 체제로 가는 도화선이 되기를 바란다. 단돈 천 원도 좋다. 공동체를 살리고 미래 세대를 살리는 운동이다.

여기에 하나 더 바라는 것은

기부운동의 목적은 이뿐만이 아니다. 국민 기본소득 경제가 정착되길 바라서다. 재난기본소득이 재난지원금이라는 이름으로 거론될 때 나는 전액을 기부하기로 작정했다. 이심전심이었을까. 이를 알게 된 한살림 생협의 생산자 조합에서 일하는 후배가 여러 사람이 참여하도록 기부 운동을 벌이자고 플랫폼을 만들어 주변에 권유하기 시작했다. 금방 수십 명이 동참했다.

이런 발상은 재난기본소득을 받아서 나보다 더 어려운 사람들에게 드리자는 소박한 마음에서만은 아니다. 기부 행위 또는 나눔 활동이 어떤 사회적 파급을 만드는지 알고 있었기 때문이다. 위기가 닥치면 불안과 불신, 공포가 더 힘들다. 그래서 기부 취지문에서도 나는 재난과 위기 때일수록 살벌한 각자도생의 길보다 믿음과 상부상조의 사회로 나아가자거나 국민 기본소득제로 가는 발판을 만들자고 했다. 그래서 고집스레 '재난 소득'이라고 쓴다.

그 당시에는 액수도 액수지만 국민의 70퍼센트만 주자느니 100퍼센트 다 줘야 한다느니 논란이 한창일 때였다. 관료가 주도하는 70퍼센트라는 선별적 복지와 전 국민이 대상인 100퍼센트 일반 복지 사이의 엄청난 차이를 2002년부터 학교 무상급식운동을 하면서도 알고 있었다. 농업 보조금과 지원 사업에 대한 정책적·법적 활동을 하면서 선별 지원에 따르는 관리 비용과 잇따르는 민원, 쟁송 과정까지 알기에 나는 전 국민 대상의 재난 소득 지급을 절대적으로 찬성했었다.

그렇게 해서 선례가 만들어지면 국민 기본소득 경제 체제로 가는 입구가 된다고 여겼다. 서민에게는 상시적 재난 상태인 신자본주의 체제에서는 국민 기본소득이 필수다. 70퍼센트 선별 지급 방식은 100퍼센트 전 국민 지급 방식보다 비용도 많이 들고 관료 권력만 강화한다는 게 내 소신이다.

대구에서 폭발적으로 코로나가 번지고 있을 때도 나는 가장 먼저

대구 시민을 위로하고 격려하는 고구마 보내기 운동, 모금 운동을
했다. 총 400만 원에 육박하는 돈을 모았다. 내가 속한 '한국 아난다
마르가 명상요가협회'의 대구 현지 회원을 통해 김밥을 만들었고,
위생용품과 생활용품을 행정의 손길이 미치지 못하는 복지 사각지
대의 어려운 이웃들에게 보냈다. 명상 단체인 아난다마르가 회원들
이 직접 현미 떡을 해 보내기도 하고, 현금도 보내고 과일도 보냈다.

최근 한 유명인이 칼럼에서 '기부보다는 건강한 소비가 좋다'고
쓴 걸 읽었다. 강요된 기부는 폭력이라면서 경기 활성화를 위해 재
난지원금을 올바른 소비에 쓰자고 했다. 자영업자나 소상공인, 중
소기업을 살리는 생활용품 사기와 동네 상점 이용을 말하는 듯하
다. 맞다. 현재 이들이 가장 큰 타격을 입었다. 우리 고장에도 하루
이틀 문을 닫더니 아예 폐업한 상점들이 많다. 심각하다.

그래서다. 나는 서민 공동체를 위해 기부하자고 더 권유하는 것
이다. 실제 어떤 이들은 내게 물었다. 기부 운동의 취지에는 공감
하지만 당장 내 코가 석 자인데 어떡하면 좋냐고. 나는 단돈 천 원
도 좋다고 답한다. 나눔을 해 본 사람들은 이구동성으로 말한다.
큰 보람을 느꼈다고. 존재 의미를 찾았다고. 이웃에 믿음이 생겼다
고. 내가 미리 알아본 바로는 기부금은 코로나19 팬데믹 사태 이후
최우선 과제로 떠오른 고용안정을 위해 쓴다. 소상공인과 중소기
업의 고용 유지, 신규 고용 등을 지원한다. 이는 위의 칼럼니스트가

강조하는 '소비'를 유지하는 소비자 군을 형성하는 것보다 좀 더 금본적인 방책이다. 고용안정은 소상공인 대출도 포함한다.

물론 생태주의자인 나는 '소비'를 경계한다. 소비는 생산을 촉진하고 경제를 굴러가게 한다고 한다. 그래서 뉴딜정책은 소비 능력을 무더기로 뿌려주는 정책이다. 하지만 코로나로 파란 하늘을 보지 않는가? 그동안 우리는 내일이면 쓰레기가 될 물건을 함부로 만들어냈고 함부로 소비해 왔다. 생태계는 파괴되었고 끝내 코로나19가 찾아왔다.

코로나19 팬데믹으로 우리가 감내해야 했던 엄청난 고난을 겪으며 도달한 지금의 상태에서, 절대로 이전의 소비 행태로 맥없이 돌아가서는 안 된다. 이번 코로나 극복 과정에 단기적으로는 소비를 촉진하는 정책이 필요하겠지만, 절대 이전의 무분별하고 무한정하며 무자비한 소비 행태가 복원되어서는 안 될 것이다. 자연과 조화로운 전혀 새로운 시스템을 구축하는 장기적 상상이 필요한 때다. 이것이 지금의 공동체와 미래 세대를 살리는 길이다.

기본소득, 최후의 사회안전망

세상 바뀌는 속도가 하도 눈부셔서 어지럼증이 생길 정도다. 여차하면 눈뜬장님 처지가 된다. 신조어도 마구 생기다 보니 무슨 말인지 알아먹지 못하는 경우도 많다. '혼밥'이라는 말을 처음 들었을 때 '혼(混)밥' 즉 비빔밥의 일종인 줄 알았으니 말이다.

그러나 가만히 살펴보면 나름대로 흐름이 있다. 시민사회에서 담론이 형성되고 그것이 시민운동으로 번지며 여론이 형성되는 과정을 거친다. 몇몇 대안적 삶을 살고자 하는 사람들이 그런 현실을 몸소 만들어 가기도 한다. 그럴 즈음이면 정치권에서 정당의 선거공약으로 내걸리게 된다. 진보정당이 먼저 시작한다. 곧이어 집권여당의 선거공약이 된다. 농민 기본소득도 그런 과정을 거치는 중인 것 같다. 농민 기본소득을 얘기하면 얼마 전까지만 해도 황당해하는 표정을 봐야 했다. 당치도 않다는 그 표정부터 누그러뜨리는데 제법 시간을 들여야 했다. 아무 조건 없이 매월 일정액을 주는 것인데도 정작 받을 사람이 눈을 동그랗게 뜨고 손사래를 치니 답답할 노릇이었다.

그런데 최근에 놀라운 일이 있었다. 얼마 전 출간된 내 책 『마음 농사짓기』의 북 콘서트에서 의외의 얘기를 들었다. 농민 기본소득을 제법 밀도 있게 얘기했는데, 참석자들은 일제히 지급액을 더 높여야 하지 않겠냐고 할 뿐 아니라, 지급 요건이 더 완화되어야 한다는 얘기까지 나온 것이다. 더 놀라운 일은 지자체가 감당할 의제가 아니라 어서 법제화되어야 한다는 주장까지 꽤 진지하게 거론되었다는 점이다.

아무래도 그 무렵 경북에서 월 200만 원씩 2년을 지급하는 청년 농부제가 막 시행된 것이 영향을 준 것으로 보인다. 200만 원의 90 퍼센트를 정부에서 주고 10퍼센트만 농가에서 지급하는 제도다. 이처럼 농민 기본소득제는 조금씩 무르익어 가는 것으로 보인다.

'왜 공짜 월급을 주느냐?'는 의문의 시선이 아직 다 사라지진 않았다. 어느 지역 동네 어르신들에게 농민 기본소득 얘기를 할 기회가 있었다. '기본소득'이라는 용어를 어색해해서 '공짜 월급'이라고 바꿔 말했더니 훨씬 전달이 쉬웠다. 그런데 반응은 똑같았다. "농민들한테 돈을 그냥 주면 일할 사람 누가 있겠어?" "무슨 돈으로 공짜 월급을 줘?"라는 것이다. 농민의 일반 정서가 '기본소득'의 개념과 철학을 이해하기란 쉽지 않다.

장수읍에 지하상가가 생기면

밥 한 그릇을 제대로 이해하고, 밥 한 끼를 제대로 먹어 삶의 원기를 북돋우려면 농민 기본소득제도의 여러 쟁점을 알고는 있어야 한다고 본다. 직불제나 기본소득제, 최근 시작된 고향 기부제 등은 밥상 재료 중의 핵심 재료이다. 무나 고춧가루만 음식 재료가 아닌 것이다. 농민 기본소득 중에 가장 기본이 되는 '배당권' 얘기를 해보자. 기본소득제도는 배당권에 그 철학적 · 논리적 뿌리를 두고 있기 때문이다.

내가 살고 있는 장수군. 장수 로터리에서 장수교까지 지하상가가 만들어진다고 가정하자. 지하에 양쪽으로 들어서는 10평짜리 점포 수가 100개쯤 된다. 그러면 모두 천 평이다. 평당 300만 원이라고 하면 총액은 30억 원이다. 기존 도로의 지하 영역은 명백히 공유재이다. 공유재는 시민의 몫이다. 30억 중에 공사비와 공사 업체의 적정이윤 외에는 모두 시민의 몫이다. 마찬가지 이치다. 장계면 소재지에 기차역이 들어서면 집값과 땅값이 오를 것이다. 이는 땅이나 건물이 가치를 창출한 것이 아니라 교통정책에 따른 위치 선정으로부터 나오는 불로 수익이며, 나라 정책으로 인한 이익은 공유재라고 보아야 한다. 즉, 나라의 주권자인 시민 모두의 몫이지 땅주인, 건물주의 몫이 아니다.

시민들은 이 '시민의 몫'을 매달 꼬박꼬박 나눠서 받을 수 있다. 지하상가가 장수읍에 생겼고 기차역이 장계면 소재지에 생겼지만 계북 삼다리 마을에 살건 천천 운곡마을에 살건 똑같이 그 몫을 받을 권리가 있다. 대한민국의 모든 시민은 배당권을 갖는 것이다. 그동안에는 이것을 부패한 정권과 기업주 또는 투기꾼들이 독식했을 뿐이다.

2011년, 지금부터 12년 전이다. 무상급식을 놓고 전국이 시끄러웠는데, 당시 오세훈 서울시장은 이 일에 직을 걸고 맞서다가 찬반

투표에서 지자 사퇴했다. 지금은 전국의 초·중·고에 무상급식이 이루어지고 있다. 지역마다 조례가 만들어져 학교급식지원센터까지 설립되었다. 농민기본소득이 학교급식의 사례를 어떤 속도로 따라갈지 두고 볼 일이다.

"일을 안 하면 밥을 안 준다"라는 말이 있지만 이제는 달라진다. 일을 하려야 할 수 있는 일이 없는 세상이다. 기계가 점점 많은 부문에서 많은 일을 해서 사람이 할 일은 급속히 줄어든다. 자율자동차나 공유 택시 등장으로 택시기사들이 난리다. 하이패스 단말기가 늘면서 고속도로 나들목 수금원이 정리해고가 되고 있다. 이런 현상은 가속화된다. 실업자가 생겨날 수밖에 없다. 얼마 전에 대우해양조선과 현대중공업 합병 문제로 시끄러웠고, 현대자동차 광주형 일자리 문제로 논란이 극심했다.

솔직히 말하자면 일자리 창출이라는 국정 목표는 유효하지 않다. 실업문제를 고용으로 풀지 않고 기본소득 시민 배당과 금융 혁신으로 해결하는 패러다임의 대전환을 해야 한다. 실업과 수입의 불안전 공포 때문에 보험과 부동산에 집착한다. 기존 복지제도는 관리와 처벌과 운영에 비용이 너무 많이 든다. 그래서 선진 각국과 정당들이 기본소득제도에 눈길을 돌리고 있다.

2013년에 비록 부결됐으나 스위스에서는 모든 시민에게 월 300만 원씩 지급하자는 국민투표까지 있었다. 브라질은 2002년과 2003년에 상·하원에서 입법 승인이 났다. '시민 기본소득법' 이다. 현재 미국의 알래스카주에서는 갓난아기까지 포함하여 연 1,000~2,000달러씩 기본소득이 지급된다. 네 식구면 4,000~8,000 달러다. 일본은 45세 미만의 자격을 갖춘 취농인(신규로 농업에 종사하는 사람)에게 5~7년 동안 해마다 2,200만 원씩을 준다. 핀란드 정부는 전 시민에게 월 100만 원 지급을 목표로 2017~2018년, 2년간 기본소득제 실험을 했고, 이를 토대로 핀란드 사회보장국(Kela)은 2019년 2월 8일에 기본소득 실험의 예비 보고서를 냈다. 보고서 평가에 의견이 분분하지만 실험 대상군들은 스트레스가 줄었다, 집중력이 높아졌다, 더 건강해졌다고 응답했다.

이처럼 기본소득은 이제 점점 상식이 되어 가고 있다. 취약 계층인 농민이 우선 대상이 되어야 한다는 데에 세계 시민의 공감대가 형성되고 있다. 이런 점에서도 실업 문제는 취업 정책이 아닌 기본소득으로 풀어야 한다. 핀란드의 투루넨 법무담당관은 "기본소득은 복지제도를 하나 더 추가하자는 게 아니라, 복잡한 복지제도를 간소화해서 행정비용을 줄이며 이를 대체하는 개념"이라고 설명했다.

농민 월급제의 미래

우리나라에서는 성남시와 서울시의 제한적인 '청년 배당제' 이외에 '농민 월급제'가 여러 곳에서 실시되고 있다. 농민 월급제의 급여액은 지역에 따라 다른데, 30만 원에서 200만 원까지 매월 지급하는 데도 있고(나주시), 30만 원에서 170만 원을 일시불로 받는 곳도 있다(거창군). 기간도 제각각이다. 나주시는 10개월 동안인 데 반해 거창군은 7개월 동안 지급된다. 함양군은 30만 원에서 150만 원까지를 7개월간 지급하는데, 대상 품목을 양파까지 확대했다고 한다.

그런데 거창과 함양은 조례가 만들어져 있지 않다. 전국적으로 조례가 만들어진 곳은 18개 도·시·군으로, 내용은 붕어빵처럼 천편일률적이다. 목적, 대상, 절차와 방식, 규모, 액수, 선정기관 등이 똑같다. 전국귀농운동본부가 전남 강진군에 전국 최초로 귀농 귀촌 지원 조례를 만들어주고 나서 전국으로 똑같은 내용이 복제되었던 것과 판박이다.

그런데 이 농민 월급제는 농민 기본소득제와는 거리가 멀다. 앞으로 어떻게 발전해 갈지 주목할 필요는 있어 보인다. 월급이라고 하면 일하는 사람이 일정액을 안정적으로 받는 것인데, 농민 월급제는 속되게 표현하자면 '농산물 담보 무이자 대출 제도'이다. 전국 30여 시군에서 실시되는 이 제도는 천편일률적으로 개별 농가가 연초에 농협과 출하 약정을 체결하면, 약정 금액의 50~60퍼센트를 농번기에 월별로 나누어 지급한다. 당연히 추수할 때 원천징수를 한다. 그사이에 발생하는 이자를 지자체가 보전해 준다. 결국은 이자 없는 빚인 셈이다.

2013년에 전국 최초로 이 제도를 시작한 화성시와 순천시는 여러 방면에서 보완 요청을 받고 있다. 우선 계통 출하 능력이 있어야 자격요건이 된다는 게 장애다. 정작 기본소득이 필요한 가난한 농민은 그림의 떡이다. 농협과 업무협약을 체결할 수 있는 품목이 제한적인 것도 문제이고, 지급액도 30만 원에서 200만 원으로 매우 적다. 미리 조금씩 돈을 당겨쓰는 꼴이라 가을에 목돈을 만질 수 없는 것도 한계다. 순천시는 신청 농가가 점점 줄고 있다.

장수군은 아직 이마저도 못하고 있지만 정책으로 채택한다면 이 제도의 근본 한계를 보완할 필요가 있겠다. 장수에서 '농민 월급제'가 거론된 것은 2017년이다. 관내 농가의 30퍼센트 정도가 참여한다고 할 때 1억 5천만 원 정도의 이자 보전 비용이 생길 것으로 예상되었다.

농민 월급제를 잘 키워내는 것이 중요해 보인다. 농촌의 각종 선별적 복지제도나 보조사업, 지원 사업을 직접 지불금(직불금) 개념의 농민 기본소득제로 전환해 가는 노력이 필요해 보인다. 국가 차원의 정책으로 채택하고 입법화하는 것이 1차적인 목표다.

돈은 있다 - 필요한 건 마음과 의지

가장 최근의 기본소득 제도를 잘 정리한 책으로는 강남훈의 『기본소득의 경제학』과 야마모리 도루의 『기본소득이 알려주는 것들』이 있다. 특히 하승수의 『나는 국가로부터 배당받을 권리가 있다』에는 한국의 경제 상황과 재원 마련 방안까지 자세히 나와 있다. 결론은 "돈은 남아돈다"는 것이다. 환경 파괴를 일삼는 토건사업 규모가 매년 40조 원이다. 대기업 집단이 혜택을 보는 조세감면, 비과세, 세액공제, 우대세율 등 조세지출이 연 33조 원이 넘는다.

대한민국 조세부담률 24.3퍼센트를 오이시디(OECD) 평균인 34.1퍼센트로만 해도 153조가 생긴다. 거기다가 노인 요양, 유치원, 연금, 복지원, 교육기관 각종 복지형 국비에 들어가는 간접비, 즉 관리·감시·감독·처벌 비용은 천문학적인 액수다. 기본소득제가 실시되면 그 돈의 대부분은 시장으로 나온다. 소비재 구매에 쓰인다는 말이다. 자연히, 국민경제가 활성화되는 동력이 된다.

기본소득은 정부의 시혜가 아니라 시민의 권리로 여겨야 실현될 수 있다. 삼성전자의 높은 실적을 살펴보자. 2021년 연간 매출이 279조 6,000억 원이다. 영업이익은 51조 6,300억 원을 기록했다. 시민에게 가야 할 배당금이 상당 부분 포함된 돈이라고 봐야 한다. 초등학생들까지 갤럭시 스마트폰을 생산비보다 훨씬 비싼 값으로 사줬기 때문에 생긴 이익이다.

다른 기업들보다 월등히 높은 삼성전자의 매출과 영업이익을 '시민 배당'의 편취라는 관점으로 봐야 한다. 많은 농민이 대기업이 승승장구하는 현실을 그렇게 바라본다면 농민 기본소득은 그만큼 빨리 실현될 것이다. 기본소득은 거저 생기는 불로소득이 아니다. 자연의 위대한 상속자로서 정당한 권리다. 기본소득 요구 투쟁은 지역 간, 성별 간, 세대 간 내부 식민지를 해방하는 투쟁이다.

함께 사는 사람들 이야기

―공동체 마을, 우리는 이렇게 행복합니다

공동체의 삶. 가장 좋은 밥상 차리기라고 말할 수 있다. 기후위기 시대의 탄소제로 밥상 개념과도 정확히 접목된다. 공동체는 어느 역사, 어느 종족에게도 있었고, 지금도 세계는 변질된 형태이긴 하지만 공동체를 구성하면서 살아간다. 그렇다면 공동체의 원형은 무엇일까? 현 시점에서 되살려야 할 공동체를 한국의 시대 흐름에 맞게 떠올리자면 나는 어렵지 않게 '오늘공동체'와 '밝은누리', 그리고 '없이 있는 마을공동체'를 말하겠다. 아래에 그 구성과 운영을 소개하려 한다.

밝은누리 공동체

몇 년 전에 '밝은누리 공동체'를 탐방했다. 2018년경이지 싶다.

서울 수유역에 내려 버스를 타고 북한산 자락을 끼고 자리 잡은 강북구 인수동 어느 목욕탕 앞에서 공동체 실무자를 만나 들어선 공동체 거주지는 그동안 내가 숱하게 가 봤던 도시형, 농촌형, 종교형 공동체 어느 곳과도 사뭇 달랐다. 평소 내 방식대로 사전 지식을 최소화하고, 순수한 궁금증을 체계적으로 정리하여 찾아 간 덕분에 선입견 없이 살펴볼 수 있었다. 1박을 하면서 느낀 바는 동네가 참 아름답다는 것과 밝고 환하다는 것이었다.

2000년부터 시작된 이 공동체는 얼핏 특정 지역에 특별한 사람들만이 모여 사는 것으로 생각하기 쉬운데, 전혀 그렇지 않다. 서울의 보통 동 단위 마을 분위기와 겉으로 보기에 다르지 않다. 뜻을 같이하는 사람들이 인수동으로 십수 년에 걸쳐 조금씩 모여들어서 함께 살고 있을 뿐이다. 그들은 '보통' 시민들이다. 150여 명의 서울 사람들이 밥상을 같이하고, 아이를 같이 기르고, 생활용품을 나눠 쓸 뿐 아니라, 사랑방을 만들어 속마음도 나누면서 서로 의지하고 격려하며 좀 더 나은 삶을 일구어 가고 있다.

'도시 문명'이라는 말에 녹아 있는 온갖 현대 문명의 병증을 치유하고, 참살이를 할 길이 '농촌과 함께하는 것'이라는 결론에 도달한 사람들이다. 농촌의 치유 기능, 건강한 먹거리 생산 기능, 호혜 부조 기능, 복원력 작동 기능 등을 일찍이 직시했다고나 할까. 그들은 2009년부터 강원도 홍성에 농촌형 공동체도 만들어 가고 있다고 한다.

허름한 건물 2층에 자리 잡은 첫 방문처는 실내로 들어서자 향 긋한 나무 향이 배어나는 '마을 카페'였다. 흔히 도시의 대로변에서 볼 수 있는 입간판이 화려한 카페가 아니고, 마을 사랑방 같은 곳이다. 책들이 서가에 가지런히 꽂혀 있고, 안정감 있는 좌식 방석들이 눈에 들어왔다. 합체가 가능한 차탁이 여럿 놓여 있고, 한쪽 벽면에는 붙박이 나무 의자가 일자로 놓여 있다. 카페는 정보 교류의 장이었다. 휴식의 공간이었고, 지식의 창고 역할도 하는 것으로 보였다. 뜻을 모은 동네 주민들이 공동출자 형식으로 운영하는데, 다양한 마실 거리 재료는 농촌에서 사서 직접 만든다고 했다.

내가 공동체의 공동 식당인 '마을 밥상'에 갔을 때는 동네 아이들이 저녁을 먹으러 와 있었다. 엄마 품에 안겨 온 갓난애부터 초등학교 고학년으로 보이는 아이들이 그야말로 바글바글했다. 꼬맹이들도 자기 손으로 먹을 만큼만 밥을 담아서 안 남기고 깨끗이 먹고는, 뒤꿈치를 치켜들고 설거지까지 하는 동안 조잘조잘 마냥 즐거워했다. 또래들이 엄마 아빠보다 더 좋은가보다. 곁에 엄마가 있어도 '거들떠보지도' 않는 것처럼 보였다. 아이 키우는 걱정을 공동으로 해결해 내서일까? 아이를 가진 젊은이들이 모여들었고 출산율도 상당히 높다고 했다.

밥은 동네 엄마들이 짝을 지어 돌아가면서 한다. 마을 사람들은 한 달에 어른은 9만 원, 초등학생은 3만 원만 내면 한 달 밥을 여기 와서 먹을 수 있다고 하는데, 그동안 제각각 하던 장보기, 밥하기, 주방용품 구비를 '마을 밥상'을 통하여 해결한 셈이다.

이런 공유의 관계는 마을 카페 위층의 마을도서관에서도 볼 수 있었다. 개인들이 가지고 있던 책들을 다 모아 훌륭한 도서관으로 꾸민 것이다. 개인 집의 벽면을 차지하고서 1년에 한 번도 들추지 않는 책들을 모시고 살았는데, 책을 모아서 보니 개인 집 공간은 넓어졌고 볼 수 있는 책은 몇 배로 늘어났다. 건물 4층과 옥상도 마찬가지였다. 공방으로 꾸며져 있었다. 어떤 주민은 재봉틀을 기증했고 어떤 주민은 목 재료를 기증하여 아이들의 만들기 놀이터이자 배움이 장소가 되어 있었다.

그날 저녁, 필자를 초청작가 형식으로 불러 강연 겸 담소 자리를 마련해 주었다. 어린아이를 데리고 와 무릎 위에 재우며 함께하는 주민들 모습이 인상적이었다. 새파랗게 젊은 청춘 남녀도 많았다. 어른, 젊은이, 어린아이가 한 자리에 모여 앉은 모습은 오랜 옛날 우리 선조들의 촌락공동체에서나 볼 수 있는 정경이었다. 이날의 강연은 홍천 밝은누리에도 실시간 영상으로 생중계가 이뤄져서, 서울 한복판에서 강원도 시골 마을과 자리를 같이 한 셈이었다.

농촌과 도시가 연결되어 삶의 철학과 이해관계를 바탕으로 공유의 경제를 만들어 가는 노력들은 여러 곳에서 열매를 맺고 있는 단계로 보인다. 성미산공동체, 은혜공동체(2021년부터 '오늘공동체'로 개명), 충남 홍성의 젊은협업농장, 남원 산내마을공동체 들이다. 시장경제와 자본주의 시스템의 자연약탈형 몰인간성을 자각한 유럽이나 서구에서 일찍부터 시작된 흐름이다. 상대를 무한 경쟁의 대상으로 보는 생활을 접고 상생과 공생의 밝은 세상을 열어 가는 노력이 밝은누리 공동체에서 더욱 무르익기를 빈다.

오늘공동체(은혜공동체)

그때가 2019년 말로 기억된다. 공동체 또는 단체 대표들이 모였다. 회의를 끝내고 건물의 옥상으로 올라갔다. 4층 옥상에서 보이는 정경은 북서쪽으로는 도봉산의 인수봉이 올려다 보이고 다른 모든 방향은 눈 아래 펼쳐진다. 4층 옥상인데도 시가지가 모두 다 눈 아래다. 주변이 전원주택과 아기자기한 텃밭들이어서다.

옥상 귀퉁이에 앙증맞은 옥상 텃밭이 들어서 있다. 아니다, 틀렸다. 2층의 한 공간을 옥상처럼 꾸몄으니 옥상인 듯하면서도 본 건물이라 할 수 있었다. 이처럼 아름답기가 예술작품 같은 건물이었다. 옥상도 그냥 옥상이 아니다. 옥상에 약간의 언덕길을 만들었다. 평면 아닌 옥상은 그때 처음 보았다. 그 옆으로는 살며시 태양전지판을 올렸다. 태양광 발전소라는 것이 주위를 압도하는 전기

'생산' 시설인 경우가 많은데, 이곳의 태양광 패널은 사람 시중을 드는 보조 장치로 정확히 자리매김되었다는 느낌이 들었다.

옥상 얘기를 좀 더 해 보자. 옥상에서 일광욕을 할 수 있게 되어 있었다. 원목으로 만들어진 고급스러운 다중목욕탕. 그늘 우산 탁자가 몇 개 있다. 그 옆에는 목욕탕까지 있다. 이른바 노천탕이다. 목욕탕 위로는 하늘이 있다. 햇볕을 가리는 용도의 망사 같은 연분홍 천이 목욕탕 위에 처져 있다. 옥상이 하나의 완벽한 예술작품이라는 생각이 든다. 인상적인 것은 2층 생활실 중앙에 있는 작은 카페다. 각층마다 이런 식의 공유공간이 있다. 그 층에 사는 사람들이 가볍게 담소를 나눌 수 있는 곳이다. 3층이었던 것으로 기억된다. 카페 곁에는 환한 분위기의 소파와 티브이가 있었다. 두 팀이 소담하게 얘기를 나눌 수 있는 구조였다. 역시 각 층마다 많이 또는 적게 책들이 꽂혀 있다. 차를 끓여 마실 수 있는 싱크대도 있다. 이렇게 작은 주방 시설이 층마다 있다 보니 각 층의 개별 생활실에서 함께 쓰기에 좋아 보인다. 그 얘기는 개별 공간을 획기적으로 줄여도 된다는 것이다. 개인 침실까지 다 개방해 놓고 사는 그들. 내밀한 그들의 내실까지 다 들여다볼 수 있는 순서가 있었다. 지하에서 옥상까지 우리 안내를 맡은 분이 그렇게 했다.

개인 공간은 참으로 소박하고 작았다. 세탁기나 냉장고 등의 대형 가전제품, 가구, 책장, 주방 시설 등을 빼고 나니 그럴 만도 하다. 노트북과 옷장 정도다. 옷도 웬만한 건 다 내놓고 공동으로 입는다고 한다. 보면 볼수록 공유공간은 현대 건축의 아름다움을 구현했고 생활의 편리와 함께 어우러짐이 좋게 공간이 배치되었음을 알 수 있었다.

　여기서 슬그머니 드는 생각은 도대체 이렇게 살면 한 달 생활비가 어떻게 될 것이냐는 것이다. 내가 '이렇게 살면'이라고 했는데, 고급 호텔 급 생활을 말하는 것이다. 자세한 것은 따로 설명을 들었는데 매우 놀라운 수준이었다. 개별 주택에서 평균적으로 사는 가정 생활비의 반의 반도 들지 않는다는 것이다.

　　여기가 내가 속한 곳이다.

　　이들은 내 사람들이다.

　　나는 이 사람들을 좋아하고,

　　이 사람들은 나를 좋아한다.

　　나는 그들에게 속해 있다.

　　나는 그들이 내게 기대하는 것이 무언지

　　내가 그들에게 기대하는 것이 무언지를 안다.

　　그들은 나의 관심사를 공유한다.

　　나는 이곳을 안다.

　　나는 이곳에 친숙하다.

이곳은 나의 집이다.

오늘공동체 건물 입구에 있는 시화 액자 속의 글귀다. 이 입구에 들어설 때, 지하 강당에서 솟구쳐 올라오는 아이들의 폭소와 왁자지껄하는 소리가 참 정겨웠다. 지하 1층에서 지상 3층까지, 그리고 옥상. 이 건물에 50여 명이 한 식구로 산다. 근처에는 40여 명이 흩어져서 산다. 오늘공동체의 역사는 짧지 않다. 기독교라는 신앙 집단이 '종교'의 테두리를 떼어내고 공동체가 되었는데, 진정 신앙적으로 사는 듯하다. 자세한 내용은 유튜브에 많이 나와 있다.

전북 장수에서 멀고 먼 도봉산 아래 오늘공동체를 세 번이나 찾아갔던 것은 2019년 6월의 기억이다. 〈제3회 한국 생태마을 공동체 축제〉에서 이 공동체 식구들이 부른 합창 '바람의 빛깔'을 듣고서다. 이곳 사람들은 버스를 대절해 왔는데 연주, 노래, 춤 등 온갖 예술 공연을 장르를 불문하고 다 소화해 냈다. 수준도 최상급이었다.

그 전해인 2018년에 충북 보은에 있는 선애빌에서 2회 대회가 열렸고, 2019년 6월 7일에서 9일까지 충남 논산 풍류도 마을에서 3회 대회가 열렸다. 이에 앞서 한겨레신문사 조현 기자의 베스트셀러 『우리는 다르게 살기로 했다』에서 먼저 소식을 읽었다. 책의 부제처럼 '혼자는 외롭고 같이는 두려운' 마음을 공감하며 읽었는데, 직접 와서 보니 그런 문제를 상당히 많이 해결해 온 것으로 보였다.

환호, 신명, 하나 됨

이곳에 와 보거나, 여기서 살아 본 / 살고 있는 사람들은 소감이 각기 다를 것이다. 나는 오늘공동체의 빼어난 운영 방식이나 운영 체제, 재정 운용, 삶의 철학, 다툼 해결 방식, 자급도 등을 다 팽개치고(!) 과감하게(?)도 그들이 보유한 신명 남, 하나 됨, 환대의 기운을 최고로 꼽고자 한다.

두 번째 갔을 때의 진행 순서가 다 그랬다. 인사 소개, 공동체 공간 안내, 저녁밥, 공연, 이야기 마당 등 처음부터 끝까지가 모두 다 흥이 넘쳤다. 끼를 마음껏 발산하는 시간이었다. 개체는 물론 공동체의 가장 중요한 부분이 바로 이 신명이지 않을까 싶다. 본 행사 때도 흔히 볼 수 있는 내빈 소개나 축사 등 의례적인 진행은 없었다. 진행 자체가 서로를 이해하고 알게 되는 과정이므로 따로 내빈 소개를 할 필요가 없어 보였다. 웃음과 박수와 함께 순서마다 망설이지 않고 선뜻 나서서 자신을 환하게 드러내는 것이 최고의 축하 인사인 셈이었다.

노래와 춤은 기본이었다. 신명과 어우러짐이 중요한 요소임을 그들은 잘 알고 있었다. 즐겁고 유쾌하지 않으면 세상 대사를 논하지 말라는 동학 천도교 경전 말씀이 떠올랐다.

'만심쾌재이후 능위천지대사의'(滿心快哉而後 能爲天地大事矣). 해월 최시형 선생의 말이다. 이를 악물고 속으로 삭이고 참아 가면서 하는 일이라면 헛일이라는 것이다. 아무리 숭고한 일이고 거룩한 소임이라 해도 이것을 짜증내고 원망하면서 하면 다 도루묵이 된다는 말이 아니겠는가. 무슨 일이든 흐뭇하고 유쾌하게 하는 것이 가장 좋다. 그러면 관계도 잘 풀리고 건강에도 좋고 보람도 있다. 이들이 만들어 낸 '몸 윷놀이'는 가히 혁명적이었다. 흥겹고 신명 난 인간들은 뭐든 창조하는 능력을 보유하게 된다는 걸 흥겹게 체험할 수 있었다.

오늘공동체는 도시 주거공동체로서는 가장 바람직한 정점에 도달한 것으로 보였다. 90여 명의 구성원이 이 정도의 신명과 하나 됨에 도달한 만큼 이를 원동력으로 뭐든 해 나갈 수 있으리라 본다. 사회적 역할, 에너지와 물과 식량 등의 자립과 자급 영역 등 뭐든 시도해도 될 수 있을 만큼 기반이 튼튼해 보였다.

종교를 버림으로써 참 신앙인으로 거듭남

따로 '없이 있는 마을' 공동체도 소개하겠지만, 오늘공동체의 중요한 또 하나의 특징은 기독교 신앙공동체가 모태였으나, 완벽하게 종교를 넘어서고 있다는 점이라 하겠다. 예배도 없고 십자가도 없다. 대표인 박민수 님은 이 공동체를 만들고 이끌어 온 목사다.

예배도 의례도 다 철거(!)한 뒤로 호칭들도 철거했다. 아무도 그를 목사님으로 부르지 않는다. 삼촌이고 형이다. 제도화된 종교의 폐해를 걷어냈다고 보인다. 그 어떤 종교인보다, 그 어떤 성직자입네 하는 사람들보다 신앙적으로, 영성적으로 사는 것으로 보였다. 영성의 핵심이 기쁨, 사랑, 배려, 헌신이라면 말이다.

내가 갔을 때 행사 순서의 하나로 박민수 님이 오늘공동체의 지나온 과정을 발표하는 시간이 있었다. 비록 발표 시간이 짧았지만 그들의 노력, 정성, 하나 되기, 공부, 아픔 등이 눈에 선했다. 참으로 장하다는 느낌이 물씬했다. 반 시간여에 걸쳐 짧게(?) 소개했지만 그 안에 담긴 역사는 장장 20년이었다.

자신을 목사로 부르지 말아 달라는 말은 200가구에 달하는 '밝은 누리'를 이끄는 젊은 목사인 최철호 님도 그렇다. 형과 삼촌이다. 종교의 외피를 쓰고 얻고자 하는 부질없는 권위와 권세를 넘어선 사람이다.

여담 하나를 하자면, 내가 20대 초반부터 함께한 선배이자 스승인 고 허병섭 님은 목사직을 공식적으로 반납했다. 청계천 등 가장 낮은 곳에서 빈민선교를 하다가 몽땅 경찰서에 잡혀갔는데, 목사라는 걸 안 경찰에서 갑자기 그분만 특별 대우를 하자 그렇게 했다. 예수처럼 더 낮은 곳, 더 어려운 이들과 함께하기 위해서.

실현하고자 하는 것은 참 행복이라며, 기독교는 단지 그 수단일

뿐이라는 그들의 명확한 정신. 도그마에 빠진 한국의 종교를 볼 때, 습관화되어 영혼과 정성은 없고 자동기계처럼 주문과 개념들을 되뇌는 관계자들을 볼 때, 오늘공동체는 집단적 영성체로 보였다. 그 분위기, 집체 의지가 개인의 에고와 미망을 용해하는 용광로가 되어 있는 듯했다.

공동체의 뿌리 - 차근차근 한 발 한 발

20대 때부터 내가 접한 공동체들은 적지 않다. 고 허병섭 선배와 가장 낮은 위치의 노동자를 대상으로 함께한 '막노동공동체'가 처음이 아닌가 싶다. 목사인 그와 누수 주택에서 시멘트를 비비던 기억이 또렷하다. 전 국회 사무총장 유인태 선생이 인천 구석진 곳에서 은신해 있을 때인데, 허목사와 절친해서 가끔 같이 보기도 했다.

국내 공동체는 거의 다 경험한 편이다. 해외 공동체도 여럿 가 봤고 공부했다. 이를 정리하자면, 공동체는 지도자를 중심으로 모여 자연 발생적 성숙(성장이 아니라) 과정을 거치거나 계획적인 설계에 의한 경우로 나뉜다. 두 측면이 서로 보완하기도 한다. 오늘공동체는 전자에 해당한다고 하겠다.

20여 년 전에 시작했고, 공동육아, 공동 밥상, 작은 연합 가정 등 여러 실험을 거쳐서 오늘에 이른 것이다. 박민수 님이 이번 행사 때 발표한 순서에서 그 일단을 볼 수 있었다. '안 싸우고 다정하게 사는' 것에 주안점을 두고서 한 발 한 발 성숙해 온 발자취가 보였다. '싸우더라도 용기 있게 맞대면하여 진심을 주고받는 시간을 만드는 것'을 통해 고비를 넘어온 것이었다.

우리가 '같이'하고자 하는 바람과 함께, 같이 하는 데 대한 두려움이 있다. 이 양가감정은 당연하다. 경험과 상처에서 비롯되는 것이다. 이 고비는 한 번 넘어서면 체력이 생겨난다. 되풀이하지 않는 힘을 기르게 된다. 공동체 성장의 열쇠는 이것이라고 본다. 오늘공동체는 이를 위해 가치 공유, 생활 공유, 예술·여행·재화 공유의 경험을 쌓았고 이를 토대로 시스템을 하나씩 만들어온 것이다.

오늘공동체는 현재 의료비 지원, 등록금 지원, 실업급여 지급, 차등적 평등 실현(소득의 몇 퍼센트를 내는 식의 재정 부담 방식), 멘토-멘티 구성, 창업 지원 등 거의 하나의 나라라고 해도 과언이 아닌 데까지 와 있다. 최근에는 특히 연대와 협력을 중시하는 것으로 보인다. 이달 27일 청년 모임이 그렇다. 이 모임은 내가 후원자로 있는 청년 자율모임인 넥스트젠, 그리고 한 번은 강의, 또 한 번은 회의하러 두 차례 방문했던 밝은누리, 내가 실행위원인 '한국생태마을공동체'와 공동으로 하는 행사다.

이렇게 20여 년간 서로 신뢰를 쌓는 과정이 있었다는 것, 오랫동안 시행착오를 거쳐 진화된 신뢰와 사랑이라는 소프트웨어가 준비

되었다는 것이 중요하다. 소프트웨어의 수준은 낮은데 큰 예산만 덜컥 받아서 구축한 하드웨어가 '무명 무실', 흐지부지되는 사례들을 우리는 참 많이 보아 왔다. 내가 2019년 초에 강연한 곳인데 서울 은평구에 있는 세계 최초의 '도서관 마을'이 있다. 정식 이름은 '은평구 구립 구산동 도서관 마을'이다. 이 마을은 기존의 건물 8개를 하나로 이어 도서관을 만든 건데, 건물이 전혀 없을 때부터 마을 주민들 간에 책과 관련한 여러 동아리와 활동이 매우 활성화되어 있었던 데서 시작됐다. 그런 힘, 그 감동을 바탕으로 많은 주민을 움직이고 예산을 끌어와 꿈을 현실화한 것이다.

무리한 외형 확장이나 과도한 꿈을 꾸지 않고 하나씩 실천하며 커 온 오늘공동체가 참 지혜로워 보였다. 이 건물에서 4부족 50여 명이 사는데, 구석구석을 돌아보면서 느낀 게 있다. 설계할 때 이런 기능과 용도를 먼저 설정한 것인지, 아니면 공유 주택을 지어 놓고 이렇게 배치했는지 궁금했다. 질문할 시간이 없었는데 귀가하여 자료를 찾아보니 건축가와 오늘공동체가 같이 토론하며 그림을 그려 간 것으로 확인되었다. 공유 주택의 발전된 기본 틀에다 이들의 바람과 꿈을 담은 셈이다.

요즘 유행하는 '미니멀 라이프'. 더 갖기보다는 더 누리기, 더 벌기보다는 더 존재하기를 강조하는 삶을 사는 이들은 그렇게 해서 절약한 돈으로 이웃돕기에 나선다. 존경스러웠다. 이들의 최소로

하려는 '개인'에는 소유뿐 아니라 '에고'도 있을 것이다. 근대의 자의식과 개체 의식의 발달은 차라리 소유보다 에고가 더 큰 과제가 되어 있다. 에고의 극복은 공동체의 성숙과 궤도를 같이한다. 오늘 공동체가 개인을 최소화하고 공유를 최대치로 해 간 것에 성공한 것은 작은 성취를 잘 보존하고 키워 온 덕분이라 여겨진다.

정토, 궁궁촌, 이데아 등은 하늘에 있지도 않을 것이고 죽은 뒤에 있지도 않을 것이다. 어느 특정한 곳에 있지도 않을 것이다. 일상의 먹고, 자고, 말하고, 보고, 걷고, 쉬고, 일하고, 떠들고, 다투고 하는 그 속에 있을 것이다.

없이 있는 마을 공동체

운길산역에 내렸다. 운길산역에 11시 43분에 도착하는 열차를 타고 오라고 했는데, 딱 그 열차를 타고 왔다. 2번 출구로 나왔다. 저쪽에서 차가 한 대 움직이더니 내 쪽으로 온다. 맞다. 이광호 목사다. 아니다. 목사가 아니라 님. 이광호 님. 목사로 부르지 않는다고 들었다.

"이 전철을 이용하시면 점심 식사 시간에 맞게 도착할 듯합니다. 오시는 시간 맞춰서 역에서 기다리고 있겠습니다. 마을에 도착하면 바로 점심을 함께하시고, 이후 1시 30분부터 전체가 모여서 선생님 말씀 듣겠습니다. 좀 더 자세한 내용은 아래 파일을 확인하시면 되겠습니다. 감사합니다"라는 사전 문자대로 착착 진행되었다. "그 열차에 맞춰 볼게요. 설렙니다. 이광호 님을 떠올리는 것만으로도 생동하는 기운과 환대의 마음이에요"라는 내 답 문자대로 다음날까지 죽 예상하고 떠올렸던 설렘 그대로 진행되었는데, 실속은 기대와 예상을 훨씬 뛰어넘었다.

없이 있는 마을. 이 마을 이름을 처음 들었을 때 뭔가 좀 있어 보였다. 근데 다시 생각해 보니 뭐가 없고 뭐가 있다는 말이지? 없을 것의 목록을 꼽아 보았다. 그리고 있는 것들을 꼽아 보았다. 나 혼자 그렇게 해 보았다. 그러나 끝내 물어보지는 않았다. 제법 진하게 여러 번 만났지만, 물어보지는 않았다. 이분들과 2박 3일을 행사장에서 같이 지냈고, 우리 집에 15명이 와서 1박 2일 지냈고, 서울에서 저녁을 먹고 30여 명 앞에서 3시간 강의 했고, 마지막으로 두어 달 전에 1박 2일을 그 마을에 가서 같이 보냈다. 마지막 만남 중심으로 나 혼자 보고 들은 것을 써 보려 한다.

내가 이광호 님의 안내로 들어선 마을 어느 집은 그날 점심을 같이 먹게 된 마을 주민의 집이었다. 옛 농가를 수리한 정겨운 집이었다. 공동식사를 자주 하는 모양인지 다중 시설 흔적이 짙다. 사람의 상반신만 한 칠판에 색 분필로 '희식 선생님 환영합니다'가 적혀 있었다. 손 흔드는 모양과 꽃과 나뭇잎이 곁에 날리는 그림이, 종이나 현수막으로 함부로 물자를 낭비하지 않는 방식이다.

4~5년 전에 우리 집에 왔을 때는 총각이었는데 그새 결혼하고 아이를 둘이나 낳았다는 집 주인은, 요리사가 되었다면서 직접 비빔국수를 만들고 있었다. 4~5년 전 우리 집에서 지낸 이야기를 부산하게 나눴다. 들어서는 20대와 30대의 남녀가 다들 환하게 웃고 생기가 넘친다.

두세 개씩의 동아리 활동

자. 이름만 보고 뭣 하는 곳인지 알아 보자. 몸살림, 쓰임 목공, 더불어 배움. 몸살림은 스스로 자기 건강을 살피는 모임이다. 주민 중에 한의사가 있다. 일상의 양생법을 익히는 모임이다. 〈쓰임 목공〉! 쓰임새 있는 물건을 나무로 만드는 동아리다. 내가 떠나 오는 날에 동아리별로 각별한 선물들을 준비해서 내게 주었는데, 쓰임 목공 모임에서는 원목으로 만든 부챗살 냄비 받침을 주었다. 접으면 가지런한 일자형 사각 나무들이고 펼치면 부챗살로 벌어져 크고 작은 뜨거운 냄비를 받칠 수 있는 것이다. 〈더불어 배움〉. 이 동아리는 독서 동아리다. 〈누구나 텃밭〉. 밭 가꾸기 동아리다.

너른 밥상 연구소라는 동아리도 있다. 이 동아리는 먹거리 전반에 대한 심도 있는 학습과 토론을 한다. 이렇듯 동아리가 많은데도,

기독교 공동체인데도 성경 모임이나 기독교 동아리는 없다. 아마 성경 공부나 예수 따라 살기는 동아리가 필요 없을 정도로 평소 잘하니까 그런 모양이다. 마을 이름에서부터 예수쟁이 냄새를 전혀 안 내고도 충실한 예수의 제자로, 하나님의 아들딸로 살아가는 사람들이다.

떠날 때 내가 받은 선물에 통증에 바르는 '완통고'라는 약도 있었다. 생 오이 두 개를 한지에 포장해서 띠종이로 묶어 감사 인사를 적은 건 어느 동아리 선물일까? 맞다. 누구나 텃밭 동아리에서 준 것이다. 오는 길에 풋풋한 생 조선오이를 잘 먹었다. '내 손은 약손'이라는 작은 책자도 받았다. '레이키 치유'로 알려진 손 치유법이 그림과 함께 잘 안내되어 있는, 몸살림 동아리에서 토론을 통해 만든 건강 책자였다.

이광호 님 집에서 잤는데 예술 작품처럼 아름다운 원목 침대는 쓰임 목공 동아리에서 만들었다고 한다. 집짓기 책(『시골 집 고쳐 살기- 인생을 담은 맞춤형 생태주택』)을 쓴 나인지라 원목 침대 구석구석을 아래위로 다 살펴봤는데, 환경구조상 최상의 설계이자 시공이었다. 두세 가지 각재로 이런 이음새를 만들어냈다는 데 놀라지 않을 수 없었다. 주요 부위를 다 사진으로 찍었다.

예수 제자 공동체

〈없이 있는 마을의 얼과 길〉이라는 안내문이 있다. 몇 마디로 이 마을 사람들의 마음을 담아 놓은 기록들이다. 가장 먼저 '세상의 가치를 따르지 않고 성령을 따른다'라고 되어 있다. 거짓 나, 세상 우상을 거부한다고 되어 있다. 세상 우상을 좇는 헛된 노력이 얼마나 많은지를 직시한 사람들로 보였다. 그리고는 참 나, 얼 나를 살겠다고 다짐한다. 다석 유영모 선생의 가르침이다. 일반 기독교에서 쓰지 않는 말이다. 기독교계에서는 이현필 선생이나 김홍호, 김준호 선생님이 쓰시는 용어다.

예수께서 분부한 모든 것을 일상의 전 영역에서 지켜 살아가도록 서로 비춰 주는 제자공동체를 꿈꾼다는 이들. '편리를 추구하고 소비와 착취를 양산하는 반생명적 문명을 거부하고 생명 순환에 참여하는 조화로운 삶의 구조를 만들어 가리라'는 선언을 안내문에 담고 있다.

둘째 날이 일요일이었는데, 나더러 설교를 하라고 했다. 동학 천도교의 가르침을 소개해 달라고 하면서 '느리게 사는 삶의 묘미'라는 주제도 줬다. 나는 아주 작고 작은 교회를 떠올렸다. 어디에서나 쉽게 볼 수 있는 등 굽은 나무 십자가도 떠올렸다. 청년 시절 기독교 운동을 성남의 주민교회에서 할 때 교회당 십자가가 그랬다.

어쩌면 다행이었다. 이 마을에는 예배당이 없었다. 아예 교회를 지을 생각을 안 하고 있다는 것이다. 〈없이 있는 마을의 얼과 길〉의 안내문대로 교회를 짓지 않고 집집을 돌아가며 예배를 한다는 것이다. 좀 큰 행사를 할 때는 마을회관이나 면 소재지에 나가서 공공건물을 빌려서 사용한다고 한다. 없이 살겠다는 이 기독교 공동체는 교회도 없이 살겠다는 것인데 참 놀랍지 않을 수가 없다.

모두 함께하는 예배

나는 어쩌다 보니 예배, 법회, 미사, 설교, 강론, 법문 등의 용어에 두루 익숙하다. 내가 혼배성사를 했었고, 퀘이커 모임도 가 봤다. 이곳 예배가 퀘이커 예배 닮았다는 느낌이 들었다. 침묵을 이처럼 소중히 여기는 교회 예배는 처음 봤다. 예배 후 점심시간도 완전한 침묵이었다.

예배 순서는 마을 주민 십수 명이 진행에 참여했다. 아이들 포함하여 4~50명이 모였는데 마을에 살지 않는 신도들도 왔다고 한다. 참새처럼 재잘대는 서너 살 아래의 아이들이 너무 예뻤다. 예배 시간 내내 눈알을 데굴데굴 굴리면서 가만히 있지를 못하고 다리와 팔을 꼼작거리지만 놀라운 것은 그 아이들이 거룩한 침묵에 감전되었는지 단 한 사람도 떠들거나 울지 않았다는 점이다. 여간 놀라운 일이 아니었다.

설교라는 단어도 없었다. '하늘 뜻 나눔'이었다. 설교 위치에 있는 사람이 하늘 뜻을 전해주는 징검다리 역할을 한다는 뜻이리라. 나눔의 기도 시간에는 "비와 눈이 하늘에서 내리면 다시 그리로 돌아가지 않고 땅을 적셔 싹이 나게 하고 열매를 맺히게 하듯 내 입에서 나가는 말도 나에게 헛되어 돌아오지 않고 내 뜻을 이루며 내가 의도한 목적을 성취할 것이다"라는 구약 이사야서를 읽었다.

내가 사는 덕유산 기슭에 전날 내내 비가 오고 꼭두새벽에는 폭포수처럼 물벼락이 한 시간여 쏟아져서 그 뒤처리를 하고 가느라 마음이 여간 바쁘지 않았는데, 이 마을에 와서 하룻밤 지내면서 온전한 쉼을 얻었다. 무형의 안식을 주는 마을이다.

우리 농장 뽕나무에는 오디가 열려서 익어 가다가 순식간에 뜨거운 햇살에 다 말라비틀어지고 먹을 게 없었다. 작년에는 오디 잼을 제법 담갔는데 올해는 그럴 수가 없었다. 옥수수가 다 자라지도 않고서 꽃이 피기도 했다. 식물 몸체가 자라는 '영양생장'과 알곡이 맺히고 영그는 '생식생장'이 교란이 일어나고 있다. 옥수수꽃은 암술/수술을 말한다. 기후재난 시기에 식물도 동물도 온전하지 않다.

원래 세상일이란 형상을 한 것은 잘 보이나 헛된 것이 많고, 진실한 것은 눈에 잘 보이지 않아 놓치기 쉽다. 쉼과 침묵을 가진 마을이었다. 이곳의 밥상 기도문을 읽으며 마무리한다.

없이 있는 마을 밥상 기도문

(민들레 어린이들)

잠시 밥상을 바라보며 그 안에 든 이름을 세어 봅니다.

특히 깨처럼 여기저기 숨어 있는 작은 목숨이나

간장처럼 콩, 소금, 물로 나눌 수 있는 것은

더 신경 써서 봅니다.

(다 함께)

잊지 않겠습니다.

여러분 이름을 하나도 빠짐없이 꼭꼭 씹어 부릅니다.

온 세상, 온 가족, 하느님 깃든 이 밥상.

마지막 쌀 한 톨까지 고맙게,

겸손하게 먹으며 밥으로서 하나 되어 살겠습니다.

점점, 우리 이름은 없어지고

예수만 계시길 빕니다.

북한 수재민 돕기와 '기후 양심'

—문제의 본질을 꿰뚫어야 한다

문제의 본질을 바르게 보는 것

우리가 북한의 수재민을 돕는다면 그것은 봉사나 자선이 아니라 의무다. 북한에 대한 남한의 의무다. 시혜가 아니라 의무라고 하는 이유는 차차 드러날 것이다. 신성한 밥상 차림에 있어서 우리는 남과 북을 동시에 생각해야 한다. 우리 밥상이 온전하려면, 내 하루가 평화롭고 아름다워지려면, 남과 북이 함께 가야 한다.

뜻밖이었다. 내가 취지문 작성 담당자로 정해진 것이다. 쟁쟁한 통일운동 활동가들이 있는데도 이렇게 된 것은 제안을 한 사람이 실무까지 떠맡게 되는 관행의 연장선이었다. 취지문뿐 아니라 웹 자보까지 덩달아 맡아서 만들게 됐다. 북한 함경남도 곳곳을 폭우가 휩쓸면서 1,200여 주택이 침수되고 주민 5,000명이 긴급 대피했다(2021.8)는 뉴스를 접하고 나서다.

사람들이 올라가 있는 지붕까지 물에 잠긴 채 급류에 둥둥 떠가는 사진은 올해(2022) 유럽과 중국을 폭우가 휩쓸 때도 수시로 비춰진 익숙한 풍경이다. 지난해 가장 폭우가 심했던 전남 구례 지역에서도 봤던 모습이다. 지구촌 기상이변은 전 세계적인 현상이라 북한이라고 예외일 수는 없었을 것이다.

어렵게 남북 통신선이 복구된 시점에서 북녘 동포 돕기는 매우 시의성 있어 보였지만, 북녘 동포 돕기에 대한 남한 일각의 부정적 시각이 있는 것 역시 현실이라, 간결해야 할 취지문에 이를 어떻게 담아낼지가 고민거리였다. 단순한 수재민 돕기가 아닌데 동포 의식이나 남북 교류, 민족 동질성을 거론하려니 이런 단어는 너무 많이 쓰여서 신선함이 없어 보였다. 식상함을 넘어, 문제의 본질을 꿰뚫는 언어가 필요했다.

취지문과 별도의 웹자보를 만들려고 할 때 번개처럼 머리에 떠오른 게 '기후 양심'이었고, 곧장 웹자보 제목이 됐다. 기후폭동(이 단어는 기후위기나 온난화, 기후변동 등의 단어와는 달리 기후를 하나의 유기체로 보는 시각이다) 현상과 대책에 대해 살펴봤던 여러 자료와 이미지가 머릿속에서 순식간에 합성되었다. 서너 시간에 걸쳐 완성된 웹자보의 '기후 양심'은 북한 동포 돕기에서 신조어로 등극했다.

나라별 화려한 야경의 뒷면

　반응이 좋았다. 북한 수재민 돕기가 자선이나 시혜가 아니라 기후 악당 대한민국에 사는 사람으로서 당연한 의무이자 책임 있는 태도라는 접근이어서다.

　웹자보 구성은 이렇다. 인공위성에서 찍은 지구 야경 사진이 가장 위에 있다. 유럽과 미국, 중국 동부 지역은 불야성을 이룬다. 한반도 주변 야경도 선명하다. 남한은 전 지역이 휘황찬란하다. 하지만 남한과 중국 사이에 있는 북한은 바다와 꼭 같은 깜깜한 색이다. 아프리카처럼. 섬나라 일본과 한국 사이 바다처럼. 그래서 한국은 완전한 섬나라로 보였다. 이 사진은 어이없게도 북한의 어려운 경제 사정을 조롱하는 데 쓰이기도 했다.

　섬나라가 된 야경 한국의 바로 아래에 붙인 사진은 온실가스 배출량을 기준으로 그린 세계 지도였다. 온실가스 세계 지도에는 아프리카와 남미가 '홀쭉이'로 나온다. 미국과 유럽은 비만에 걸린 듯한 모습이다. 당연히 남북한도 비교가 된다. 남한은 북한보다 땅 면적이 조금 작지만, 온실가스 면적은 두 배가 넘는다. 나라별 땅 넓이와 온실가스 배출 양을 비교한 것이다.

기후 양심에 눈 떠 북한 수재민을 도와야

　매년 4.5퍼센트씩 증가해 OECD 최고 증가율로 작년에 온실가스 배출 세계 6위를 달성한 대한민국. 이대로라면 2030년에 부동의 1위 미국을 제치고 온실가스 배출 세계 1위를 차지하게 될 대한민국(사단법인 기후변화연구소 발표,《한겨레》2021.5.10).

　'기후 양심' 웹자보는 북한의 물난리에 남한 국민이 어떤 책임이 있는지, 북한 수재민 돕기가 왜 우리의 의무인지를 잘 알 수 있도록 만들어졌다. 웹자보는 대한민국 국민에게 양심을 지키자고 호소하고 있다. 작가적 양심, 학자적 양심, 농부적 양심도 있지만 '기후 양심'을 지키자고. 자해 문명, 식물 복지, 기후폭동 등과 함께 내가 만든 신조어인 '기후 양심'이 널리 쓰이길 바란다.

업장 풀며 산뜻한 새해를 맞자
—인지 감수성을 갈고 다듬으며

예전 같지는 않아도 연말은 연말이다. 평소보다 많은 사람이 시골 버스 터미널에 앉아 있다. 너 나 할 것 없이 각양각색 마스크로 입·코 다 가리다 보니 두 번 세 번 봐도 누군지 알 듯 말 듯 하다. 다들 대형 텔레비전을 쳐다보고 있다.

"일 다해 놓고 죽으려면 죽을 날도 없는겨. 일도 어지간히 해야지 원…." 텔레비전을 보던 어느 분 말씀이다. 뭔 일인가 하고 쳐다보니 택배 노동자의 과로사 얘기다. 최근 택배기사들이 잇달아 사망해 사회적 논란이 되자 경찰이 택배 노동자 사망 사건 관련 5건에 대한 내사를 진행 중이라는 보도였다. 일을 어지간히 하라는 그분의 말이 뜬금없다는 생각이 들었다.

안타까운 택배 노동자의 과로사

"어이구, 저걸 어쩌. 올매나 일에 치였으면 죽을까. 젊은 사람이네. 아들딸도 있을 텐데 어쩌나….."

뒷좌석에 앉아 있던 할머니 목소리다. 첫 번째와 대조를 이루는 반응이었다. 남의 일 같지 않은가 보다. 혀를 끌끌 차면서 애달파하는 눈치다. 해도 해도 끝이 없는 시골 일에 치이며 살아온 사람이 할 수 있는 말로 들린다.

자그마한 시골 터미널은 연이어 일종의 뉴스 평론가(?)들이 등장했다. "택배 많으면 좋지 뭐. 일 더 하고 돈 더 버는 건데 뭐"라고 하는 말이 나오나 싶더니 "요즘 일감이 없어 노는 사람이 얼마나 많은데 일 많으면 복이지. 손님 없어서 문 닫는 식당이 널렸어." 참 냉혹한 평론가였다. 강심장이라기보다는 공감 장애 환자에 가깝지 않을까 싶다. 공감을 잘 못 하고 감응이 무디면 그의 내면에는 평화가 깃들 수 없다. 외면과 무시, 비난과 냉소가 내면을 채우게 된다. 친절과 배려, 공감과 유머는 최고의 인격이다. 이런 인격은 내면이 고요하고 평화롭다. 고요와 평화는 조건 없는 사랑의 출발점이다.

사랑. 사랑을 나는 기도라고 여긴다. 내 기도는 하늘에 고하는 청구서가 아니라 '하늘은 내가 어떻게 생각하고 판단하며 살아가기를 바라고 계실까?'라고 내면에 귀를 기울이는 것이다. 결국 사랑은 공감에서 출발하지 않을까 싶다.

버스가 와서 타려는데, 기사님과 버스를 내리는 어떤 승객이 심하게 다투고 있었다. 버스 기사는 "내가 오줌 누러 갈 시간도 없이 차를 또 몰고 나가야 하는데 어쩌란 말이냐."라고 했고 승객은 "사과하라."고 소리를 지르고 있었다. 자초지종을 물었다. 내막은 좀 허탈했다. 버스 기사가 터미널에 버스를 대고는 승객이 다 내리기 전에 에어건(압축공기를 내는 호스)으로 운전석 부근 먼지를 털어냈나 보다. "승객이 있는데 뭐 하는 짓이냐"고 승객이 항의했고, 운전기사는 "뒷문으로 내리시면 되지 않느냐"고 한 모양이다. 그러자 승객은 "내리고 나서 청소해야지 먼지를 왜 먹이냐"고 또 언성을 높였고, 버스 기사가 에어 청소를 멈추고 "내리시라"고 했는데, 승객이 이번에는 기사에게 앞서 한 짓에 대해 사과하라고 요구하며 실랑이 중인 것이다.

버스 기사와 승객의 감정 다툼

운전사는 화장실에 갈 시간도 없이 또 차를 운행해야 하는 처지라면서 신세한탄까지 했다. 대략 난감했다. 그런데 눈치를 보아하니 두 사람은 핏대를 높였지만, 서로의 처지를 이해하고 한 발씩 물러설 마음이 있는 것 같았다. 다만, 제 기세에 제가 쫓겨서 먼저 물러서지 못하고 대립을 억지로 지탱하는 것으로 보였다.

나는 "생리현상을 막으면 안 되죠. 일단 화장실부터 다녀오셔야 겠네요."라고 기사를 거들고, 승객이 들고 있는 양손의 무거운 짐을 내려 드렸다. 그랬더니 두 사람은 각자의 길로 갔다.

연말이다. 새로운 업을 쌓기보다 한 해 쌓인 업 풀이를 할 때다. 공감과 배려와 양보와 사과와 감사와 사랑으로. 내 한 해가 얼마나 공감했던 한 해였는가. 내 한 해가 얼마나 양보하고 사과하고 감사하는 한 해였는가 하고…. 이렇게 가벼워져야 새해가 산뜻하지 않겠는가.

대부분의 불화와 대립은 공감의 문제, 감수성의 문제, 한몸 의식의 문제로 보인다. 그중에서도 뭐니 뭐니 해도 개인적으로나 사회적으로 풀어가야 할 큰 과제는 성인지 감수성 문제가 아닐까 싶다.

성인지 감수성 또는 문화인지 감수성

몇몇 개념과 기준만을 제시하고 암기한다고 성인지 감수성이 생기지는 않을 것이다. 문화적 요소는 오랜 삶 속에서 형성되는 것이라 수정 과정도 오래 걸린다. 새로운 의식구조의 등장이라 할 수 있다. 새로운 의식구조와 행동양식을 보이는 젊은이들을 한동안 엑스(X) 세대라고 불렀다. 엔(N) 세대라는 말도 있었다.

요즘은 시(C) 세대, 모바일 세대, 포노 사피엔스 등의 말도 있다. 엠제트(MZ)세대라는 말도 있다. 이를 두고 당최 뭔 말인지 모르겠다며 혀를 끌끌 차는 사람도 있다. 그러면서 세대 차이가 크다고 한다. 그도 그럴 것이 엔 세대를 네트워크 세대라고 설명을 해줘도 그 말마저 무슨 말인지 또 모르니 말이다.

내 주변에서 최근 일어난 재미있는 일화가 있다. 60~70대가 모인 어느 단톡방에 누가 동영상을 올렸다. '문재인은 빨갱이'라는 동영상이었다. 그 동영상을 올린 사람은 이런 터무니없는 동영상이 돌아다닌다면서 참 어처구니없는 일이라고 한 줄 소감을 달았다. 그런데 논란은 엉뚱한 지점에서 벌어졌다. 그 영상을 올린 노인을 두고 성인지 감수성이 부족하다는 공격성 댓글이 달린 것이다. 영상은 아래 윗도리를 거의 다 벗은 여성이 등장하여 퇴폐적인 춤을 추면서 래퍼(rapper)처럼 반복해서 '문재인은 빨갱이'라고 외치는 것이었다. 메시지와는 아무 관련도 없는 '여성'을, 그것도 거의 '벌거벗게' 한 영상을 개념 없이 올렸다고 문제 삼은 것이다.

사실 중도 우파라 할 수 있는 문재인 대통령을 가리켜 빨갱이라고 몰아세우는 터무니없는 주장은 그 단톡방에 있는 사람들의 관심거리도 아니었다. 문재인 대통령이 빨갱이라니, 논란의 가치도 없었다. 두 사람 다 같은 60대 중반의 노인이지만 한 노인은 여성인지 남성인지, 벗었는지 입었는지는 관심이 없고 그런 것이 보이지도 않았을 것이다.

문재인 같은 온건 우파 정치인을 가리켜 '빨갱이'라고 헐뜯는 말에 기가 찼을 것이다. 메시지에만 주목하고 메시지를 전하는 문화적 장치는 무시하거나 가볍게 생각하는 사람이었던 것이다.

반면에 다른 노인은 메시지가 뭐였든 벌거벗은 여성을 함부로 홍보용으로 쓰는 '성인지 감수성'을 제기할 정도였으니, 문화적으로 '신세대' 감수성을 가진 것이다. 그래서 내가 거들었다; "빨갱이 타령하는 저런 영상을 만든 사람은 빨갱이가 빨가벗은 사람인 줄 아나 벼~." 긴장감이 감돌던 댓글 난에 훈풍이 돌았다. 다툼도 놀이처럼 하면 되겠다. 유머는 놀이의 백미다.

젊은 세대라고 성인지 감수성이 다 있지는 않을 것이다. 요즘은 나이로 구분 짓는 세대 차이보다, 시대 흐름에 따른 새로운 문제의식을 기준으로 구분되는 문화 차이가 더 크다고 하겠다. 혹시라도 이 글을 읽으면서 나와 비슷한 연배의 노인 중에는 위에 적은 '래퍼' (rapper)가 뭔지 몰라서 자식한테 전화를 걸어 물어보는 사람도 있겠고, 네이버 지식백과에서 바로 검색하는 사람도 있겠다.

길을 몰라 두리번거리면서 복덕방부터 찾는 사람이 있고, 구글 맵을 뒤지는 사람이 있을 수 있다. 다 문화 차이라 하겠다. '포노 사피엔스'라는 말도 '포르노를 좋아하는 인간'들이라고 지레짐작할 수 있다. 스마트폰을 종일 손에 들고 사는 인류를 말하는 것인데도 말이다. 전적으로 시대적 문화 흐름에 대한 인지력의 차이다.

새해를 해롭게 할 발상의 상큼함

이와 관련한 좋은 사례가 떠오른다. 어느 초국적 대기업 최고 경영자가 있었다. 누구나 선망하는. 그가 불쑥 자기 사무실을 하루 개방하면서 누구나 들어와서 자기와 인증샷을 찍을 수 있다고 트위터에 올렸다. 그런데 선착순 100명이었다. 수백만 명이 '좋아요'를 눌렀다. 관심과 인기도가 급상승했다.

또 있다. 멕시코의 어느 시골에 있는 조그마한 자동차 지점의 영업실적이 최고치를 보였는데, 그 자동차 회사의 최고 경영자는 보너스로 큰 상금을 주는 대신에 그 작은 지점의 지점장 자가용을 직접 세차해 주는 보너스를 줬다. 비행기를 타고 영업점에 가서 직접 세차를 해줬다. 발상의 기상천외함이 놀랍다. 그 자동차 회사의 모든 자동차 모델 호감도는 폭발적으로 높아졌다고 한다.

모든 언론이 앞다투어 기사로 다뤘으니 연쇄 파급효과가 더해졌다. 기업 홍보에 있어서 수백만 달러어치 유료 광고보다 더 효과가 있었다. 어딘가에서 들은 이야기라 진위 여부는 확인할 수 없지만 세대 차이보다 문화 차이를 극명하게 보여주는 사례라 하겠다.

수첩을 가지고 다니면서 쪽마다 색 띠를 붙여가며 메모하든가,

아니면 네이버 클라우드나 구글 원드라이버에 저장해서 언제 어디서나 들춰보든가 뭘 어떻게 하든 그게 대수냐고 할지 모르지만 그렇지 않다. 어떻게 하느냐에 따라 화법이 달라지고 사람의 관계가 달라지고 사고방식이 달라진다. 어느 뇌 과학자는 뇌 구조가 바뀐다고까지 주장한다.

위에 든 예의 장단점이 있겠다. 온라인을 잘 이용하면 일 처리가 빠르겠지만 급해질 것이다. 변덕이 심하고 실수가 많고 신중함과는 멀어질 것이다. 그런 경향을 바로잡아 주는 온라인 프로그램이 등장할 것이다. 이렇게 말할 수 있지 않을까; "정보를 신문을 보고 얻는가 아니면 티브이에서 얻는가. 유튜브에서 얻는가 아니면 도서관에서 책을 펼쳐 고전과 경전을 읽으며 2~3일에 걸쳐 얻는가에 따라 그 사람의 뇌 구조가 달라진다. 인생이 달라진다!"

이력서에 본적 칸이 사라진 것과 호적등본 대신 가족관계 증명서가 등장한 배경을 아는 사람과 모르는 사람의 문화적 간극은 크다. 요즘은 개인의 권리와 보호받아야 할 인권 범위가 달라졌다. 그래서 호주제가 사라졌고 호적등본 대신 가족관계 증명서를 내도록 한 것이다. 한 면접관이 면접을 보는 자리에서 면접받는 사람에게 고향이 어디냐고 물었다 치자. 면접관은 별생각 없이 피면접자의 억양이 자신과 비슷하여 반가운 마음에 물었는데, 이것이 나중에 '폭력'으로 논란이 된다면 어리둥절할 것이다. 이런 질문은 지역

차별 논란을 일으킬 만한 것이다. 출신 지역에 따른 차별과 배제 정서가 우리 사회에 남아 있어서다.

이런 예를 하나 만들어 보자. 오랜만에 만난 친구의 아들이 마흔이 넘었는데 결혼을 안 했단다. 걱정과 격려를 섞어 "아직도 결혼 안 했냐?"라고 했더니 이것 역시 폭력이라고 한다. 결혼을 성인이 되면 당연히 하는 걸로 아는 사람과 결혼이란 선택의 대상일 뿐이라는 견해의 대립점을 무시하고 일방적으로 말하는 것이 '폭력'이 되는 것이다. 미혼이라는 말은 결혼을 아직 못 한 사람을 말한다면 비혼은 결혼 자체를 중요하게 생각지 않는 사람이다. 이제는 결혼, 비혼, 동성애, 이혼 여부는 모두 보호받아야 할 개인 정보다. 그로 인한 차별과 불이익이 있기 때문이다.

남성 또는 여성을 말할 때는

같은 맥락에서 이런 예도 있겠다. 친구 딸이 결혼한 지 몇 년이나 되었다고 하기에 "아직도 애가 없어?"라고 가볍게 물었는데 이건 아주 심각한 폭력이란다. 손가락 하나 대지 않았는데 폭력이라니. 평생을 점잖게 살아온 사람으로 정평이 나 있는 사람이라면 말 한마디로 창졸간에 폭력 당사자가 되니 체면이 말이 아니다.

그 말 한마디가 폭력이 되는 까닭은 출산은 의무가 아니기 때문이다. 자발적 비출산을 선택하는 사람들이 많다. 아니, 자발적이기보다 사회경제적 요인으로 인한 비자발적 비출산이라 하겠다. 최근에 이낙연 전 총리가 의원회관에서 열린 포럼에서 강연하면서 한국형 산후조리원이 새로운 한류로 떠오르는 데 대해 치하하고, 출산의 고귀함, 어머니의 숭고함을 말하면서 "남자는 엄마 되는 경험을 못 해 철이 들지 않는다"라고 한 말이 논란에 휘말렸다. 출산한 여성을 치켜세우고자 한 의도는 분명해도 시대의 흐름에 역행하는 말이기 때문이다.

더구나 이 말 속에는 출산과 육아를 사회와 부모 공동의 몫이 아니라 온전히 여성의 몫으로만 여기는 구시대적 발상이 얹혀 있다. 한마디로 이 전 총리가 감수성이 없다고 해야 하겠다. 무슨 감수성? 출산 육아인지 감수성이다! 논란의 이치를 바로 깨달은 그는 곧바로 사과했다. "저의 부족함을 통감한다. 마음에 상처를 입은 분들께 사과드린다"라고 페이스북에 글을 올렸다.

너무 예민하다고 여길 수 있다. 말 한마디 맘대로 할 수 있겠냐고. 툭하면 언어 폭력이다, 시선 폭력이다, 갑질이다, 성폭력이다 하면서 논란이 불거진다. 어디 눈치 보여서 살겠냐는 하소연이 나올 수 있다. 이런 사람들은 이력서에 학력 난과 호적 난이 사라진 걸 이해하지 못하는 사람이라 하겠다.

2020년 10월부터 주민등록번호가 개편됐다. 뒷자리에 출생지를 표기하는 번호를 없앤 것이다. 엄청난 비용을 들여 주민등록번호를 개편하는 의미와 목적을 모르는 사람은 위와 같이 투덜댈 수 있다.

달라지는 문화현상 그리고 제도

2011년 3월 29일 제정되어 같은 해 9월 30일부터 시행된 개인정보보호법은 처벌 규정도 엄하다. 당사자의 동의 없이 개인 정보를 제3자에게 제공하면 5년 이하의 징역이나 5,000만 원 이하의 벌금에 처할 수 있다. 주민등록번호나 통장 번호를 함부로 요청해서도 안 된다. 본인 동의란을 만들고 요청해야 하며, 사용 목적과 필요 항목, 사용 후 언제쯤 폐기하는지를 분명하게 밝혀야 한다. 이 법은 제정된 뒤로 여러 번 내용이 강화되었다. 호주제 폐지와 아이가 성을 정할 때 엄마 성을 따라도 된다는 것을 모르는 사람도 있다.

이 모든 변화는 농경사회를 거쳐 산업사회, 정보화 사회, 4차 산업사회로 되어 감에 따라 새로 등장하는 개인의 권리와 보호받아야 할 인권 범위가 달라져서다. 주민등록번호 하나만 있으면 그 사람을 손바닥처럼 읽을 수 있게 된 사회라서다.

감수성이라는 게 비 오는 날 시흥에 겨워 낭만에 젖는 것만이 아니다. 봄에 피는 새싹을 보고 가슴 설레는 것만이 아니다. 성인지 감수성, 폭력인지 감수성, 생태인지 감수성, 개인정보인지 감수성, 사이버 인격인지 감수성 등이 속속 등장하고 있다. 모두 새로운 문화현상이다. 우리 삶의 모든 영역 구석구석이 다 문화다. 문화의 핵심은 놀이다. 일도, 공부도, 다툼도, 낙심도, 체념도 다 놀이처럼 즐기면 어떨까 싶다.

03
———

밥값 하는 책
———
책 속의 밥

말과 글로 짓는 밥
—온몸을 던져 길을 나서다

사람마다 첫 경험의 짜릿한 감흥이 다를 것이다. 긴장과 설렘이 함께하던 순간, 기대와 염려가 교차하는 시간, 서투른 언행에 스스로 당황스러웠던 기억. 희열과 낙담의 오르내림….

이번 달에만 외부 강의가 아홉 번이다. 내가 하는 강의는 주제만 봐도 참 다양하다 못해 휘황찬란하다. 자녀교육, 환경문제, 자연농법, 컴퓨터 종합교육, 영상편집·이미지 합성 교육, 생태이론, 생명평화, 호흡명상, 감정 코칭과 마음공부, 생태 집짓기, 적정기술, 글쓰기, 문학과 예술, 기후변화, 동양철학과 기, 세계 혁명사 등.

강의 대상도 각양각색이다. 중·고등학생, 한살림과 아이쿱 등 생협 활동가나 조합원, 노인복지관 임직원, 여성재단 간부들. 노인요양 시설 요양보호사, 종교인, 장애인 협회 상근 교사들, 의사협회 간부들, 초등학교 운영위원들, 직무연수 온 교감과 교장, 중장년 귀농 희망자, 농진청 공무원, 여성농민, 간호사들, 장애인이나 치매 부모 모시는 가족들, 지역 농민….

　전문 강사가 된 나를 돌아보면 인상 깊었던 내 첫 강의가 생각난 다. 내가 처음 강의라는 것을 하던 날을 잊을 수 없다. 150명이 넘 는 사람들의 300여 개에 이르는 눈동자를 한 몸에 받으면서 단상에 올랐던 때가 14년 전이다. 15년 전인가? 그쯤 된다. 그 기억이 너무 도 강렬해서 내 첫 경험의 최상위 순위를 영원히 지킬 것이다.

　전북환경운동연합에서 처음 기획한 '초록강좌-자연이 내게로 왔 다'라는 강연이었다. 이 강좌는 인기리에 지금까지 계속되고 있다. 이제는 널리 알려져서 영화제나 음악회처럼 먼 곳에서도 찾아와 수강할 정도다. 이런 강좌에 내가 강사로 연단에 올랐다니 가문의 영광이 아니겠는가. 그러나 내막을 알고 보면 꼭 그렇지도 않다.

다짜고짜 강사 노릇을 하라고 했다

　아마 가을걷이로 내가 바쁜 때였으리라. 환경운동연합 사무처장 에게서 전화가 왔다. 저녁 강좌에 오실 거냐고. 나는 당연한 걸 왜 묻느냐는 식으로 되물었다. 이미 수강료 4만 원도 냈고 첫 회부터 꼬박꼬박 모범생처럼 수강하고 있었으니 말이다.

　전화의 요지는 그날 저녁 강연을 해 달라는 얘기였다. 나는 잘못

들었나 싶었지만 자초지종은 이랬다. 본래 계획된 강사가 몸살이 나서 오지 못한다는 연락이 왔다는 것이다. 속된 말로 하자면 땜빵이요, 점잖게 말해도 대타다. 보아 하니 예정된 강사를 대체할 사람으로 내가 적합해서가 아니라, 당일 저녁에 부랴부랴 해야 하는 강의를 부탁할 만큼 만만한 사람으로 내가 지목된 듯하다. 내가 환경운동연합 집행위원이라는 직에 있었으나 그 직위가 작용했을 리는 만무하고 그냥 만만한 인간으로 보였다는 게 맞을 것이다.

그도 그럴 것이 그날 강의를 맡았던 사람은 나중에 『88만 원 세대』라는 문제작을 쓰기도 했던 우석훈 박사였으니 말이다. 여러 진보 매체에 그의 이름이 안 나오는 데가 없을 정도로 유명한 경제학자였다. 내가 말도 안 된다며 몇 번 사양했지만 통할 상황이 아니었다. 몇 시간 뒤에 해야 하는 강의를 누구에게 부탁하겠는가. 그렇게 만만한 사람을 어디서 쉽게 찾을 수 있겠는가. 나는 나를 이런 식으로 다독이며 요청을 수락했다. 순식간에 걱정이 태산처럼 밀려왔지만, 이미 떠나간 배요 놓쳐 버린 버스였다.

어려운 부탁이니만큼 특혜가 주어졌다. 주제가 자유라는 것이다. 강좌의 취지에 어긋나지만 않는다면 어떤 주제라도 좋다고 했다. 자유가 이처럼 막막할 때가 있었나 싶었다. 무슨 얘기를 한단 말인가. 차라리 주제를 정해 줬다면 집중해서 생각을 해 보겠는데 마음대로 주제를 정하려니 생각이 갈팡질팡했다.

다행히 출발 시간이 다 되어 세수하다가 퍼뜩 주제가 떠올랐다. 세수하던 손이 턱에서부터 양 볼과 눈, 이마를 거쳐 위로 쓸어 올라가다가 마주친 까까머리가 강의 주제를 정해줬다. '그래. 내 몸의 여러 흔적을 강의 소재로 해서 환경문제와 생태문제의 이야기를 풀어 가보자' 하는 생각이 떠오른 것이다. '이론은 물론 입담에서 십여 명의 쟁쟁한 다른 강사들하고 어찌 내가 겨루겠으며 비교가 되겠는가. 내 몸에 깊은 흔적을 남겨 놓은 생태적 삶, 친환경적 생활을 이야기하자. 내가 그렇게 살고 있어서 나만이 할 수 있는 얘기, 그런 얘기라면 해볼 만하다'는 판단이 섰다. 순간, 온갖 걱정이 싹 사라졌다.

강의장은 입추의 여지가 없이 꽉 찼다. 유료 등록자만 250여 명에 이른다고 들은 적이 있다. 유료 등록을 미리 하는지라 빠지는 사람도 많지 않다. 나는 맨 앞자리로 이끌려 나갔다. 그러나 사회자가 소개하기 전까지 다른 사람들은 내가 왜 앞자리에 앉는지 몰랐으리라. 사회자가 나를 소개했다. 나를 소개하기 전에 우석훈 박사가 못 오게 되었다는 사실, 그가 못 와서 너무도 아쉽다는 사실, 그의 쾌유를 비는 말씀까지 사회자는 애틋하게 했다. 아마 사회자도 그다음 순간이 참 아득했으리라. 우석훈 대신에 전희식을 소개해야 할 그의 처지가 참 난감해 보였다. 환경운동연합 회원이라면 뻔히 아는 농부 전희식이 강사로 소개되자 장내는 잠시 술렁였다.

그럴 줄 알고 내가 준비한 첫 마디가 있었다. "정말 죄송하다. 죽을죄를 지었다. 할 일과 해서는 안 될 일을 구분하지 못했다. 마음 약한 탓에 이런 일을 저지르게 됐다"고 사과부터 했다. 그리고는 말을 이었다. "내가 사무처장의 간청에 못 이겨 이 자리에 올라왔는데 강사가 바뀌어서 실망한 사람들은 돌아가서도 좋다. 단, 그래도 앉아 있는 사람들에게는 감사의 선물을 드리겠다"고 꼬드겼다.

내가 준비한 감사의 선물은 전 세계 강사 역사상 전무후무한 일이 될 것이다. 이런 기록은 누구도 깰 수 없을 것이다. 돈으로 치면 100만 원에 가까운 선물 보따리를 들고 강단에 올랐다. 일종의 뇌물이었다. 내 강의를 듣게 된 불행을 위로하는 뇌물!

가장 비싼 것은 파카 만년필이다. 나는 강의장에 오면서 눈에 띄는 대로 애장품들을 큰 가방 두 개에 쓸어 담아 왔다. 황석영 작가가 쓴 10권짜리 『삼국지』도 한 질을 가져왔다. 이 외에도 책과 개인 용품들이 엄청 많았다. 강단의 강사 옆쪽으로 진열해 보니 작은 백화점 같았다. 바리캉도 있었고 『창작과 비평』을 비롯하여 『녹색평론』, 『귀농통문』 등 내가 정기 구독하는 잡지도 있었다. 단행본은 높다랗게 쌓였다.

뇌물은 사람의 눈을 멀게 하고 판단을 흐리게 한다. 자리를 뜨는 사람이 아무도 없었다. 염불보다 잿밥이라고 뇌물을 하나하나 소개할 때 『삼국지』도 그랬지만 당시에 귀했던 고급 '헌팅캡'도 와 하는 탄성이 터졌다. 강의장에 온 수강생들은 체면도 잊고 복권 추첨장에 온 사람들처럼 손을 번쩍 들고 공짜 뇌물에 대한 탐심을 아낌없이 드러냈다.

머리끝에서 발끝까지

일단 성공이었다. 대중 공포증, 연단 공포증이 낄 자리가 없었다. 왁자지껄 웃음소리와 박수 소리가 뒤엉킨 강의장의 소란은 나를 여러 걱정으로부터 해방시켰다. 나는 조용히 모자를 벗었다. 이를 본 사람들은 참 공손한 강사를 만났다고 생각했을 것이다. 강의를 시작하면서 모자부터 벗었으니. 그들은 까까머리 내 민둥산 머리통이 강의의 첫 소재라는 것을 곧 알게 되었다.

당시에 나는 여러 해 동안 내 손으로 내 머리를 밀고 살았다. 이발관에 안 가고. 대신 한 달에 1만 원씩 전라북도가 함경북도랑 자매결연한 우리 민족 하나 되기 운동에 성금으로 냈다. 그 이야기부터 했다. 어느 핸가 전주에 있는 고백교회에서 8월 15일 광복절 행사를 했는데, 한상렬 목사님이 놀러 오라고 해서 갔다가 유치원 어린이들이 그해 5월 5일 어린이날에 나눠 준 돼지 저금통을 가져와서 동전을 모아 북한에 보내는 순서를 보고 부끄러운 마음에 나름 큰 결심을 하고, 바리캉 하나를 사서 이발관에 안 가고 그 이발비로

북한 돕기를 시작하게 되었다는 사연을 소개했다.

사람들이 좋아했다. 나는 사람들의 환호에 우쭐해져서 자연환경에 앞서 인문환경이 더 중요하다는 말로 의미를 새겼다. 이런 식이었다. 머리에서 안경, 다시 수염 있는 곳으로 얘기 소재가 내려왔다. 수염을 자주 안 깎는 이유를 말했다. 수염이 자라는 게 자연스럽지 매일 깎는 게 자연스럽냐고 반문해 보자고 했다. '자연이 내게로 왔다'는 대주제로 진행되는 강좌인데 자연, 자연스러운 처신, 자연스러운 사람이란 어떤 것일지 생활 속에서 점검해 보자고 했다.

인위의 반대말이 자연이다. 우리는 너무너무 자연으로부터 멀어져 있지 않겠냐고 했다. 공감이 컸다. 문명은 인간을 자연으로부터 떼어 놓는 과정이었기 때문이다. 편리와 속도에 길들어 얼마나 자연에서 멀어져 와 버렸는지 자각하는 데서 환경운동은 시작하는 것이라는 공감대가 쉽게 만들어졌다. 거대 담론보다 내 일상에서부터 환경운동이 이뤄져야 튼튼한 운동이 될 것이라고 정리했다.

내가 늘 입는 생활한복과 천연염색 이야기는 환경과 전통, 복식의 변천, 건강과 자원순환까지 이야기가 이어지는 소재였다. 단전과 중완 혈에 큰 자국을 남긴 '인산쑥뜸수련'도 흥미진진한 얘깃거리가 되었다. 뜸과 침, 부항 이야기는 자연건강, 전통의학에 대한 이야기로 손색이 없다. 몸의 자연치유력, 몸살의 어원 등을 신나게 풀어냈다. 물론 만인 앞에서 옷을 벗고 배에 나 있는 쑥뜸 자리를 보여 주지는 못했다. 인산직구뜸을 뜬 자리는 500원 동전보다 크게 화상 흔적이 남아 있다.

발끝까지 내려가는데 강의 시간이 모자랐다. 구멍 난 양말을 보여줬다. 통기가 잘 되는 양말이라고 너스레를 떨었다. 우리는 너무 많이 쓰고 버린다는 통계도 소개했다. 70억 세계인이 한국 사람처럼 쓰고 버리면 지구가 몇 개 더 있어야 한다는 글도 소개했다.

틈틈이 나는 뇌물을 나눠 줬다. 질문 한 사람, 아이랑 같이 온 엄마, 뒤늦게 뒤꿈치 들고 살금살금 강의장에 들어온 사람을 큰 목소리로 지적하며 불러내서 늦은 사연도 듣고 선물도 골라가게 했다. 선물을 주면서 악수도 하고 포옹도 했다.

내 첫 강연 경험은 이렇듯 수많은 장면을 생산해 냈다. 강사와 기념사진 찍겠다는 사람도 있었고, 뇌물로 받은 책에 내가 저자가 아닌데도 내 서명을 받겠다는 사람도 있었다. 익산에서 온 어떤 사람은 자기가 근무하는 도서관에 강사로 초청하겠다면서 내 연락처를 적기도 했고, 아는 목사님은 교회에 와서 환경 설교해 달라고 했다.

당시의 내 첫 책 『아궁이 불에 감자를 구워 먹다』를 몇 권 나눠주었는데, 이미 전주방송 대담프로인 '아침마당'과 엠비시(MBC) '느리게 살기'에 출연했던지라 아는 사람들은 책을 차지하려고 내가 가벼운 질문을 할 때마다 일어서서 법석을 떨었다. 이 책의 출판기념회를 늘 유쾌한 어느 후배가 운영하는 '양사재'에서 했었는데, 400

여 명의 축하 손님이 왔었다. 책도 공짜, 밥(지인이 운영하는 채식 전문식당의 출장뷔페)도 공짜로 대접했는데 적자는 아니었다.

전문 강사와 작가

강의가 끝나기 전에 뇌물이 바닥났지만 아무도 자리를 뜨지는 않았다. 강의장 정면에서 찍은 사진은 다음 날《전북일보》에 한 면 가득 실렸다. 여기까지다. 끝이다. 내 첫 경험은 이렇게 치러졌다.

'도둑질도 하면 는다'고 강의하러 다니면서 달라지는 나를 발견하는 기쁨도 크다. 옛말에 역사는 밤에 이뤄진다고 했지만 내 역사는 좀 다르다. 남의 감기 몸살로 내 강의 역사는 시작되었고, 오늘의 나를 이뤄낸 셈이다. 우석훈 선생님 덕분이다. 언제 만나면 밥한 그릇 사야겠다. 돌이켜보면 내가 멋진 전문강사의 꿈을 꾼 것은 동사섭이라는 프로그램을 갔을 때였고, 그 단초는 초등학교와 중학교 때의 선생님이 오지 않아 수업을 쉬는 시간이지 않았나 싶다.

동사섭이라는 명상 프로그램에 갔던 때는 1990년대 초반이다. 같은 반에 너무도 멋진 남성이 있었다. 한국능률협회 간부였는데 전국을 돌며 강사로 활동한다고 했다. 나는 둘 관계를 혼재시켰나 보다. 강사 활동을 하면 멋진 남성이 되는가 보다 하고. 아니면 반대로 멋진 남성이 되면 강사 활동을 잘하는 건가 보다 하고. 한국

기업경영에 관한 전반적인 사항에 대한 교육과 컨설팅을 제공하는
이 회사는 교육 대상이 개인이 아니고 기업과 공공부문의 경영혁
신과 그 소속원들의 자아실현을 위한 전방위적인 활동을 한다. 이
때 너무도 강렬하게 강사가 되고 싶다고 생각했는데 우석훈 선생
덕에 강사가 되었다. 평소의 염원과 노력, 그리고 결정적인 계기라
는 것이 잘 만난 것 같다.

교실의 이야기꾼

내 입담은 초등학교와 중학교 때 싹수가 났다. 선생님이 안 들어
와서 수업이 비면 반장이라는 이유로 내가 시간을 메워야 했는데,
읽고 있던 책 이야기를 해 가며 시간을 보내던 데서부터 입담이 길
러졌다. 레파토리는 주로 역사소설이나 연애소설이었다. 이야기가
재미있어서 친구들이 수업 마치는 종이 울려도 교실을 나갈 줄 모
르고 얘기를 계속해야 했다. 그러다 보니 연속극처럼 빈 수업 시간
마다 이야기를 이어가야 했다. 결강을 기다릴 수 없는 친구들은 쉬
는 시간에 내 책상으로 와서 이야기를 해 달라고 조르기도 했다.

글쓰기는 중학교 때 잊을 수 없는 추억에서 시작한다. 책을 엄청
많이 읽는 소년이었던 나는 주로 연애편지 대필을 많이 했다. 그런
데 내 연애편지를 쓰는 사건이 생겼다. 정성껏 써 보낸 연애편지가

되돌아왔다. 남녀공학이었는데 공부 잘하고 예쁘기로 소문난 그 여학생이 빨간 볼펜으로 내가 보낸 편지를 온통 교정부호로 뒤덮어서 돌려보낸 것이다.

내가 대필해 준 많은 연애편지가 별 성과를 못 낸 이유를 알 수 있었던 순간이기도 했다. 그 뒤로 아주 오랫동안 글쓰기를 멈추게 한 사건이었다.

다시 글을 쓰게 된 것은 《조선일보》에 독자투고를 했는데 그게 실린 사건 덕분이었다. 이때 다시 용기를 내서 당시의 《동아일보》 김중배 논설위원에게 편지를 보냈는데, 이 글을 그대로 그분이 소개하는 일이 있었다. 이때 다시 글을 쓸 용기를 얻었다. 단편소설도 쓰고 문학평론도 썼다. 《조선일보》에 실린 내 독자투고가 다시 글쓰기에 자신을 갖게 한 계기가 된 셈이다.

뭐든 꾸준히 계속하는 것, 이것이 모든 성취의 핵심인 듯하다. 내가 꾸준히 한 것은 책 읽기였다. 나는 늘 책 읽을 때가 가장 행복했다. 책 속에는 하나의 세상이 온전히 들어 있어서다. 언제 기회가 되면 나의 독서 편력을 정리해 봐도 재미있을 듯하다. 현재도 한 신문에 '전희식의 서재'라는 꼭지를 얻어 4년째 연재하고 있다. 내가 읽는 책을 소개하는 난이다.

같이 살자고 하는 사람들
—따로 또 같이, 생존에서 생활로

대안의 가족 · 가족의 대안

공유 생활, 요즘 방식의 공동체는 뭔가 다르다. 도계를 넘어 함양에 갔다. 내 고향이다. 외국에서 한국 사람 만나면 고향이 경상도라고 하지만, 함양 사람을 만나면 서하 봉전이 고향이라고 말한다. 내가 함양에 간 것은 안의중학교 동기들 만남이 있어서다. 1박은 중학교 동기가 운영하는 용추사 입구의 '함양예술마을'에서 하고, 내친김에 전북 장수에 있는 우리 집 누옥까지 행차했다. 참 흥겨운 어울림이었다.

다음날에는 또 20여 분의 손님이 우리 집에 왔다. 내가 출연한 케이비에스 다큐 〈자연의 철학자들〉이 계기였다. 만난 사람들의 공통 화두는 '같이 살자'였다. 같이 살자!

60세 중반의 중학 동기들이 1박을 하면서 같이 살자고 할 때는 애잔함이 묻어난다. 동경 어린 그 시절. 돌아갈 수 없기에 더 그리운 그때의 기억, 그때의 감성, 이런 것이 작용할 것이다.

그런데 '같이 살자'거나 '그때 그 시절로 돌아가자'고 하면 슬그머니 머뭇거림이 일어나는 게 현실이다. 하루 이틀도 아니고 한 지붕 밑에서 한솥밥 먹으며 아예 주민등록지도 옮기고 같이 산다? 곧 이구동성으로 "어휴~ 그게 그리 쉽나." 한다. 이른바 공동체 생활, 공유의 삶은 많은 이들을 설레게 했고, 많은 이들에게 상처를 남기기도 했다. 오죽하면 친구끼리는 동업도 하지 말라는 말이 있으랴.

공동체 운동을 연구하며 함양 지곡면에서 동차선가라는 전통찻집을 운영하는 윤중 선생은 동심원적(同心圓的; 결속의 정도를 각각의 처지에 맞게), 양서류적(兩棲類的; 공동체와 세상에 양다리 걸치고), 유목민적(遊牧民的; 한 지역에 붙박이가 되지 말고) 삶을 제시한다. 한곳에 모여 살면서 땡~ 하고 종을 치면 같이 기도하고, 같이 노동하고, 밥도 같이 먹는 식이 아니다. 동심원적 관계이기 때문에 가운데 원과 바깥 원에 속한 구성원들의 규정력이 각기 다르다. 그래서 밥상공동체, 삶의 공동체, 뜻의 공동체가 한데 어울려 있다고 하는 것이다.

『우리는 다르게 살기로 했다』(조현, 휴, 2018)에서는 기후 위기, 고독사, 은둔형 외톨이, 노령화 시대에 제대로 살 길은 같이 사는 것뿐이라면서 다양한 공동체 유형을 소개한다. 『가족의 파산-장수가 부른 공멸』(NHK스페셜제작팀, 동녘, 2017)은 가족 파산의 실상을 가감 없이 나열하여 노령사회의 민낯을 적나라하게 보여 준다. 『쫌 앞서가는 가족』(김수동, 궁리, 2017)을 보자. 부동산 하나에 모든 희망을 걸고 이를 움켜쥐려고 애쓰며 살아 온 세대. 정년도 맞고 하니 한적한 곳에 황토집 자그마하게 짓고 구들방 하나 넣어 손바닥만 한 채소밭 일구고 살고자 하는 사람들, 자기 앞으로 땅문서와 집문서가 등기부등본에 오르게 알뜰하게 살아 온 사람들…. 그들의 삶이 낭떠러지로 내몰리는 현상을 지적하면서 같이 살 수 있는 공동 주거를 제안하고 있다. 결속감이나 소속감, 정서적 동질성이 옅어지고 가족은 그 본래의 기능까지 상실한 지 오래다. 이혼율의 증가로 한부모 가정이 늘고, 세대 간의 단절로 부모 자식 사이도 멀어졌으며, 저출생과 만혼으로 가족 구성원의 절대 수가 줄어 버렸다.

어쩌면 자연스러운 현상이다. 절대적인 지위에 있던 가족 친지로부터 공급(!) 받던 삶의 소재와 자원들, 지혜, 경험, 생업의 원천…. 이것들이 이제는 다른 곳에서 얻을 수 있게 / 얻어야만 하게 되었기 때문이다. 부모 형제의 역할은 엄청나게 축소되었다. 대신에 대안의 가족, 새로운 가족은 이미 우리나라에 많이 등장했다. 서울 마포구 성미산 마을의 소행주(소통이 있어 행복한 주택)와 은평구 '구름정원 사람들', 부산 대연동 '일오집', 서울 도봉구 '오늘공동체' 등이다. 용기를 내서 우리 "같이 살자." 각자의 프라이버시가 보호

되면서 공유의 즐거움이 함께하는 그런 삶….

혼자는 외롭고 함께는 괴로운 세상

한겨레신문사 조현 기자가 쓴 『우리는 다르게 살기로 했다』의 표지에 재미있는 글귀가 있다. 저자로부터 사인이 된 책을 선물로 받았는데 책 표지의 그 글귀가 무릎을 탁~ 치게 해서 단숨에 읽었다. '혼자는 외롭고 함께는 괴로운 사람들을 위한 마을공동체 탐사기!' 그렇지 않은가? 혼자는 외롭다. 그렇지만 함께한다는 것이 간단치는 않다. 괴로울 때가 많다. 모든 갈등은 사람 관계에서 비롯된다고 해도 과언이 아닌 게 인간의 삶이다.

그동안 내가 다녀 본 국내외 공동체가 10여 곳이나 되고 공동체 관련 책이나 토론회도 많이 접했는데, 이 책은 우리나라에서 현재 잘 운영되고 있는 마을이나 공동체를 18곳이나 다루고 있어 더욱 좋다. 책을 다 읽고 나니 최근의 집값 폭등 문제가 떠오르면서 해답이 '같이 사는' 데에 있다는 생각이 더 굳어졌다. 주거뿐이 아니라 한국 사회의 고질적인 출산, 육아, 교육, 고독사, 비혼 등의 해결책도 말이다.

정부에서는 집값을 잡겠다고 수도권에만 공공택지 17곳을 그린벨트까지 풀어가며 선정했어도, 그 인근의 주민들이 벌떼처럼 일어나 반발하고 있다. 주변 집값 내리는 게 그 실제 이유고, 교통 문제가 심각해진다는 이유도 있다. 지금처럼 삶의 지나친 개별화가 가속되는 상황에서는 집값뿐 아니라 출산율 저하, 자살, 성인병, 조울증과 조현병, 노년에 대한 불안, 노인 자살률 증가, 가족 폭력 등 온갖 '선진국병'이 잦아들지 않을 것이다.

자본은 시장의 확대를 위해 끊임없이 삶의 파편화와 개별화를 부추긴다. 예전 같으면 한 집에 많게는 10여 명이 같이 살았다. 지금은 한 명씩 사는 집이 늘고 있다. 집이 두 채 이상인 사람도 있다. 기존의 많은 집이 선호 대상에서 멀어지고 있기도 하다. 이런 현실에서는 아무리 집을 더 지어도 집값은 올라갈 수밖에 없다. 특히 집이 주거공간이라기보다 투자 수단이 되는 우리 현실에서는 더 그렇다. 통계에 따르면 이미 주택보급률은 최대 113퍼센트에 이른다.

책에 주요하게 등장하는 공동체 대표들이 저자와 함께 공개 대담 자리를 마련한다기에 갔었다. 10여 가구가 같이 사는 서울 시내의 어떤 공동체는 5성급 호텔보다 더 완벽한 주거 공간에서 살면서도 한 달에 25만 원 수준에서 공과금까지 다 해결한다고 했다. 한 달 25만 원이면 내가 사는 시골에서도 월세 얻기도 쉽지 않은데 말이다. 해외여행도 같이 다닌다고 했다.

역시 서울 어느 공동체는 1인당 한 달에 9만 원으로 밥을 다 해결한단다. 밥 하는 것에서 해방(!)된 가족들이 집밥보다 나은 밥을 먹는다고 했다. 같이 살면서도 프라이버시가 보장되는 공동체라는 점도 중요한 점이다. 놀라운 일이지만, 그동안 내가 다녀 본 공동체들을 떠올리면 얼마든지 가능한 일이라는 것을 알 수 있었다.

지금 우리는 각자 너무 많은 것을 가지고 있다. 집안을 둘러보면 그렇다. 신발? 옷? 모자? 장갑? 양말? 다 넘치게 많다. 자동차나 티브이는? 노트북은? 가전제품은? 성능이 좋아 신형을 샀어도 구형은 아까워서 그냥 가지고 있다. 예전 같으면 대기업에서나 가지고 있던 빔 프로젝터를 요즘은 개인도 갖고 있다. 그것도 모자라 휴대용 초소형 빔 프로젝터도 새로 산다. 꼭 필요할 듯해서 사지만 1년에 몇 번 쓰지는 않는다.

승용차가 한 대 있지만 경차나 트럭을 하나 더 사야 하는 사람도 있다. 세탁기나 대형티브이, 트럭, 빔 프로젝터 등 우리가 같이 써도 되는 물건들을 각자 갖추려다 보니 집이 넓어야 하고 생활비나 관리비도 더 든다. 더욱이 공동체를 단지 비용 문제로만 따질 수는 없다. 함께 잘 산다는 것은 많은 사회문제의 실마리를 푸는 것이 될 수 있다. 『우리는 다르게 살기로 했다』가 정책 입안자들에게 큰 영감을 줄 수 있겠다.

책으로 짓는 농사
—책 속에 길이 있네?!

"가을에는 삼촌 아재비 집보다 산으로 가라"는 옛말이 있다. 밥 때가 되면 입 하나 줄여 보려고 괜한 심부름을 아재비 집으로 보냈다는데, 그 집도 굶기는 매한가지. 그래서 가을에는 차라리 삼촌 집보다는 산에 가면 먹을 게 더 많다는 말이다.

요즘 사람들에게는 산에 가도 먹을 것과 못 먹을 것을 가릴 줄 아느냐가 문제가 되겠다. 우리 집에서 자연 체험 교실을 열었을 때 왔던 학생들이 떠오른다. 점심 밥상을 산에서 뜯어온 것들로 차리기로 했는데, 먹을 것을 가져온 학생이 없고 가시에 긁히고 발목을 삐고 야단이 났다. 그러다 밥을 한 끼 굶겼더니 오후에는 먹을 것을 제법 뜯어 왔었다.

우리 학교에 논과 밭이 있어요

『교육농-우리 학교에 논과 밭이 있어요』(교육농협조합 엮음, 교육공동체벗, 2019)은 과학, 수학, 영어, 미술이 삶의 교양이라 여기는 만큼이나 농사가 일상이 되어야 하지 않겠냐고 묻는 책이다. 특히 자라는 학생들에게는. 교육의 눈으로 농사를 바라보면 새로운 세계가 열릴 것이다. 농사는 삶의 방식이자 문화이고 그 안에 과학과 수학과 음악은 물론 우주가 들어 있으니까 말이다.

미세먼지나 폭염 같은 기상이변이나 생물종의 멸종, 문명의 지속가능성, 생산과 분배, 사회의 불평등, 효율과 생산성, 소통과 대화, 갈등의 합리적 해법 등 자신의 소소한 삶은 물론이고 지구 공동체의 안위까지 살피는 일들이 교실의 책상과 종이 위에서가 아니라 흙을 만지고 작물을 돌보면서 이루어지게 된다는 고백이 나온다. 학교의 보도블록을 걷어내고 텃밭을 만들었던 강주희라는 현직 교사의 고백이다. 이른 봄의 감자 농사에서부터 고추, 방울토마토, 수박을 거쳐 가을배추와 밀과 보리를 심기까지의 얘기가 싱그럽다('학교 텃밭 개척기').

홍성군에 있는 풀무학교 교장이었던 홍순명 선생은 학교 밖에다 만들었던 마을교실에 대해 얘기한다. 모내기부터 물 관리, 풀 매기, 타작과 방아 찧기를 보면서 아이들이 전통 두레와 짚공예, 민속놀이, 솟대 만들기, 요구르트와 치즈 만들기가 가능하다는 사례를 소개한다. 질경이나 민들레, 냉이, 쑥으로 만드는 샐러드, 떡, 차, 튀긴 음식에 대한 얘기도 한다('부엌과 텃밭을 넘어 학교와 마을로').

교사와 농부, 마을 만들기 활동가 등 16명의 저자가 글을 쓰고 '교육농협동조합'에서 엮은 책이라 우리나라의 고질인 교육 문제와 농업 문제에 대한 새로운 안목을 열어준다. 3부로 구성된 이 책은 학교에서 이뤄지는 텃밭 농사 이야기가 앞에 나오고, 2부에서는 인간 삶의 중요한 부분으로 농사를 이해하는 내용을 담았다. 3부는 세상살이의 통합적 시각을 보여준다. 교사 농부와 농부 교사 개념이 등장한다. 보리밭 얘기인가 싶으면 정원과 연못이 보리밭 안에 있다. 놀이인가 싶더니 예술이 된다. 자연을 담는 학교 이야기가 나오는가 싶으면 자연 그 자체가 학교임을 알아채게 하는 책이다. 우리 농촌의 희망, 마을이 있다.

농사짓는 학교가 있다면 그 마을은?

학교에서 농사를 가르친다면 그 학교가 있는 마을은 어떤 마을일지 관심이 가게 마련이다. 마을 전체에서 교육이 이뤄지고 학교는 변화의 주체가 되는 '마을학교공동체' 개념을 제시하는 책이 있다. 『마을 2 - 마을, 교육, 마을교육공동체』(마을학회일소공도 지음, 그물코, 2018)라는 책이다.

사실 요즘은 새로운 각도에서 농촌과 농사가 주목받는다. 치유 농장이나 농촌마을의 통합 돌봄 같은 게 그 예이다. 2020년부터 시행된 공익형 직불제로 농사 면적 1,500평 이하의 소농이 존중되면서다. 치유 농업법('치유농업 연구개발 및 육성에 관한 법률')이 제정되었고, 뒤이어 '농촌 교육농장 육성과 지원법', '농촌 사회적 농업 육성법' 등의 법제화가 촉진되면서다. 농촌에서 다양한 경험과 재능이 발휘될 수 있는 여건이 갖추어져 가고 있다고 볼 수 있다.

『마을 2호』는 그런 면에서 시의적절한 책이다. 도시는 시 · 구 · 동이 기본 단위지만, 농촌은 거기에 해당하는 군 · 읍 · 면 다음에 마을이 있다. '2'라는 숫자에서 보듯 마을을 주제로 한 연속 기획 출판물이다. 농지 문제가 특집인 『마을 3』도 나온 상태다(2022년 11월 현재 9호까지 간행되었다). 『마을 2』는 마을, 교육, 공동체가 주제다.

책은 마을과 교육의 새로운 개념을 주장하고 있다. "…대학에 진학하는, 취업에 성공하는 소수를 위한 교육이 아니라, 자신의 생계를 유지할 수 있는 일, 스스로 하고 싶은 일, 사회에 기여하는 일을 가까운 마을에서 찾아 새로운 삶을 디자인할 수 있는 새로운 학교를 만들자."고 주장한다(임경수). 이른바 마을학교공동체다.

학교를 교실과 운동장과 교사로만 인식하지 말고 마을 전체가 학교가 되도록 하자는 것이고, 교육이 인간 사회 어느 장소에서나 이루어지게 하자는 견해다. 마을에 있는 기관, 단체, 개인, 조직도 교육의 주체가 되고, 학교는 마을 변화의 주체가 되도록 하자는 것이다.

이 땅의 마을이 담당했던 것이 어디 교육 하나뿐이었던가? 경제와 사법, 건축, 에너지 모든 것을 마을이 담당하지 않았던가. 관혼상제도 마찬가지였다. 마을에서 다 해결되었다. 학교가 마을을 책임질 뿐 아니라 민족과 겨레까지 책임지는 모습도 책에 나온다. 1945년 3월, 충남 홍동면 현광학원 졸업식장이었다. "…일본글 '아이우에오, 카키쿠케코'(アイウエオ, カキクケ)만 있는 줄 아느냐? 우리말 '가갸거겨'가 있다."고 우리말로 축사를 한 지역 유지 이승재 씨가 학생들이 보는 앞에서 지서로 연행되어 고문을 당하였다(이민성·신소희 글). 이를 본 학생들이 뭘 배웠을지는 눈을 감고도 훤하다.

이 책에서는 어린이집 다니는 유아부터 청년 농부를 키우는 일, 마을의 교육 재원을 재배치하는 일, 학교와 마을의 상호작용 등을 다섯 마당에 걸쳐 싣고 있다. 2017년에 창립된 우리나라 유일한 마을학회 '일소공도' 이야기가 부록으로 실려 있다. 20여 년 전, 우리 딸이 홍성 풀무학교에 입학할 때 봤던 '일만 하면 소가 되고 공부만 하면 도깨비 된다'는 그 표어의 준말일 일·소·공·도. 이 책도 마을에서 만들었다. 새로운 농촌을 가꾸는데 필요한 삶과 앎이 책갈피 곳곳에 스며들어 있다.

마을에서 협동조합을 만들었다

만약에 신문기사나 유튜브에 마을 사람들이 '각자 능력과 돈을 한데 모아서 함께 살아가는 마을'이 있다고 하면 사람들이 관심을 보일까? 『동네에서 협동조합으로 창업하기』(워크즈콜렉티브네트워크, 아이쿱생협 일본어 번역 모임 연리지 번역, 그물코, 2019)는 그런 마을을 소개하는 책이다. 일본에서 나온 책의 번역서이다.

일본은 노령화뿐 아니라 노래방, 단란주점은 물론이고 시민운동, 생협 활동, 협동조합 등에서 우리를 앞서갔던 게 사실이다. 이 책은 시골 동네에서 각자의 능력과 돈을 모아서 함께 살아가는 협동조합 이야기를 담았다. 책을 쓴 '워크즈콜렉티브네트워크'는 이런 협동조합이 400개 이상 가입된 단체다. 25년 역사를 가진 이 연합단체는 협동조합 활성화와 창업 지원, 지역 조사와 연구 활동을 벌인다.

책의 제목처럼 동네에서 창업한다는 발상이 눈에 띈다. 동네라고 하는 생활 공간이 일터가 된다는 것은 새로운 나를 발견하는 것이며 이웃과 사회관계를 새로 짜는 것이라 하겠다. 서로의 지혜를 모아 생활을 풍요롭게 하고 인생을 충실하게 연출해 가는 것일 수도 있다.

'이력서 없이도 일할 사람을 받아 주는 일터'에서 빵을 굽는 오다 씨는 마을 협동조합의 상징적인 사례에 속한다. 스스로 일도 안 하고 일할 의욕도 없으며 모든 면에서 무기력한 상태의 젊은이를 뜻하는 '니트 족'이었다고 스스로를 소개하는 24살의 그녀. "친절하고 좋은 분들이 많아서 정말 즐거워요. 일을 해도 돈도 못 받는 아르바이트를 전전하며 지쳐 있었는데, 사장도 없으며 모두가 수평적인 이곳은 부당한 대우라는 게 없어요. 급여는 확실히 낮지만 즐겁게 수긍하면서 일해요."라고 고백한다. 마을 협동조합에만 있을 법한 일터 분위기다. 시장조사와 수지 타산까지 검토한 뒤에 공동체 식당을 마을에 낸 와카코 씨는 식당 구성원 모두가 경영자라고 말한다. 음식과 음식 값만 오가는 게 아니고 만남과 교류가 더 중요하게 작용하는 마을 식당 이야기다.

여기에서 한 걸음 더 들어가는 책이 있다. 『살자편지』(정청라 외 지음, 니은기역, 2022)이다. 소박한 농부들이 미래 세대인 아이들에게 전하는 편지글로 꾸며진 책이다. '몸이 쓰는 말 기록소.' 이 책의 출판사 '니은기역'의 사훈이다. 니은기역이라는 출판사 이름도 흥미로운데 몸으로 쓰는 말을 기록한단다. 책 내용도 흥미롭다. 부제가 '기후위기를 걱정하는 어린 사람들에게 작은 농부들'이 들려주는 편지글이다.

기후 위기를 걱정하는 사람 중에서 '어린 사람들'을 설정한 것도 그렇고, 부농도 아니고 대농도 아닌 작은 농부들이 쓰는 편지. 아무래도 몸으로 농사짓는 사람들일 게다. 기계와 스마트폰이 아니고 손과 발로 우직하게 농사짓는.

10여 년간 일한 잡지사를 그만두고 몸으로 일하고 싶어서 목화 농사를 짓고, 친환경이면서 품질 좋은 옷을 만드는 최기영. "수확한 솜 속에는 씨앗이 어마어마하게 들었어. 목화 농부들이 사라졌으니 씨앗 빼는 기계도 사라졌고, 우리는 겨우내 모여서 하나하나 손으로 씨를 뺏어. 행복한 수다 시간이었어."(183쪽)를 읽는 '어린 사람들'은 조곤조곤 정겨움을 만나고, 국어사전을 들춰 가며 옛날 사람들도 만날 수 있을 듯싶다. 책의 제2장인 '손에게'에 있는 글이다.

책의 제1장인 '가슴에게'에 있는 정청라의 글은 "저는 열두 살, 여덟 살, 다섯 살, 이렇게 1녀 2남을 뒀는데요, 아이들에게 기후위기라는 어려운 이야기를 어떻게 전할까 고민이 많아요. 지난겨울에 있었던 이야기 하나 들려 드릴게요."라고 시작한다. 무슨 이야기일까? 29쪽을 보면 된다. 몸은 좀 불편해도 마음 편한 삶이 좋다는 자칭 '아줌마'다.

홍성에 살면서 '지구학교'라는 자연농부교실을 하는 최성현의 글도 있다. '돌아오지 않는 것들이 자꾸 늘어나는 봄에'라는 글 제목이 가슴을 서늘하게 하지만, 한 줄 한 줄마다 사람과 자연과 농사를 사랑하는 마음이 절절하다.

책은 모두 아홉 통의 편지글로 구성된다. 편지를 쓴 공동저자들이 사는 곳도, 하는 (농사)일도, 글의 주제도 골고루 퍼져 있다. 편지 글 하나하나가 몸으로 살아가는 사람들에게서만 느낄 수 있는 진솔함이 진하게 배어 있다. 생태적인 부엌살림 전문가, 발효 빵 굽는 사람, 예술 하는 사람, 산에 사는 사람 등 30대에서 60대에 걸쳐서 정직한 몸 말을 하는 사람들이다. 지속 가능한 지구 생활은 종 다양성을 만나는 일이라고 얘기하는 배이슬의 글에도 잘 나와 있다; "가을볕이 좋다는 옛말이 있지만 요즘은 가을 햇볕에도 곰팡이가 피기 일쑤지요. 함께 농사짓는 할머니가 '음력 8월에 서리라니….' 하고 혀를 찼어요. 팔십 평생 이런 일은 처음이라고 했어요."

혼자 잘 살면 무슨 맛이냐며 함께 살자고 손을 내밀고 있는 책이다. 이웃과 만물 만생과 함께 살자고. 그런데 같이 살아가려면 불편함을 감수해야 한다고 덧붙인다. 지금처럼 계속 편하게 살려면 지구가 몇 개 더 필요하니까, 자연이 스스로 회복할 수 있는 능력도 잃게 되니까, 불편함을 즐거이 감수하자고 한다. 소비하는 데서만 만족을 구하지 말고 몸을 더 많이 쓰고 손과 발을 부지런히 움직이면서 생태 감수성을 벼려 나가자고.

여기까지 책을 읽으면 당연히 그다음 관심이 가는 대목은 농촌은 어떻게 구성되고 농사는 어떻게 이뤄지는가 하는 얘기다.

농촌에 사는 사람들 - 농촌으로 가는 사람들

일본의 금융컨설턴트 출신 소네하라 히사시가 쓴 『농촌의 역습-일본의 농촌은 보물산이다』(제갈현 옮김, 쿵푸컬렉티브, 2013)와 '오경아'의 『시골의 발견 - 가든 디자이너 오경아가 안내하는 도시보다 세련되고 질 높은 시골생활 배우기』(궁리, 2016)는 변화하는 세태에 우리가 농촌에 어떻게 접근해야 하는지 그 단면을 보여주는 책이다. 자연과 조화를 이루면서 힐링 공간, 소통의 매개로서 우리 농촌과 시골이 얼마나 훌륭하게 기능하는지 두 저자는 재미있게 보여준다. 발상의 전환이 공통적이라 하겠다. 첨단산업이라 할 금융산업에 종사하던 소네하라 씨는 우리가 호가호위하는 경제 시스템이 위험하기 짝이 없는 것임을 알아채서 알려준다. 예민한 촉수를 가진 동물 같은 감각이다. 이런 감각은 물질세계의 편리함 속에서 무뎌지기 마련인데 그는 기꺼이 탈출을 감행한 것이다.

그래서 그는 시골로 가서 농장을 개간하게 되는데, 땅만 개간한 게 아니다. 라이프 스타일과 인생 자체를 개간한 것이다. 농촌에 있는 자원을 있는 그대로 잘 활용하리라 다짐했던 그는 임업, 에너지, 관광, 출판과 미디어 등을 통합적으로 접목하기 시작했다. 이런 종류의 성공 담론은 한국에도 많다. 소네하라 씨의 특징은 따로 있다. 그는 음악을 하는 예술가답게 기획력과 예술성이 뛰어난 점

외에도 사업성이 있는 것을 쫓기보다는 재미와 즐거움을 중요하게
바라보지 않았나 싶다. 아이들에게서 돈을 받고 페인트칠을 하도
록 하는 모습은 유쾌하다.

시골을 커다란 정원으로 보면 오래된 시골집도 새롭게 보일 것
이다. 정원에는 물이 있고, 풀과 나무도 있다. 새도 있고 꽃도 있다.
그래야 한다. 오랜 된 낡은 집? 좋지. 그런 게 있으면 정원의 정취
가 더 품격 있게 여겨질 것이다. 『시골의 발견』은 시골을 큰 정원으
로 바라보는 시선이 신선하다. 그래서 오래된 시골집 자체가 일종
의 경쟁력이라고까지 말한다. 요즘 유행하는 정원 농장 또는 예술
농장의 원조라고나 할까. 저자는 시골이기에 가능한 박물관 얘기
까지 한다. 대표적으로 셰익스피어와 계관시인 윌리엄 워즈워스의
집으로 독자를 안내한다.

이 책이 세계의 정원농장들을 많은 화보로 다루면서 관광도우미
처럼 독자를 두루 안내할 수 있는 것은 저자가 2013년부터 2015년
까지 취재를 위해 영국과 유럽의 유기농 농장을 탐방한 데서 가능
했다고 보여진다. '소박한 정원', '영국정원의 산책', '낯선 정원에서
엄마를 만나다' 등 그의 저서가 '정원'에 집중되어 있는 점도 이와
무관하지 않다. 모두 시골을 새롭게 발견해 가는 시선을 담고 있
다.

농장을 꽃밭처럼 가꾸고자 한다면 꼭 꽃을 갖다 심지 않아도 될

것이다. 사실 모든 식물은 꽃을 피운다. 우리가 가꾸는 농작물들도 그렇다. 책에는 없지만 농작물을 선택하고 섞어짓기를 할 때 이런 점도 고려할 수 있겠다. 피는 꽃의 시기와 색과 모양을 말이다.

이 두 권의 책은 시골에서 문화와 경제와 재미를 찾아낸 대표적인 책이다. 맛과 멋이 함께 어우러지는 농촌과 농장을 꿈꾸게 한다.

소농을 농촌 환경 지킴이라 부르자

나이가 들어갈수록 시골에 작은 집 짓고 먹을거리 일구며 소박하게 '시골살이'를 하려는 마음을 갖게 된다. 동서양 사람들이 서로 다르지 않다. 그런 마음의 뿌리를 찾아가 보는 책이 있다. 마이클 우즈의 『농촌-지리학의 눈으로 보는 농촌의 삶, 장소 그리고 지속가능성』(강마야 외 옮김, 따비, 2016)이라는 책이다.

귀농에 관심 있는 젊은이들이 늘고 대도시에 부는 도시농부 열풍과 대기업들의 농업투자가 심심찮게 보도된다. 왜 그럴까? 이 책이 나름의 해답의 실마리를 제공한다. 농촌을 '포용의 장소이자 배제의 장소'라고 말한다.

사단법인 전국귀농운동본부의 귀농정책연구소에 몸담았던 나는 전국에 산재한 귀농학교에 매달 몇 차례 강의를 나갔었는데 '전국

귀농운동본부'의 강의도 있지만 대구, 칠곡, 의성, 광명, 군포, 순창, 서울 등 지자체의 강의도 나간다. 요즘은 귀농학교 수강생들의 계층 구성이 더욱 다양하다는 걸 체감한다. 귀농자의 연령도 다양한데 특히 젊은이가 늘고 있다. 어느 지역 귀농학교건 마찬가지다.

보수 정부건 민주 정부건 가릴 것 없이 모든 역대 정부들에 의해 버려졌다고 진단되는 우리의 농촌에 일부 사람들의 관심과 참여는 일시적인 현상일까? 우리나라만의 특징인가? 대도시는 도시농업에 열을 올리고 대기업도 농업투자를 늘린다. 왜일까? 이를 이해하는 데 도움이 될 책이라 하겠다.

우리나라가 치중하는 농촌 개발이나 마을 만들기, 촌락공동체 복원이나 농촌 관광 등을 얘기하는 게 아니다. 농촌에 역사적, 지리학적으로 접근하는 책이다. 이스라엘의 역사학자 유발 하라리는 역저 『사피엔스』에서 밀이나 감자, 쌀 등의 곡식 재배가 인간을 고통스럽게 만들었다면서 농업혁명을 인류에 대한 대 사기극이라고 도발적인 주장을 한 바가 있는데 『농촌』은 현실을 차분하게 인문학적으로 분석한다.

예를 들어 농촌의 생태공동체를 유토피아처럼 여기는 우리나라의 일부 흐름과도 차이가 나는 분석도 있다; "농촌의 행사는 포용의 장소이자 배제의 장소다. 공동체의 통합에 기여할 수도 있지만, 공동체 규범에 따르지 않는 집단을 암묵적으로 배제할 수도 있다. 가령, 농촌 전통이 부활해 인종이나 성별에 대한 고정관념을 재생산하면서 공동체 내부와 외부의 집단에 공격적일 수 있으며…"(261쪽) 여러 나라의 역사를 아우르며 많은 실증 사례도 보여준다. 그래서 읽는 사람에 따라 거기에 맞는 새로운 아이디어를 떠올리게 하는 밑거름이 된다.

"소농을 농촌사회의 주춧돌이자 농촌 환경의 지킴이로 부르는"(295쪽) 이유를 국제협약이나 개별 국가의 정책 변화의 흐름에서 소개하는 대목은 인상적이다. 1958년에 설립된 로마협정이 공동농업정책(CAP Common Agricultural Policy)을 제안했던 사례가 그것이다. CAP는 농산물의 최소가격 보장과 환경에 기여하는 방향으로의 농지 운영, 농가의 생활 보장은 물론 소비자에게 적정가격의 안전한 먹거리 공급을 선언하면서 농업의 문화유산 보호를 채택했었다.

일부 언론매체들에서 대통령 후보들의 공약 속에 농촌과 농업을 찾을 수 없다면서 농업 공약의 취약함을 우려하고 있다. 이는 농가소득이나 농촌발전, 직불금이나 농민 기본소득 등에 대한 획기적인 대책을 기대하는 논조라고 하겠다. 대통령 후보들의 다른 분야 공약과 비교하면 그런 주장이 필요하다. 그러나 이 책은 농업정책이 정녕 어디에 뿌리를 두어야 하는지를 더 근본적으로 돌아보게한다. 철학과 역사의 안목을 갖고 농업정책을 보게 한다.

농부들, 다 어디로 갔나

지금까지 농사의 중요성과 고귀함, 농부의 역할이 성직과도 같다고 말했다. 그렇다면 농부들이 농촌에 가득 차 있어야 하겠다. 그 좋은 농사를 많은 사람이 선망하며 농사에 종사하는 것이 순리가 아닐까 싶지만 현실은 그렇지 않다. 우리나라뿐 아니라 서구도 그렇다.

그 중심에는 생산 제일주의에 심취된 농촌의 변모가 있다. 기업이 되어 가는 농업, 그 현실을 아프게 꼬집는 책이 있다. 『피에르 라비의 자발적 소박함 - 인간이 유일하게 지녀야 할 삶의 정의』(배영란 옮김, 예담, 2013)이다. 땅과 경작, 농부와 문명 이 모두를 현실감 있게 책에 담았다. 제2장 〈위선적인 현대문명〉 '땅을 벗어난 문명의 시간'에서 피에르 라비는 이렇게 말한다; "시간 좀 아끼자고 편리한 도구들과 전자기기를 만든 인간들은 정작 밤낮으로 일하는 처지가 되었다. 생산효율을 높여 시간을 절약하도록 고안된 장치들이 애초의 목적을 상실했다. 게다가 정교한 도구의 기능들은 인간이 거기에 적응되도록 강요한다."

농사의 이치도 같다. 그래서 피에르 라비는 '변질된 대지의 관리자들'이라는 말을 만들었다. 생산제일주의에 포섭된 농부를 일컫는 말이다. 피에르 라비가 프랑스 파리에서의 생활을 접고 아내인

미셸과 프랑스 남동부 지역에 있는 작은 농촌마을인 '아르데슈'에 온 것이 알제리 전쟁 직후니까 그의 나이 25세 남짓 때쯤이다.

농촌만큼은 그러지 않을 거라 여기고 왔건만, 어엿한 가장이 된 옛 동료들은 한 집안을 이끄는 가장이었지만 손을 쓸 수 없을 정도로 생산제일주의에 심취해 있는 것으로 보였다. 농약과 농기계와 다수확과 소득 증대에 눈이 멀어, 수천 년에 걸쳐 이 지구 생태계의 젖줄인 어머니 대지를 관리해 오던 전통 농부들은 다 퇴장하고 대지의 진정한 관리자 역할은 막을 내렸다고 개탄한다.

당시 프랑스 농업협동조합은 전통 방식으로 가축을 기르고 다양한 작물을 재배하던 전통 농가들은 배척했으며, 단일종의 대규모 농장과 각종 대형 농기구를 마련하려는 농민에게 쉽게 돈을 빌려 주었다. 심지어 대출 우대조치로 그들에게는 이자도 싸게 해 주었다. 농부들은 점점 더 강력한 농기계를 다투어 구입했고, 농업은 기업농이 되어 갔다. 오늘날 우리의 농협과 농촌의 현실과 판박이다.

농사는 식물 세계의 신비를 아는 것

이제 농사 얘기와 농부, 그리고 식물 이야기로 옮겨가 보자. 누가 "농부는 늘 식물의 신성성에 접속한다."라고 말하면, 약간은 뜨악해할 것이다. 인간 생존에 가장 근본적인 건 야생의 자연과 연결돼야 한다고 하면 어떤가? 『치유자 식물-식물 영과 함께하는 치유 가이드』(팸 몽고메리, 박준식 옮김, 샨티, 2015)에서 강조하는 말이다.

'농사짓는 일을 하는 사람은 먹거리 산업 종사자라고만 할 수 없고 성직에 몸담은 것'이라는 말은 오늘 우리나라 농업과 농민 처지에 비추어 보면 생뚱맞은 말이다. 그런데 이 책 『치유자 식물』을 읽다 보면 농작물을 다루는 농부는 식물의 신성성에 늘 접속되어 있다는 생각을 하게 된다. 동물도 아니고 식물의 신성성 말이다.

우리가 밥을 먹기에 앞서 하는 기도에서 햇볕과 바람과 농부에 감사한다고 하는데, 속내를 들여다보면 딱 거기까지다. 이 막연한 기도문에서 더 나아가지 못한다. 농사는 밥상을 제공하는 것으로만 이해된다. 이 책은 그렇지 않음을 다양하게 펼쳐 보인다. 숨쉬는 것을 멈추면 인간은 살 수 없는데, 그 산소를 만드는 일을 식물이 한다는 점을 떠올리면 식물은 우리 생명의 근원임을 알 수 있다.

한창 구제역으로 난리를 치던 2011년 초에 나는 《한국농어민신문》에 '식물복지 농업'을 제창했는데, 이 책은 식물은 복지의 대상이 아니라 사람을 치유하고 근원으로 돌아가게 하는 영혼을 가진 존재라고 설파한다. 병든 사람의 삶을 고치고 세계에 대한 인식을 바꾸며 관계하는 방식까지 회복시킨다는 주장을 한다. 책에서는 "…(식물은) 환경의 다양한 교란을 완화하고 통제하기 위해 명확한 행동을 취하는 존재…(73쪽)"라면서 "행동 면에서 동물만큼 정교하지만 수천 배 느린 속도로 기능하기 때문에 그 잠재력이 무시"되어 왔다고 한다.

책 앞부분에 집중적으로 편성된 천연색 식물 사진을 보면 전형적인 프랙탈 구조임을 볼 수 있다. 연속적인 나선형 구조와 사방 연속 절대 대칭 구조이다. 동물 상도 있고 이집트 파라오 상도 있다. 식물 속에 어려 있는 동물과 인간, 고대 조형물을 본다는 것은 홀로그램 우주의 실상을 접하는 순간이 된다.

제2장 12절 '과거 치유를 통한 미래 바꾸기' 부분은 인간 질병의 뿌리가 어디에 연결되어 있는지와, 식물 영혼이 질병을 치유하는 작동 원리를 정교하게 설명하고 있다. 지구 생명체의 99퍼센트를 차지하는 식물이 지구 시스템을 얼마나 역동적으로 작동시키는지 보여준다. 샤먼이나 영매로 불리는 채널러들이 죽은 사람이나 신과 연결하여 메시지를 주고받는다는 것은 들었으나 식물 치유사(herbalist)가 식물 영혼과 교감한다는 것은 놀라운 사실이 아닐 수 없다. 모든 동식물을 돈이 되는 것과 돈벌이를 방해하는 것으로만 구분하는 현대 농법은 상상할 수 없는 세계다.

인간 생존에 가장 근본적인 것이 무엇인지 이 책은 생각하게 한다. 인간이 제대로 살기 위해서는 야생의 자연과 연결되어야 한다는 점을 강조한다. 저자인 몽고메리는 치유받기 위해 식물에 의지했던 사람들의 내면에 들어와 있는 '보이지 않는 것들'을 탐구해 나가는 과정을 이 책에 기록했다고 한다. 식물 치유를 받은 사람들의 내면세계가 어떻게 변했는지가 이 책에 가득 담겨 있다.

이런 관점에 서서 식물을, 농사를 보라고 하는 책이 또 있다. 『식물은 지금도 듣고 있다』(이완주, 들녘, 2008)이다. "모자이크병에 걸린 담뱃잎은 정상보다 온도가 섭씨 0.3~0.4도 높아진다고 한다. 병균이 몸 안에 들어오면 잎 뒷면의 기공을 닫아 잎의 온도를 높여 병균을 퇴치한다고 학자들은 추정한다."(41쪽)라는 대목을 읽다 보면 어쩌면 사람과 이렇게 똑같을까 싶다. 식물이 듣는다? 청각기관이 식물에도 있을까? 듣기만 하는 게 아니라 보고 느끼고 먹고 싸고 하는 식물 현상을 '식물의 기본생활' 편과 '그린 음악 농법' 편에 나눠서 책은 설명하고 있다.

저자 이완주는 농촌진흥청에서 일했고 충남농업기술원에서도 일한 현실 농업 연구가다. 그런 그가 피터 톰킨스의 『식물의 정신세계』(정신세계사, 1993)를 소개하는 대목은 인상적이다. 잎을 자르려고 가위를 갖다 대면 검류계가 급격한 반응을 보이는 것과, 벌레가 기어오르면 재빨리 줄기나 잎을 접어 떨어뜨리는 미모사, 가루받이가 끝나야 벌이 나갈 수 있게 꽃잎을 여는 식물, 소가 풀을 뜯어 먹으면 소가 싫어하는 방향제를 뿜는 풀을 소개하는 대목들이다.

그렇다면 '그린 음악 농법'은 뭘까? 음악 자극으로 식물의 생육을 촉진시키며 해충의 발생을 억제하고 식물의 엽록소 함량을 높여 잘 자라게 하는 농사법이라고 보면 되겠다. 비료와 거름만이 식물을 키우는 영양소라고 아는 것은 짧은 생각이고, 식물은 공기와 물과 햇빛뿐 아니라 음악 감상도 한다고. 그 결과 수량도 많아지고 열매의 맛이 좋아지며 생체 활성물질인 루틴(rutin)과 가바(gaba)가 증가하고 병 억제 효소인 글루카나제가 많아진다고 설명한다.

자연과 조화롭고 건강하게 사는 농사법

입춘과 우수가 지났고 곧 경칩이다. 이제 곧 본격적으로 농사일이 시작되는 때다. 유기농을 넘어 자연농에 대한 관심이 커 가는 이때에 지난(2017) 1월에 '정신세계사'에서 자연재배 농사의 교과서라 할 수 있는 『가와구치 요시카즈의 자연농 교실』(아라이 요시미 지음, 최성현 옮김, 2017)이라는 책이 나왔다. 돌려짓기부터 풀 관리까지 저자의 70년 평생의 농사 지혜가 망라되어 있다. 책의 판형도 그렇지만 모든 책장마다 그림과 사진이 꽉 들어 차 있어서 꼭 초등학교 때 받아 보던 방학책 느낌이 나서 정겹다. 저자 가와구치 요시카즈는 자연농의 대가로서 『신비한 밭에 서서』의 저자이기도 하고, 그 책에 이어 이번 책도 최성현이 옮겼다. 실제로 글을 쓴 사람은 가와구치 요시카즈의 농장에서 철 따라 작물 따라 농사 모습을 취재하고 조사한 두 사람이 따로 있는데 그래서인지 책 내용이 더 풍성하다.

이 책에서 말하는 자연농이란 무엇인가. 논과 밭을 농작물뿐 아니라 수많은 생명이 번창하는 풍요로운 무대로 만들어 가는 농사법이다. 또한 수확량을 높일 수 있는 지혜가 구현되는 농사이다. 그래서 이 책은 자연과의 조화를 깨지 않으면서도 더 많은 수확물을 얻기 위한 노하우가 있는 책이라고 보면 된다.

가와구치 요시카즈는 말한다; "삶에 탈이 생기는 것은 우리가 자연에서 벗어나 있기 때문이며 복귀하면 해결된다" 이 말이 관념적으로 들린다면 책 속으로 들어가면 실재가 보인다. 이랑 만들기에서부터 시작해 작물은 어떻게 선택할 것인지, 파종 적기는 언젠지 등이 자세하게 나온다.

돌려짓기(윤작)에 대한 설명을 보자. 농장을 네댓 개의 구역으로 나눠서 각 구역마다 벼과나 박과, 가지과, 콩과 등 과(科; 품종)를 달리해서 심으라고 한다. 그리고 다음해에는 구역별 작물을 서로 돌리는데, 궁합이 맞는 작물은 섞어서 짓는 게 좋다고 안내한다. 그 종류도 하나하나 알려주고 있다. 그렇게 하는 것은 그루 타기(연작 피해)는 양상이 작물에 따라 다르고 섞어짓기를 통해서 이겨낼 수 있기 때문이다.

풀 관리와 작물 가꾸기, 순지르기와 북주기, 지지대 세우기 등 작물의 성장을 돕는 지혜들이 사진과 삽화로 설명되어 있고, 책의 2부와 3부에서는 작물별, 절기별로 분류해서 정리하고 있다. 두껍지 않은 책이지만 시행착오를 줄여주는 자연농의 기본부터 23종의 인기 채소와 벼, 보리 등 농사의 모든 것이 망라되어 있다.

자연농에는 없는 것들

그런데 농사는 내가 심고 싶은 것을 심지만 한 걸음 더 나아가면 땅이 잘 기를 수 있는 것을 심는 게 더 중요하고, 땅을 만들어 가는 것이 진짜 농부라 할 것이다. 그런 점에서 경기도 고양에서 농사짓는 안종수가 쓰고 '씽크스마트'에서 나온 『6무 농사꾼의 유쾌한 반란』은 우리 땅에서 자연농을 해 나가는 사람에게 구체적인 철학과 방법을 전하는 책이라 하겠다.

'6무 농사'라는 것은 무경운, 무화학비료, 무비닐, 무농약, 무밑거름, 무전면제초이다. 저자 안종수는 1년 반 동안 호주, 아프리카, 유럽, 중남미, 북미 등 4대륙 35개국을 돌며 생태주의자를 만나면서 그 삶과 농사를 배워 왔다. 그리고 죽은 땅에서는 절대 생명의 농산물이 나올 수 없다는 굳은 믿음을 갖게 되었다. 그래서 그는 '자연순환유기농업'이 필요하다고 강조한다. 이를 자연농의 다른 말로 이해해도 좋겠다.

책에 소개된 미국과 브라질의 무경운 농사법도 참고가 될 터이지만, 저자가 2년여간 도시농업운동본부 사무국장으로 일한 경력이 묻어난 '틀밭'과 텃밭 가꾸는 요령도 자세하다. 생태학교 교장을 지낸 경험을 살려 교육용 어린이 텃밭 가꾸는 내용도 충실하다. 퇴비 만들기와 토착미생물이나 액비를 만들어 농자재 자급에서부터 자급농사의 기초를 다질 수 있는 책이다. 주류 농법이 된 화학농법이 만들어 내는 농산물의 질산태 질소 문제도 깊이 다루고 있다.

번역가이자 농부인 최성현이 번역한 다른 책을 한 번 보자. 『자연농법』(후쿠오카 마사노부, 최성현 역, 정신세계사, 2018)이다. 원저자 후쿠오카 마사노부의 책은 최성현의 삶을 송두리째 바꿨다고 한다. 우리 지역 농부들과 함께 그(최성현)의 농장에 가서 하룻밤을 잔 적이 있는 나는 그의 삶이 그가 쓴 글과 나란히 일치하는 것에 감동했다. '자연농법'이라는 것도 그렇다. 자연의 흐름과 농부의 일상이 일치한다. 영적 이끌림에 따라 생각하고 행동하는 사람처럼, 농부는 자연의 이끌림에 깨어 있고 이를 따른다. 자연의 완전함을 전체로서 파악하는 농사다(212쪽). 자연의 순리를 따른다는 면에서 얼핏 노자의 『도덕경』에 나오는 무위이화(無爲而化)를 떠올리게도 한다. 맞는 말이다. 자연에 순응한다는 것은 우리 삶이 조화롭고 행복해지는 것과 궤를 같이한다.

자연을 거스르면서 논밭 없이 화학적 인공 합성으로 나아가는 현대 농업은 자연과 단절의 강도를 높여 가고 있다. 땅이 병들고 사람이 병들고 괴질이 창궐하고 기후위기가 깊어지는 길이기도 하다. 그래서 저자는 자연농법의 원칙을 제시하면서 우리의 미래 농업은 이 길뿐이라고 주장한다. 주류 농업에 젖은 사람들은 그래가지고 어떻게 먹고 사냐고 반발할 수 있다. 이 경우 보호림과 밭 조성 과정, 윤작 체계 등이 잘 소개된 제4장 '자연농법의 실제'를 보면 좋겠다. 위기 때일수록 자연과 농사는 생명과 생존을 보호하고 보장하는 피난처로서 강조될 것이다.

마음 밥상을 차리다
―만물과 더불어 편안하고 행복하게

　해마다 1월과 2월은 바야흐로 총회의 계절이다. 대의원 대회도 곳곳에서 열린다. 이런 자리는 축제가 되기도 하고 갈등과 대립의 난장이 되기도 한다. 갈등의 외형은 어찌 보면 자질구레한 것들이 많다. 절차의 민주성 문제, 정관과의 합치 문제, 결정의 정당성 문제는 그래도 제법 비중이 있는 주제다. 혐오성 발언 문제, 성평등 훼손 문제, 정회원 자격과 의사정족수 문제도 그렇다. 그러나 그 내면에서는 상한 감정이 더 큰 비중을 차지하는 경우가 많다.

　안타깝게도 이 과정에서 폭력이 등장하기도 한다. 물리적 폭력이야 시비곡직을 가리기가 그나마 쉬운 편이지만, 언어·문자적 폭력, 정서적 폭력, 배제와 외면이라는 폭력으로 마음 상하는 사람들이 생기는 경우는 발견하기도 치유하기도 더 어렵다. 지루한 논란 끝에 다다르는 해법은 대개 공개 사과, 해임, 자진 사퇴, 정직, 사퇴 권유 등이다. 그러나 강요된 것이라는 측면에서 보면 이것도 일종의 '폭력'이라 할 수 있다. 이런 폭력적(!) 방법으로 해결하는 과정에서 그 누구도 원치 않는 일들이 생겨난다. 활동 중단을 선언하면서 잠행하는 회원도 있고, 아예 탈퇴하는 사람도 더러 있다. 드러나지는 않아도 마음에 상처를 입고는 매사에 소극적으로 되는 회원들은 더 많을 것이다.

대화법의 교과서-비폭력 대화

이 책 『비폭력 대화-일상에서 쓰는 평화의 언어 삶의 언어』(마셜 B. 로젠버그, 캐서린 한 옮김, 한국NVC출판사, 2017)를 '폭력이 없는 대화법' 정도로 이해한다면 책에 대한 기대값이 너무 낮다고 할 수밖에 없다. 주고받는 언어와 대화의 방식을 바꾸자고 주장하는 책이지만, 그것만이 아니다. 나아가 마음을 나누자고 강조한다. 누구나의 내면에 자리 잡고 있는 긍정적인 면이 밖으로 잘 드러나도록 하자고 역설한다.

다들 주관적으로는 정의가 죽느냐 사느냐, 원칙이냐 타협이냐, 개인이냐 조직이냐 등의 논리로 무장한 채 다투는데, 마음을 나눈다거나 긍정성만 키우는 게 가능할까? 이 책 제9장 '우리 자신과 연민으로 연결되기'에 아주 잘 나온다. 191쪽에서 193쪽에 걸쳐 저자는 이렇게 설명한다. 말 중에는 수치심과 죄의식을 불러일으키는 것이 많다면서 이러한 단어나 주장은 자신이 참으로 바라는 바를 결코 달성하지 못한다는 것이다. 꾸지람과 비난 섞인 말로써 외려 자신이 원하지도 않는 방향으로 사태를 몰고 간다는 지적이다.

저자는 자신의 바람이 충족되고 있는지, 어느 만큼이나 충족되었는지를 돌아보게 하는 말이 비폭력 대화의 본질이라고 말한다. 구체적인 방법은 네 가지로 요약된다. 첫째는 그대로 관찰하기다. 관찰하기에 실패할 때 문제가 커지기 시작한다. 가장 비중을 둬야 하는 비폭력 대화의 기초라 하겠다. 둘째는 관찰에 대한 느낌 알아채기다. (어설픈) 관찰과 동시에 일어나는 생각과 판단, 단죄가 우리의 일상이 되었다고 해도 과언이 아니다. 거의 생략되어 있는 '내 안의 느낌'을 알아채는 과정을 거르지 말아야 한다. 셋째는 내가 참으로 바라는 것이 무엇인지를 다시 들여다보는 것이 비난과 분노와 편 가르기를 하지 않는 지혜라 하겠다.

마지막으로 네 번째가 '부탁하기'다. 그것도 아주 공손하게. 나는 이 '부탁하기' 부분을 읽으면서 역지사지의 측면을 보았다. 상대방의 비난과 공격도 '부탁하기'가 거칠게 드러났을 뿐이라는 사실을 직시하는 것 말이다. 둘째의 '느낌 알아채기'도 매우 중요하다. 사실, 말이나 글은 매우 거친 의사 표현이다. 본의가 제대로 전달되기에는 큰 한계가 있다. 느낌과 직관이 훨씬 풍부하고 정확한 전달 수단이다. 때론 말 없는 침묵이 제대로 뜻을 주고받던 경험들을 떠올려보면 이해가 될 것이다.

책은 13장으로 구성되어 있는데 장마다 요약이 나오거나 사례가 나오며, 연습문제가 나온다. 몇 차례에 걸쳐 함께 책 읽기를 하기에도 좋은 책이다. 이러한 방향에 선 『비폭력 대화』는 쇄를 거듭하면서 대상 독자를 세분화하여 청소년, 교사용 책이 나오기도 했다. 실습과 익힘 행사도 많이 열린다.

피해자 가해자 모두의 상처 치유하기

비폭력 대화의 철학과 원리와 심리를 좀 더 깊숙이 파고드는 책은 『우리 시대의 회복적 정의-범죄와 정의에 대한 새로운 접근』(하워드 제어, 손진 옮김, 대장간, 2019)이 아닐까 한다. 지금까지와는 달리 새로운 접근법을 보여준다.

갈등 해결의 기법과 기술을 넘어 갈등의 뿌리가 무엇인지, 눈에 보이는 것과 안 보이는 것의 바탕을 파고들면서 '회복'을 추구하는 책이다. 개인 간의 갈등과 개인과 사회, 집단과 집단의 갈등에 대해서 우리의 관점에 변화를 주는 책이다. 사과 요구, 징벌과 격리, 질책 등 피해자 중심주의라는 '사법 정의'가 아니라 피해자나 가해자의 상처와 고통을 함께 치유하는 것을 목표로 접근한다. 이를 '회복적 정의'라고 한다.

실제 정신과 의사인 저자가 감옥의 죄수들을 상담하고 교화의 과정을 지켜보면서 정리한 해법들인데 이를 일반 단체나 조직에 적용해도 손색이 없어 보인다. '회복적 정의'란 가해자도 문제지만 난데없이 큰 피해를 당한 피해자 역시 잠재적 가해자가 될 수 있다고 바라보면서 이 사회 전체를 보호하는 데에 중점을 두자는 견해다.

아니, 피해자를 또 다른 잠재적 가해자로 본다고? 우리는 사고(?)가 생기면 2차 피해 방지에 전념하지 않는가. 이 '회복적 정의'는 거기에 한정하지 않는다. 가해자는 스스로 기억하지 못하는 큰 피해자로서의 상처가 있을 수 있다고 보는 관점이다. 그래서 '사법적 정의'인 처벌을 능사로 보지 않는다. 아무리 절차나 규정에 따른 처벌이라고 해도 당사자가 100퍼센트 수긍하지 않는 처벌은 폭력으로 잔존하면서 더 큰 가해자의 역할을 하게 된다는 논리다. 범법자의 재범률이 이를 증명한다는 것이다. 감옥이 교화의 장소가 아니라 도리어 범죄자 양성소가 된다는 현실을 지적하고 그 원인까지 파고들어간 자리에서 해법을 모색한다.

개인의 정의를 세움과 동시에 사회의 정의를 '회복'이라는 관점에서 읽을 수 있는 책이다. 저자인 하워드 제어는 미국의 대학에서 '갈등 전환학과'라는, 우리가 듣도 보도 못한 학과의 학과장이다. 이 책의 추천사를 쓴 박원순 서울시장은 사법 절차가 끝난 후에도 분을 삭이지 못하고 정부기관과 시민단체, 언론사를 찾아다니는 사람들을 많이 봤다면서, 어떠한 완벽한 '처벌'도 원한과 상처를 남긴다면서 용서와 화해를 통해 피해자와 가해자 모두를 끌어안는 회복적 정의를 추구하자고 말한다.

인상 깊은 대목이 230쪽에 있다. '실질적 책임'은 다차원적이라고 하면서 피해자, 공동체, 가해자 역할을 동시에 조망한다. 처벌뿐 아니라 보상, 치료, 경청 등을 말한다. 어쩌면 종교인들의 영역이라 생각할 수 있지만 사법 체계와 집단 관계에서도 얼마든지 이뤄 낼 수 있다는 게 저자가 오랜 현장 경험에서 얻은 결론이다.

영혼과 정신의 성숙으로 갈등 풀기

살아가면서 갈등에 직면하는 것은 피할 수 없다. 『아직도 가야 할 길』*은 영혼과 정신의 성숙 과정에서 갈등을 바라보고 풀어가자고 하는 책이라고 보면 된다. 당장의 시급한 문제도 풀어야 하지만, 그것을 통해서 어떻게 성숙해 갈지를 가늠하고 그것을 이뤄낸다면

* 이 책은 5권 세트로 완간되었다. (1) 아직도 가야 할 길 (2) 끝나지 않은 여행 (3) 그리고 저 너머에 (4) 아직도 가야 할 길, 그 길에서의 명상 (4) 마음을 어떻게 비워야 할 것인가, M. 스캇 펙, 최미양, 조성훈, 황혜조 옮김, 율리시즈, 2012.3.

같은 갈등이 반복되지는 않을 것이다.

　모든 갈등과 대립을 '원상회복'이라는 소극적 지향을 넘어서 당사자는 물론이고 관계되는 주변인이나 집단이 함께 영적 성숙을 이뤄 가는 과정으로 대응해야 문제가 근본에서부터 풀리리라는 점은 이해가 되지만 그 과정이 간단치 않을 듯싶다. 저자는 어떻게 말하고 있을까?

　450쪽이나 되는 책 대부분은 사랑과 은총의 차원에서 서술된다. 사랑과 은총이라고 하면 규범과 행위 중심의 규제 차원에서 접근하는 일반적인 갈등 해법과 상당히 다르다고 느낄 것이다. 종교 지도자의 말처럼 들릴 수도 있겠으나, 책 속에 있는 풍부한 사례들을 보면 꼭 그런 얘기가 아님을 알 수 있다. 일상에서 누구나 사랑과 은총을 베풀고 누릴 수 있겠다는 생각이 들 정도다.

　저자는 목사나 스님이 아니라 군의관을 지낸 정신과 의사로서, 직접 다양한 환자를 치료하면서 얻은 임상 경험을 정리하였다. 저자는 모든 인간의 내면에는 건강과 전체성과 신성함을 향한 자연스러운 열망과 추진력이 깔려 있다(87쪽)면서, 두려움이라는 근거 없는 사슬에서 벗어나기만 하면 된다고 본다. 갈등과 대립의 기저에는 결국 '두려움'이 있다는 말이 된다. 조직이 깨질지 모른다는 두려움, 다른 사람들이 따라 할지 모른다는 두려움, 처벌하지 않으면 만연될지도 모른다는 두려움, 단호하게 제재하지 않으면 정의가 무너질 거라는 두려움….

두려움은 무의식 속의 억압으로부터 나오는데, 무의식이 주는 메시지는 두려움뿐이 아니다. 일상에는 다양한 무의식의 메시지가 널려 있다고 한다. 그것을 은총으로 여기고 치료 과정에 따르는 고통을 즐겁게 감수하자고 하는 책이다. 사례들이 병원과 환자들 얘기로 보이지만 갈등과 충돌의 현장 역시 하나의 병실과 환자 현상이라고 본다면, 어떻게 자신과 씨름하면서 좀 더 높은 차원으로 성숙해 나가는가에 중점을 둔 갈등 해법 책으로 손색이 없어 보인다.

심리적 안정에는 땅 에너지

코로나19 사태가 길어질 때, 익숙해진 단어가 '사회적 거리두기'라는 말이다. 지역사회 감염을 차단하기 위한 조치다. 따라서 많은 사람들이 모이는 행사 참석이나 외출을 자제하고 재택근무와 온라인 수업이 확대되었다. 자가 격리를 포함한 이런 상황이 오래되다 보니 경기 침체와 심적 위축과 함께 막연한 불안 심리가 공포감까지 어른거리는 현실이다. 일상이 되어 버린 재난 시기에는 경제 회복 못지않게 심리적 안정과 치유가 필요하다는 반증이다.

『땅 에너지를 이용한 자연치유』(워렌 그로스맨, 박윤정 옮김, 샨티, 2004)는 질병이나 불만족, 화, 두려움을 벗고 몸이든 마음이든 영혼이든 완전함에 이르는 길을 자연, 곧 땅에서 찾는다. 218쪽 분량 책거의 절반은 저자의 자연에 대한 심미안을 보여준다. 자연 에너지가 어떤 형태로 존재하고 변화하는지, 우리의 몸은 어떻게 땅에 반응하는지, 치유가 이루어지는 경로, 인간의 에너지 센터인 차크라가 자연과는 어떻게 연결되는지를 그림을 곁들여 설명한다.

53쪽에서 57쪽까지는 땅 에너지가 주는 귀한 선물을 소개하고 있다. 첫째가 몸의 해독작용이다. 삶에서의 부대낌으로 해로운 물질이 몸에 쌓이는데 이를 땅속으로 쏟아버릴 수 있다는 것이다.

'자연스러운 감각 능력을 향상시켜 주는' 것도 큰 선물이 된다고한다. 사업상의 격무에 시달리거나 기계를 만지고, 이론을 학습하거나 문제를 해결하기 위해 논쟁을 하는 우리의 인위적 활동은 상징 체계와 우연성 속으로 사람을 몰아가는데, 이는 인간 본연의 자연스러운 감각 능력을 잃는 과정이라는 것이다.

불안과 불신과 두려움과 화를 치유하는 자연 에너지를 우리가느낀다는 것은 어떤 상태를 말하는 걸까? 저자는 "말로는 설명하기힘들다. 실제로 경험해 보기 전에는 알 수 없다"면서 어떤 이론이나 주장도 타인의 경험에 불과하므로 직접 체험해 보아야 한다고권면한다(168쪽). 그래서 책의 마지막 장은 '치유를 위한 훈련'이다.

훈련법은 쉽다. 땅에 눕기나 집중하면서 걷기, 가슴에 집중하기, 나무 곁에 서기 등이다. 멍 때리고 앉아 있기도 있다. 부정적인 에너지가 올라왔을 때 정화하는 방법도 있는데, 이는 저자가 1991년부터 '빛 연구소'를 세워 많은 사람들을 치유하면서 정교하게 다듬은 기법들이다. 이러한 훈련은 결국 자신의 몸과 마음을 이해하는 길이라고 한다.

'나무 곁에 서기' 훈련을 해 보자. 곧게 서 있는 키 큰 낙엽송이 좋다. 반팔 거리로 나무 앞에 선다. 빛줄기처럼 나무속으로 의식을 집중한다. 나무와 하나가 된 채 오래 침묵한다. 그런 다음에 뒤로 물러나 몸의 감각과 감정 상태를 살피면서 나무 주위를 천천히 돈다. 나무에 등을 돌린 채 위와 똑같이 반복한다.

책의 저자가 강조하는 자연치유의 몇 가지 요령이 있다. 하고 싶지 않거나 인내나 의지력을 발휘해야 할 때는 하지 않는 게 좋다는 점이다. 매일매일의 경험을 일기로 쓰는 것을 권한다.

이렇게 마음 밥상을 차리는 데 있어 땅을 중요하게 보는 것처럼 동물을 새롭게 보는 책이 있다.

애완동물을 반려동물로 부르는 이유

『선생님, 반려동물과 함께 살려면 어떻게 해야 해요?』(이유미, 철수와 영희, 2022)라는 책이 있다. 동물을 수단·도구로 바라보지 말고 고귀한 생명체로 보자는 책이다. 동물이 사람을 위한 소품(애완)

이 아니지 않나 하는 입장에 서는 것이다. 마음 밥상은 사람과 사람 사이에만 있는 게 아니다. 동물과 식물, 더 나아가 무생물들과도 떼어 놓을 수 없다. 그들의 불완전함이나 그들의 불행은 인간 불행과 연결되어 있어서다. 그걸 우리 인간이 뒤늦게 발견한 것이다.

저자 이유미는 동물을 사랑하고 동물과 교감하며 평화롭게 공존하는 세상을 꿈꾸는 사람으로, 방송작가와 여행 전문 기자로 일하다가 인도 여행에서 삶의 전환점을 맞게 되었다고 한다. 그리고 한국 동물교감 전문가협회 대표가 되었다. 저자 이유미를 만난 적은 없지만 나와 함께 책을 내기도 했다. 김영사에서 나온 『가슴의 대화』다. 나는 '생명의 밥상을 위하여'를 썼고 이유미는 '사람과 동물의 마음을 이어줍니다'를 썼다. 이 책뿐 아니라 이유미가 낸 책들은 거의 동물교감 관련 책이다. 제3장 '반려동물과 가족이 되는 법'을 보자. 심심하거나 외로움 때문에 반려동물을 식구로 맞아서는 안 된다고 말한다(43쪽). 동물을 수단이나 도구로 바라보지 말라는 얘기다. 46-47쪽에는 개나 고양이의 생활 습관이 나온다. 개도 종류에 따라 다르다. 야생 상태와 어떻게 달라져 왔는지 조곤조곤 설명한다. 교감은 상대를 정확히 아는 것에서 출발한다.

저자는 마치 어린이들 앞에 선 초등학교 선생님 같다. 한 아이가 동물복지가 뭐냐고 묻는다. 선생님은 말한다. "한 생명에게 본질적으로 필요한 것"이라고. 반려동물은 야생으로 살던 동물을 인간이

집에서 기르면서 많이 변해 버렸으므로, 그들에게 '본질적으로 필요한 것'을 사람이 제공해야 할 의무가 있다고 말하면서, 농림축산검역본부에서 정한 동물복지 5대 요소를 소개한다. 배고픔과 갈증, 영양 불량에서 벗어날 권리, 불안과 스트레스, 통증, 상해, 질병에서 벗어날 권리 등이다. 정상적인 행동을 표현할 권리도 있다. "비가 온다고 산책을 안 가는 것"과 "아무 데나 똥 누는 것을 문제시하는 것"도 모두 동물의 정상적인 행동 표현을 방해하는 것으로 본다. 동물이 우리 뜻대로 움직여야 한다는 생각 자체를 하지 말아야 한다는 것이다. 정말 신선한 충격을 안겨준다.

아픈 동물 돌보기와 반려동물과의 이별, 동물 입양 방법 등이 13장에 걸쳐 자세하게 나온다. 제7장 '동물 마음 들여다보기'를 보자. 개가 꼬리를 천천히 흔들 때와 마구 흔들 때는 의미가 다르다. 천천히 흔들면 내가 경계 상태이므로 거리를 두고 웃으며 인사 정도 하는 게 좋고, 몸까지 흔들릴 정도로 꼬리를 흔드는 것은 반가워하는 것이라 다가가 어루만져도 좋다. 아무 데나 똥을 누는 등 동물의 '이상행동'은 좀 더 보살펴 달라는 신호라고 한다. 어린아이의 투정과 똑같이 날 좀 바라보라고 하는 말이라고 이해하면 될 듯하다.

동물의 불행은 곧 인간의 불행과 직결된다는 것을 뒤늦게 사람들은 깨달았다. 지금의 코로나 사태도 실상은 인간이 동물들의 서식지를 파괴하며 그들을 사지로 내몰았기 때문이라는 지적이 많다. 그래서 10년 만인 지난 2월에 동물보호법이 전면 개정됐고, 외출 중에 개의 목줄을 하지 않는 등 반려동물 보호를 안 하면 50만 원 이하의 벌금을 내야 한다. 동물을 새로운 시선으로 봐야 할 때이다.

이유미의 또다른 책 『동물교감 강의-애니멀 커뮤니케이터 루나의』(이유미, 내일을여는책, 2020)도 보자. 동물을 사랑한다는 말은 익숙하지만 동물과 교감한다는 말은 좀 생소하다. 사랑이라고 하는 것도 기실 소통하고 교감하는 것이라고 할 때, 동물과 교감하는 것은 동물 사랑의 기초라 하겠다. 『동물교감 강의』는 바로 이 부분에 대한 전문서라고 보면 되겠다. 마지막 장인 제7장에서는 동물과의 영혼 교감 이야기를 한다. 만물에 다 영혼이 깃들어 있다는 얘기를 들어 봤지만 정작 동물과 영혼 교감을 한다는 주장은 솔깃하다 못해 신비하기까지 하다. 책의 첫머리에 동물교감이 무엇인지에 대해 나온다. 나는 이 부분을 읽으면서 크게 공감했다. 정보라는 건 무엇이며 어떻게 전해지는가를 근본적으로 생각하게 했다.

말과 글에 익숙해진 인간은 사실 불행하다. 말과 글 이전에 훨씬 풍부하고 정교하며 섬세한 소통법이 있었지만, 말과 글 때문에 그들을 잃어버렸다. 문명의 편리를 누리는 값비싼 대가를 치른 것이다. 인간을 포함해서 동물들은 말과 글 없이도 얼마든지 소통할 수 있다고 한다. 초월적인 무한 정보의 집합체인 '아카식 레코드'로 저자는 설명한다(22쪽).

저자 이유미는 동물과 제대로 된 교감을 하려면 먼저 명상하기를 권한다. 제3장에 나온다. 바디 스캐닝이라는 기법도 소개한다. 스스로에게도 하고 대상 동물에게도 한다. 몸의 각 부분을 지극히 심상화해서 긴장을 푸는 단계다. 레이키(Reiki. 영기(靈氣))를 설명하는 제6장에서는 비언어적 소통의 완결을 보여준다. 모든 존재와 교감하는 파동 소통이라고 이해하면 될 듯싶다.

내면의 숨은 그림자와 마주하기

마음이란 깊고도 넓은 큰 바다와 같다. 그래서 마음 밥상은 크고 크다. 넓고 넓다. 수도 없이 많은 사람이 둘러앉아 같이 먹는 두리반이다.

『마음 거울-그림자와 떠나는 치유 여행』(대화 지음, 민족사, 2019)은 마음 저 안쪽을 탐사하는 책이다. 내면의 자신을 일컫는 '숨은 그림자'를 온전히 받아들이면 평온해지는 원리를 보여준다. 진정한 사랑은 '존중과 수용'이라며 한 걸음 한 걸음 마음속으로 걸어 들어가는 책이다. 2부로 구성된 이 책은 1부는 '그림자와 마주하기', 2부는 '참 만남 행복 여행'이라는 제목을 달고 있다.

생활 속에서 내게 별로 이로움을 주지 않으면서도 반복적으로 나타나는 습관이나 관계 방식이 있다면 그 그림자를 보라고 한다. 그림자가 뭘까? 책에서는 농밀하게 내면에 침잠되어 있는 또 다른 자신을 일컫는 것으로 보인다. 겉모습을 계속 형성시키는 형상이라고나 할까? 그 그림자의 실체를 알아차리고 온전히 받아들이면 평온해지면서 자유로워지고 행복한 삶의 길이 열린다고 말한다.

그러한 자신 내면을 쉽게 만나지 못하는 것은 게으르거나 용기 부족, 또는 상식이나 통념, 윤리와 도덕 뒤에 숨다 보니 그렇고, 때로는 구체적인 접근 방법을 몰라서이기도 하다는 것이다. 그래서 저자는 말한다. 관계 인격과 그 원리적 기술의 숙련이 필요하다고.

재혼한 아버지와의 갈등, 시누이와의 적대 관계, 업무가 유사한 교사 간의 대립, 남편을 존경하지만 왠지 모르게 기죽어 지내는 아내의 심리 등 누구나 일상에서 마주칠 수 있는 삶의 굴곡들이 책의 1부에 16편의 사례로 소개된다. 이런 상담 사례를 읽으면 등장하는 인물의 내밀한 속 살림살이를 보게도 되지만, 결국은 독자 자신 내면을 마주하게 될 것이다. 책의 35쪽에는 마음속으로 거부하던 자기 자신의 어떤 모습을 상대에게서 발견하고는, 강하게 상대를 거부하는 현상을 다루고 있다. 결론은 자명해진다. 자기 자신을 수용함으로 해서 문제를 해결할 수 있는 것이다. 내담자의 상담 후기도 나란히 실려 있다. 짧지만 내담자의 후기는 상담을 통해 자신의 그림자를 벗어던지게 된 고백이기도 하다.

2부 '참 만남 집단상담'은 본격적인 후기로 구성되어 있다. 임혜령의 상담 후기를 보자(253쪽). 상담 과정과 그 이후의 상황이 그림처럼 담겨있다. 짧은 문장으로 재구성하자면 이렇다. 따뜻함을 느꼈다, 환대와 지지를 받았다, 표현하는 것의 흐뭇함, 어려울 때 포근한 쉼터, 나를 보는(대면하는) 두려움, 짧은 아픔과 긴 평화….

여러 상담 사례에서 독자들은 진정으로 원하지도 않고 그것이 사소한데도 불구하고 집착하듯 매달리는 일이 왜 생기는지, 벗어나는 길은 어디에 있는지 엿볼 수 있을 것 같다.

저자는 중간중간에 상담의 원리와 방법을 요약해 주고 있다. "자기가 보고 싶은 대로 보는 게 아니라 '그 사람을 제대로 보는 일'이다. '그 사람'을 존중하고 수용함이 진정한 사랑"이라고 안내한다. 저자는 대화 스님이다. 79년에 출가하여 '동사섭'과 '행복마을'의 상임이사를 역임했으며 장수에 있는 힐링 캠프 '명상의 집' 대표이다.

감정코칭, 집단상담, 힐링이라는 단어들이 친숙한 요즘이다. 이번에 소개하는 책들은 개인과 집단에게 필요한 치유의 심리학에 관한 것이다. 살아가면서 입게 되는 크고 작은 상처들, 기억조차 없지만 내장된 그 상처가 불쑥불쑥 변형된 모습으로 왜곡하는 그 현실을 넘어서고자 할 때 지침이 되리라 본다.

"자신에게 공감하고, 용기 내어 나아가세요"

정신과 의사 정혜신을 모르는 사람이 없을 것이다. 마음을 어루만져주는 산뜻한 칼럼으로 기억하기도 할 테고 '와락'이라는 단어와 세월호 유가족, 쌍용자동차 노동자를 기억하기도 할 것이다. 나는 어머니랑 살 때 메일 상담을 한 적도 있고 직접 만나기도 했다. 『정혜신의 적정심리학 당신이 옳다』(정혜신, 해냄, 2018)은 그와 만날 수 있는 책이다.

개인의 아픔을 치유하는 정신과 의사지만 사회집단 관계에서 일어나는 참상과 고통의 현장에 뛰어들어 그들의 상처를 치유하는 저자의 이야기는 감동적이다. 국가 폭력 피해자들을 돕기 위한 재단 '진실의 힘'에서 집단 상담을 이끌었고, 세월호 참사 때는 아예 안산으로 이주하여 '치유공간 이웃'을 설립해 일했다.

책의 제목인 '당신이 옳다'는 결국 공감을 말한다. 공감을 뭐라고 정의해야 할까. 저자는 '빠르고 정확하게 마음을 움직이는 힘'이라고 정의한다. 타인에 앞서 자신에 대한 공감이라고 강조한다. "타인에게 공감하는 일은 감정노동이든 아니든 공감하는 시늉이라도 할 수 있다. 하지만 자기를 공감하는 일은 시늉할 수 없다. 남들은 몰라도 자기를 속일 방법은 없다."(274쪽).

자기를 공감하는 데 가로놓여 있는 장애물들을 뛰어넘는 지혜들이 제5장 '공감의 허들 넘기'에 여섯 항목에 걸쳐 잘 나와 있다. 책머리에 있는 치유 활동의 동반자인 남편 이명수의 글도 감명 깊다. 자격증 있는 사람이 치유자가 아니라 사람 살리는 사람이 치유자라는 언급은 부부의 생생한 현장 치유 체험 고백이기도 하다.

'당신이 옳다'고 말하려면 용기가 필요하다. 보통 용기가 아니다. 심리학 또는 영성학 관점에서 용기 문제를 다루는 책이 『미움 받을 용기-자유롭고 행복한 삶을 위한 아들러의 가르침』(기시미 이치로 · 고가 후미타케 지음, 인플루엔셜, 2014)이다. '미움 받을 용기'라고 하면 무엇이 떠오르는가. '아들러 심리학'이라는 말로 더 알려진 이 책이 제목을 이렇게 정한 것은 이유가 있다. 두 권으로 된 이 책은 청년과 철학자의 대담 형식으로 되어 있는데, 줄곧 '용기'를 말하고 있다. 대담 형식이라 읽기가 쉽고 고민의 상황이 실타래처럼 풀려 나가는 과정이 잘 드러난다.

심리학에서 상식화되어 있는 프로이드 유의 '트라우마'를 강조하기보다 자신의 목적을 설정하고 긍정적으로 나아가는 용기를 말하고 있어서 아들러 심리학을 '용기의 심리학'이라 부르기도 한다. '과거의 원인'에 매이지 말고 '진정한 바람을 향한 현재의 목적'에 집중하라고 한다. 책 속의 청년과 철학자는 직업, 친구, 공동체, 집착, 칭찬, 신용, 용기, 젊음, 자유, 분노 등 수많은 삶의 대목들을 대화의 소재로 삼고 있어서 독자가 관심 있는 대목을 골라 읽을 수도 있다.

지금 행복하지 않다면, 능력이 부족한 것도 아니고 환경이 나빠서도 아니라면서 참 목적을 향해 가는 용기를 내면 된다고 하니, 그야말로 용기를 내게 하는 책이라고 하겠다.

자연 농작물로 차리는 밥상

작년에 대구광역시 달성군에 있는 화원자연휴양림에서 생즙단식수련을 한 적이 있다. 5일 동안을 과일과 야채로 만든 생즙만 먹으면서 명상수련을 하는 프로그램이었는데, 어렵게 시간을 내서 참가한 이유는 재작년에 참가했던 같은 프로그램이 좋은 기억으로 남아 있었기 때문이다. 재작년에는 서산의 작은 절에서 했었다. 과일과 채소를 꼭꼭 씹어서는 즙만 삼키고 섬유질 건더기는 뱉어내는 방식으로 먹었다. 생즙의 효능을 이때 체험했다.

침과 소화효소, 자연농산물과 엽록소, 음식과 생명, 몸과 우주, 그리고 평화로움과 희열 등을 깊이 알게 되었고, 덕분에 내 밥상도 더 그 방향으로 바뀌어 갔다. 과일과 견과류가 많아졌고 인터넷 쇼핑몰에서 굳이 수동 녹즙기를 사서 몇 시간을 손잡이를 돌려 가며 즙을 내어 마시고 있다. 이즈음 참고 했던 책이 '허브월드'에서 나온 『놀라운 생즙의 효능』이다. 자연요법 건강생활과 생명운동을 하는 고재섭이 쓴 책이다.

마음 밥상이라고 할 때 꼭 심리적인 것만 다룰 일은 아니다. 그래서 생즙 책을 소개하는 것이다. 이 책에는 생즙 속 유용한 물질이 잘 소개되어 있어서 봄철에 풍성하게 자라는 작물들을 가지고 생즙으로 먹어 보고자 하는 농부들이나, 생즙 요법을 이용해 보고자 하는 사람의 마음을 움직이게 할 것으로 보인다. 보리순즙과 밀순즙이 나와 있는 175쪽을 읽으면 봄에 흔한 밀과 보리에 그런 효능이 있었는지 놀라게 된다.

아무리 생즙이 좋다고 해도 추출하는 방식과 그 재료가 되는 과일과 채소를 어떻게 고르고 다듬는지가 중요하다. 생즙을 담는 그릇뿐 아니라 먹는 사람의 몸 상태에 따른 용법도 다를 것이다. 추천사를 쓴 사단법인 한살림 전(前) 부회장 서형숙은 '생즙 효능을 분류하고 재료 준비와 만드는 방법까지 한 권에 담은 것이 특징'이라며 사람들이 자기 증세에 맞게 생즙을 준비하는 게 가능하다고 말한다. 효과를 본 당사자들의 체험기가 생생하게 실려 있기도 하다.

농사를 짓는다고 하면 몇 평이나 농사짓느냐는 말과 무슨 농사를 짓느냐는 질문이 바로 뒤따른다. 대한민국 어디서나, 누구에게서나 듣게 되는 아주 고전적인 질문이다. 이런 질문은 그 뿌리가 있다. 농사를 규모와 돈 되는 작물 중심으로 이해하는 것이다.

우리나라뿐 아니라 세계의 농업은 심각한 문제를 안고 있다. 농업이 불러 온 환경오염, 환경파괴, 자원 낭비, 쓰레기, 식품의 안정성, 농부의 건강, 자급률 등 농업의 문제가 광범위하게 확산되고 있다. 이 책에서 소개하는, 비료와 농약을 쓰지 않고, 풀과 벌레를 적으로 여기지 않는 자연농 재배법은 현대의 여러 문제들을 밑바탕에서 해결하는 방안이자 인류의 미래를 지속 가능하게 하는 길이기도 하다. 농사를 돈 버는 수단으로만 보지 않고 자연과 우주를 깊이 알고 이웃과 조화를 이루며 자기를 완성해 가는 계기로 보는 자세다.

"맑은 대기 속에서 몸을 움직이며 태양의 온기 덕에 살아가는 기쁨을 느끼고 내 육체와 간단한 도구만으로 작물을 사랑으로 보살피며 가슴 뛰는 노동이 있는 삶. 인생을 후회 없이 완수해 가는 길"을 찾는 농부에게 권하는 책이다.

『내 몸을 살리는 야채 과일』(도쿠에 치요코, 조애리 옮김, 2011)을 보면, 비록 우리가 채취 생활을 하던 황금기로 돌아가지는 못해도 최소한 먹거리는 어떻게 해야 할지 알려 준다. 제목처럼 과일과 채소가 내 몸을 살린다는 것이다. 음식은 맛도 있어야 하고 영양분도 있어야 한다. 그런데 무엇보다도 몸에 좋아야 한다. 맛도 당기고 영양도 풍부하다고 하는데 몸에 나쁜 음식이 엄청 많은 게 현실이다. 뭘 먹어야 건강에 좋은지를 생각하기에 앞서 뭘 안 먹어야 건강할지 따져봐야 할 지경이다. 여기에 대한 답을 이 책은 내놓고 있다.

누구나 야채나 과일, 견과류를 많이 먹으라는 말을 귀가 따갑도록 들었을 것이다. 안다는 것과 한다는 것은 다르다. 이 책은 야채와 과일에 대한 기본 지식을 전해 줄 뿐 아니라 보관, 조리 방법, 효능까지 소개한다. 책의 구성도 봄, 여름, 가을, 겨울로 되어 있어서 계절별 제철 음식을 고르기 쉽다. 과일과 야채 목록도 따로 있다. 각 쪽의 구성은 더 흥미롭다. 90-91쪽의 '표고버섯' 편을 보자. 왼쪽 위에는 사진과 함께 역사와 명산지 등 기본 정보가 있다. 상수리나무나 떡갈나무 등 활엽수의 죽은 나무에 자라며 비타민 비(B)가 많은데 햇볕을 받으면 비타민 디(D)로 변한다는 설명이 있다.

어떻게 먹으면 되는지와 이와 효능이 비슷한 다른 품종을 알려준다. 토마토나 무순, 고수, 완두콩 쪽도 같은 식으로 꾸며져 있다. 더 관심을 끄는 것은 몸의 상태에 따른 채소 일람표다. 감기 기운이 있을 때, 숙취일 때, 명치 근처가 아플 때, 어깨가 결릴 때, 변비가 심하거나 설사가 날 때 먹는 음식들이 소개되어 있어 요긴하다.

밥 모심, 몸 모심, 자연 모심
—음식, 치유, 그리고 숲과 더불어 지내는 삶

농사 이야기를 꺼내면 사람마다 떠올리는 주제가 다르다. 농업 위기를 떠올리기도 할 것이고, 농민 시위를 기억하는 사람도 있겠다. 맛있는 밥상을 떠올리는 사람도 있을 것이고, 우크라이나 전쟁을 먼저 생각할 수도 있다. 식당 음식 값이 갑자기 올라 간 게 우크라이나 전쟁 여파이기 때문이다. 건강 이야기를 꺼내면 어떨까? 유명한 병원? 술? 비만? 암? 자연치유…? 끝이 없을 것이다. 건강은 모두의 관심이다.

농사는 먹을거리와 연결되고 몸은 직관적으로 건강의 대상이다.

부엌이 살아야 농사가 살고 건강이 산다

나는 농사 이야기를 꺼내면 부엌을 떠올린다. 왜냐면 농사는 먹는 문제를 풀기 위한 것이고 부엌이 음식을 만드는 곳이어서이다. 밥상으로 이어지는 농사의 징검다리가 부엌이 아니겠는가.

진정 어린 농부에게 농사가 자연 속 학교이고 학생들의 학교에 자연이 깃들어야 한다면, 부엌에도 자연이 들어 있어야 한다. 건강한 밥상을 위해서다. 생태의 가치와 순환이 부엌에서 멈춘다면 밥상은 오염될 수 있다. 『생태 부엌-냉장고와 헤어진 어느 부부의 자급자족 라이프』(김미수, 콤마, 2017)는 이런 인식을 바탕으로 한 책이다. 생태 부엌이라. 저자는 딱 한마디로 정리한다. '저에너지 부엌'이라고. 채식 밥상이라고.

우리 부엌이 자연의 섭리와 이치를 얼마나 거스르고 있는지를 책장을 넘길 때마다 실감한다. 과도한 에너지 소비가 부엌에서 벌어진다는 것을 책이 알려준다. 자연이 고스란히 밥상 위에 올라오는 책이라 하겠다. 그러한 밥상을 차리는 지혜가 담긴 책이기도 하다.

책에 나오는 대로, 냉장고와 오븐을 없애고 채식으로 식단을 꾸미는 이야기라는 것을 알고 나면 "에이, 그러면 먹을 게 뭐 있어"라고 할 수도 있겠으나 천만의 말씀이다. 독일에서 사는 한국인 저자(김미수)의 남편은 생태토양학자인 '다니엘 피셔'다. 생태 부엌에서 동서양을 망라한 요리 목록이 등장하는 게 이해가 된다.

4장과 5장에 걸쳐 나오는 샐러드와 수프는 서양요리다. 좁쌀밥,

영양밥, 잡곡밥, 볶음밥은 한국 요리다. 빵과 케이크는 주식이자 간식이다. 대부분 텃밭과 옥상, 베란다에서 공급된다. 볕이 잘 드는 화분에도 먹을거리가 자란다. 저자의 생태 부엌을 직접 찍은 천연색 사진으로 보여준다. 잃어버린 인간의 식감과 원초적 감수성을 살려내는 공간이 바로 부엌이라는 생각을 하게 한다.

안 보이는 세계를 들여다보자

요즘 과학의 눈부신 발달과 함께 과학의 대중화로 빛, 에너지, 파동, 입자 등에 대한 지식이 넓게 퍼졌다. '파동'을 몸과 의학에 끌어들여 하는 설명을 들어보면 몸과 건강의 문제에 어떤 실마리를 잡게 되는 느낌이 든다. 내가 그랬다는 것이다. 파동은 몸-마음-환경-영성을 잇는 언어라는 생각이 든다. 모든 생물과 무생물, 질량 있는 물질들은 다 파동을 가진다. 에너지를 가진다. 아인슈타인의 일반 상대성 이론의 핵심이다. 이런 점에 주목하여 침술 · 크리스탈 치료와 심지어 꽃의 치유력까지 소개하는 책이 『파동의학-놀라운 에너지 치료법』(리처드 거버, 최종구 · 양주원 옮김, 에디터, 2021)이다.

성선설에서 성악설까지 인간이라는 존재의 본성에 대한 탐구는 오랜 기간 계속되었으며 앞으로도 인간이 존재하는 한 계속될 것이다. 인간의 물질적 구성인 몸은 어떤가. 무질서한 화학물질의 무더기에 불과한가?『파동의학』은 인간이라는 생명체를 육체라는 물질 수준에서 시작해 기(氣)라고 불릴 수 있는 '에테르' 수준에 이르는 모델을 보여준다.

　여기까지는 우리에게 익숙하다. 이 책은 여기서 한 걸음 더 나가고 있다. 인간의 영적 차원을 미세한 에너지 파동으로 다루고 있다는 점이다. 눈치를 채는 독자가 있으리라. 인간은 다차원적 존재라는 것, 인간은 차원을 달리하는 여러 에너지 층위로 구성된다는 점을. 그래서 책은 침술과 방사선 요법과 크리스털(crystal) 치료, 전기요법, 동종요법을 소개한다. 그렇게 몸-마음-환경-영성을 잇는 언어를 밝히는데 그것이 바로 '파동'이다. 전래의 의학이 몸의 구조와 기능, 생화학적 변화로만 보았다면 이 책은 여기에 미세 에너지장과 시공간 구조를 포함시킨다.

　인간은 보이는 세계보다는 안 보이는 세계의 영향을 압도적으로 많이 받는데, 사람들이 그걸 잘 모른다는 걸 알려주는 책이다. 고대의 치유기법(제5장)과 자연의 지혜가 주는 치유(제7장)를 거쳐 인간과 차크라의 관계가 제10장에 나온다. 각 장의 뒤에는 '요점정리'가 따로 있어서 핵심을 짚을 수 있다. 제7장의 요점은 식물의 꽃의 치유력을 강조한다. 물, 햇볕, 색깔, 향기가 어떻게 작용하는지를 요약하고 있다. 꽃에는 식물 성장의 근원이 되는 생명 에너지가 있는데 미세 에너지로서 사람의 지적, 정서적 균형을 바로 잡아 주는 역할을 한다고 한다. 이런 인간 몸의 다차원적 에너지 시스템을 302쪽 그림으로 잘 설명하고 있다.

고대의 치유사들은 다 그렇게 믿었다고 한다. 사람이 병에 걸렸다는 것은 감정이나 영혼의 부조화에서 비롯되었다고. 이를 정화하여 내면의 평화를 회복하면 병이 낫는다고 여기고, 이른 아침 꽃에 맺혀 있는 이슬로 심신을 치유하거나 달빛이나 바람, 찬 기운, 뜨거운 기운을 서로 교차하며 건강을 되찾게 한 모양이다.

책의 필자는 의대생일 때 벌써 영적인 깨달음과 사랑을 추구하는 『기적수업』을 읽었다고 한다. 기적은 너무나도 자연스럽고 기적 없는 삶은 뭔가 잘못됐다는 신념을 가지게 되었다고 하니 파동의학이라는 새로운 경지를 열어갈 수 있었던 것으로 보인다.

내 몸이 최고의 의사라고 한다

『파동의학』을 보면서 다시 읽게 된 책이 바로 『내 몸이 최고의 의사다』(임동규, 에디터, 2011)이다. 나와 '절친'이라 할 저자 임동규는 가정의학과 전문의다. 개인 병원을 운영하다가 문득 병원을 그만두고 시골로 와서 감 농사를 짓는 농부가 되었다. 농부 의사로서 자연치유의 전도사로 산다. 그는 잘못된 생활 습관이 모든 병의 근원이라고 한다. 병의 원인을 그렇게 진단하면 처방은? 그렇다. 처방은 생활 습관을 고치면 된다는 것이다. 이 원리를 아주 자세하게 설명하는 책이다.

병원을 접은 그가 알려주는 것이 너무도 상식적이라 믿기지 않을 정도다. 요체는 모든 병은 잘못된 생활 습관에서 온다는 것이다. 따라서 생활 습관만 고치면 병이 낫는다는 것이다. 우리가 언젠가 들어 본 말이지 않은가? 밥이 보약이라는 말과 같이.

저자는 좀 더 전문적인 데까지 독자를 안내한다. 몸에 해코지만 그만두면 감기부터 암까지 병원 안 가고 낫는다는 것, 몸 안에는 전문의 100명이 협업체계를 이루고 있다는 것, 현미밥과 채식이 몸속 의사를 활성화한다는 것…. 이런 이야기를 272쪽 책 전체에 걸쳐서 하고 있다.

저자가 말하는 건강의 보물 네 가지도 특별한 의료 처방이 아니다. 몸을 움직이는 것과 적당한 쉼, 건강한 먹거리를 먹고 자연 생태적인 주거환경과 옷 입는 것 등이다. 이럴 때 미세한 파동이 생겨나 저절로 치유가 시작되는 것으로 보인다. 알파파와 세타파의 치유력을 떠올려보면 되겠다.

제4장에서 질환별 치유법을 다루는데 감기, 고혈압, 당뇨, 치매, 골다공증, 요통 등 죄다 음식의 문제, 환경의 문제, 마음의 문제로 접근한다. 치유의 파동으로 내 몸 안에 있는 진정한 의사가 깨어난다는 것이다. 병원과 의사에게 의지할수록 병이 깊어진다는 것이

54-61쪽에 생생하게 나온다.

이 책은 흔한 자기계발서가 아니다. 서점에 가면 자기계발 책이 가장 많다. 무슨무슨 치유라는 이름의 자기계발 프로그램 역시 범람한다. 자기계발이 필요한 시대라는 건 우리 사회가 병들었다는 말이다. 이런 현상을 두고 자본주의의 쓰레기더미에서 먹이를 찾아 펼쳐진 시장이라고 혹평하는 사람도 있다.

두 손만 가지고 몸과 마음 치유한다

그러면 자기계발서와 건강 관계를 살펴볼 필요가 있다. 개인 의지력·긍정적 사고만 강조하는 자기계발 프로그램들이 대부분 실패한다면서, 신체에서 내뿜는 에너지를 주목하여 면역계를 강화하는 방법을 소개하는 책이 있다. 『내 몸이 최고의 의사다』와 같은 맥락이다. 바로 『러브 코드-스트레스와 두려움에서 벗어나는 40일 내면 강화 프로그램』(알렉산더 로이드, 신예경 옮김, 알키, 2019)과 『힐링 코드-평생 병 걱정 없이 사는 하루 6분의 비밀』(알렉산더 로이드, 벤 존스, 이문영 옮김, 시공사, 2013)이다. 이 두 권의 책에서는 대부분의 자기계발 프로그램은 실패율이 97퍼센트라고 하면서, 그것은 개인의 의지력과 긍정적 사고방식만 강조하기 때문이란다. 계획을 세우고 의지력을 발휘하는 이것이 스트레스를 일으켜 왔다는 것이다. 신선한 지적이다.

『러브 코드』는 신체적, 영적, 환경적, 정서적으로 발생하는 문제에 대해 고대의 지혜와 새로운 치료 기법으로 25년간 효과도 검증된 40일 프로그램을 소개하는 책이다. 책을 한마디로 요약하면 "기억을 치유해야 한다"는 것이다. 부정, 공포, 낮은 자존감, 분노 등 세포 기억이 만들어내는 부정적인 증상들을 물리치려면 기억을 치유하는 것이 진정한 치유라는 것이다. 설명을 더 들어보자.

세상의 에너지는 새로 생기거나 그냥 없어지지 않는다. 맞는 말이다. 형태만 바뀔 뿐 에너지는 그대로다. 모든 기억도 에너지다. 파동이다. 입자다. 그 기억이 세포에 새겨져 있다. 세포가 에너지체인 것이다. 기억도 에너지라는 시선으로 보면 『러브 코드』의 접근법이 이해가 쉽다. 이 책은 어쩌면 에너지 의학(기 의학, 파동 의학) 책에 가깝다. 행동뿐 아니라 세포, 생각, 감정, 느낌 등은 모두 에너지 작용이라는 점에 착안하여 간결하게 정리한 곳이 202쪽이다. 사람의 에너지는 신체에서 지속해서 뿜어 나오는데 손에서 가장 많이 나온다. 그래서 심장 자세, 이마 자세, 정수리 자세를 구체적으로 안내하고 있다. 에너지 치유법의 핵심 내용이다.

방법은 이렇다. 양손을 포개서 심장 위에 둔다. 1-3분 동안 그대로 있는다. 그다음에는 양손으로 부드럽게 피부 위를 살살 문지르듯이 원을 그려 나간다. 15초 정도마다 방향을 바꿔서 1-3분 동안 계속한다. 이 요법은 심혈관계와 흉선에 에너지를 공급하며 면역계를 강화하는 것이다. 심혈관계는 뇌보다 50~100배나 강한 전자 기장을 만든다니 놀랍다. 이마 자세와 정수리 자세의 방식도 같다 (204~207쪽).

'러브 코드 40일의 성공 청사진'이 이 책의 백미다(323~359쪽). 10단계로 요약해서 정리하고 있다. 가장 바라는 바를 정하고 그것이 이뤄졌을 때 삶이 어떻게 달라지는지, 그럴 때의 기분에 한껏 젖어 보라고 한다. 그것들을 마음 스크린에 하나하나 떠올리고는 사랑의 에너지를 듬뿍듬뿍 주는 것이다. 이는 기억 치유와 연결된다. 생생한 사례가 많아 직접 해 보기 좋게 되어 있다.

실재는 없다. 유일한 실재는 나의 인식이다. 내 인식을 변화시키는 것, 그 방법을 알려주는 것이 '러브 코드'라고 알면 되겠다.

『힐링 코드』는 건강 문제의 근본 원인을 치유하는 비결과 함께 삶의 모든 부분에서 행복해지고 성공할 수 있는 비법을 다룬 책이다. 그 비법이 뭘까? 성공 프로그램을 만들어 우리의 영적 마음(잠재의식)에 미리 입력하는 것이라고 한다. 성공 프로그램을 코딩하라는 것이다. 영적 마음은 의식보다 백만 배 더 강하다는 것이다.

이 책은 우리 대부분은 내적인 공포 기억을 기반으로 실패의 프로그램을 먼저 입력하는 바이러스에 감염되어 있다고 주장한다. 의지력만으로는 우리가 갈망하는 삶을 결코 살아가기가 힘든 이유가 바로 이것 때문이다. 코딩이 되어 있는 프로그램은 자동으로 작동하기 때문이다. 자동으로 떠오르는 부정적인 감정과 믿음을 해소하는 방법, 그리고 마음을 재설정하는 방법을 이 책은 안내한다. 그래서 부제가 '평생 병 걱정 없이 사는 하루 6분의 비밀'이다. 딱 6분 만에 할 수 있기 때문이다.

이 대목에서 독자들은 현대판 연금술사 같은 느낌이 들 것이다. 책의 저자 알렉산더 로이드는 아내가 심한 우울증을 앓았는데, 치료를 위해 심리상담, 비타민 요법, 무기질 요법, 허브 요법, 기도 등 안 해 본 것이 없다고 한다. 그러다가 아주 극적인 순간에 기적 같은 체험을 통해 해법을 얻는다. 마음의 문제를 치유하라는 것이다. 그 방법까지 있었다. 그대로 했더니 아내가 나았다. 『힐링 코드』는 이후 십수 년간의 임상 과정을 담은 책이다. 그림까지 나와 있다.

거절당할까 봐 걱정될 때, 사고가 날까 봐 겁이 날 때 우리는 그런 감정만으로도 몸의 상태가 변한다는 것을 경험으로 안다. 살아가면서 겪는 내면의 모든 부정적 경험은 공포를 만들고 뇌를 동원하여 체계적으로 거짓과 허상을 현실화한다. 정신 심리적인 측면으로까지 건강 문제의 근본 원인을 치유하는 비결을 찾아낸 책이라 하겠다.

『레이키-두 손으로 몸과 마음을 살리는 자연치유』(서강익, 한언출판사, 2006)도 두 손으로 몸과 마음을 살리는 자연치유 책이다. 책의 부제대로다. '레이키'는 1922년 우스이 미카오에 의해 발견된, 스트레스 감소와 이완을 도와주며 힐링을 촉진하는 일본식 테크닉이다. 레이키는 영적으로 인도된 생명 에너지라고 할 수 있다. 에너지 치료, 기 치료로 이해해도 무리는 없다. 치유사의 지시나 안내 없이도 자기 자신을 이끌어가면 되는 것이라 누구나 할 수 있다.

레이키 지도자로 활동하는 저자 서강익은 2000년도에 명상 도중 레이키를 해야 한다는 내면의 소리를 들었다고 한다. 저자 서문에서 밝히고 있다. 레이키는 몸의 통증을 없애고 기관과 조직을 재생할 뿐만 아니라 몸의 에너지 균형을 맞춰준다는 것이다. 내면에 숨겨져 있던 감정과 경험이 배출된다고 한다.

제1장 '당신의 두 손이 인생을 바꾼다'에는 레이키 치유 사례가 나온다. 척추가 앞뒤로 심하게 휜 학생이 30분 만에 뼈가 7~80퍼센트 바로 선 사례를 읽다 보니 약손이라는 말이 떠올랐다. 제4장의 몸 강화 기법을 읽으면 8장의 동물과 식물 치유까지 술술 넘어 간다. 165쪽이 식물 치유 이야기다. 제9장에 나와 있는 원격 치유는 신비 그 자체이다. 신비를 누구나 할 수 있다는 것이 용기를 준다.

아픈 곳들이 사라지는 맨발 걷기

나는 얼마 전에 울산에 갔었다. 울산 사는 지인 한 분에게 연락하니 태화강 해파랑길을 맨발로 걷는 중이라고 했다. 엄동설한에 맨발이라니 맨발에 익숙한 나도 놀라지 않을 수 없었다.

『맨발로 걸어라』(박동창, 국일미디어, 2021)를 읽다 보면 맨발로 걷기야말로 만병통치약이라는 생각이 든다. 서울시 비영리 민간단체로 등록된 '맨발 걷기 시민운동본부' 대표인 저자 박동창의 최근작이다. 그는 강조한다. 돈 안 들고 부작용 없이 암, 심혈관질환, 당뇨, 고지혈증 등 뭐든 고칠 수 있다고. 맨발로 걷기만 하면 된다는 것이다. 이미 '미내사'에서 하는 어싱(earthing) 프로그램을 익힌 나는 이 주장에 공감한다. 그러면 책에 나오는 그 원리를 들여다보자.

우리가 땅을 밟는 순간, 땅 위에 있는 돌멩이, 나무뿌리, 나뭇가지 등 천연의 질료들이 우리 발바닥을 자극한다. 그리고 발바닥에 있는 온몸 장기와 연결된 지압 점을 눌러준다. 그러면 그 지압 점과 연결된 장기들의 혈액순환이 왕성해지고, 외부 바이러스의 침입으로부터 자신을 방어할 힘이 생긴다. 이 원리는 발 마사지 요법이 널리 알려진 것을 떠올리면 되겠다.

책의 67쪽에는 사진과 함께 이 부분에 대한 설명이 있다. 땅의 기운을 설명하는 것으로, 신발을 신었을 때는 200~600밀리볼트(mV)의 몸 전압이 측정되나 맨발이면 '0'이 된다. 사람이 활동하면 양전하를 띤 활성산소가 몸에 쌓여 멀쩡한 세포를 공격하여 악성 세포로 바꾸고 몸 전압을 올린다는 걸 상기하자. 활성산소는 몸이 곪거나 상처가 나면 그곳에 다가가서 치유한 뒤에 빠져나가야 하는데 절연체인 신발을 신고 있으니 몸에 쌓인다는 것이다. 맨발은 땅과의 접지를 통해 땅의 음전하가 몸으로 올라와 활성산소를 중화한다. 이것이 맨발 걷기의 기본 원리다. 태양 방사선, 번개, 지구 핵 회전력 등으로 생긴 거대한 지구의 전기적 에너지와 접속함으로써 인체가 본연의 전기적 생태를 복원하게 되는 것이다.

저자는 역사적 사례와 해외 연구논문을 통해 맨발 걷기와 접지의 이론을 설득력 있게 펼치고 있다. 149~247쪽에 걸쳐 맨발 걷기야말로 천연의 신경안정제이고 염증·통증 치유제이며 항노화제, 혈액 희석제, 항산화제 역할을 한다고 주장한다. 약물이나 물리치료 같은 부작용을 남기지 않고 몸을 회복시키는 천연 치료제라고. 울산의 지인도 맨발 걷기를 하고 나서 단잠을 자고, 밥맛이 좋고, 피로감이 없어진다고 했다. 나도 등산할 때 신발을 배낭에 넣고 맨발로 하면서 몸으로 실감했던 것들이다.

현대인의 가장 큰 문제인 스트레스라는 것도 따지고 보면 몸의 내압이 높아졌다는 것이다. 맨발 걷기를 하면 몸을 초기화해 분노, 짜증, 긴장, 피로, 체념의 스트레스 상태를 긍정, 감사, 행복 상태로 바꾸어준다는 책의 설명이 이해된다. 책의 마지막 장인 5장에는 코로나도 이길 강한 면역력을 맨발 걷기로 얻을 수 있으므로 '접지권'이 '환경권'의 하나라며 입법화를 역설하고 있다. 여기저기 함부로 포장하고 방부목을 까는 개념 없는 자연 관리를 돌아보게 한다.

같은 저자의 『맨발걷기의 기적』(박동창, 시간여행, 2019)은 약간 결을 달리하는 책이다. 맨발로 걷다 보면, 천연의 질료들이 발바닥을 자극하여 온몸 장기와 연결된 지압 점을 눌러서 스트레스 상태인 몸을 쾌적하게 바꿔준다는 원리는 같다. 다만, 이 『맨발걷기의 기적』은 복잡한 입원 절차나 심지어 병원비마저 전혀 없는 종합병원이라고 강조하는 점이 다르다. 현대 의료기관과 맨발 걷기를 교차해서 설명하고 있는 점이 독자들의 시선을 붙드는 책이라 하겠다. 사례들도 많다.

저자인 박동창은 두 달 안에 아픈 데가 다 낫는다고 큰소리친다. 2016년부터 서울 강남의 대모산에서 '무료 숲길 맨발 걷기로의 초대' 프로그램인 「맨발 걷기 숲길 힐링스쿨」을 개설하여 시민들과 함께 숲길 맨발 걷기를 하면서 모은 여러 사례를 보면 결코 과장된 말이 아님을 알 수 있다.

"소화불량으로 고생했는데 위가 튼튼해졌다(전계숙, 박종선, 145쪽)"거나, 무릎관절, 고관절 부근의 근육 경직화, 굳은 허리와 뻣뻣한 손가락 증상이, 파쇄된 자갈길을 하루 걷고는 바로 치유된 사례(황윤근, 경수자, 149쪽) 외에 무좀, 생리불순 등 부인병, 조루, 위장병, 감기, 불면증, 치질과 변비 등 치유 사례는 끝이 없다.

맨발 걷기야말로 자연치유 종합병원이라고 주장한다. 수많은 질병이 예방되거나 치유되는 종합병원인데도 불구하고 복잡한 입원 절차가 필요 없고, 입원실과 병상이 따로 없고, 병원비가 없는 3무(三無)의 종합병원이라고. 숲길에 들어서면 어머니 대지가 맨발을 정성껏 지압(reflexology)한다. 온몸에 있는 독소인 활성산소를 완벽하게 제거한다. 녹색의 나뭇잎으로 눈을 즐겁게 한다. 코로 향기로운 꽃과 풀 향기를 맡게 한다. 자연에 순응하는 삶, 자연에 순응하는 치유의 참모습을 보여준다.

제7장에는 겨울철 맨발 걷기가 나온다. 울산의 내 지인의 설명과 거의 일치한다. 야생동물의 발바닥처럼 단련하는 게 중요한데 방한복을 입고, 맨발로 시작하되 마칠 때는 꼭 신발 신고 걸은 뒤에 마치라고 한다. 귀가해서 찬물에 발을 씻는 것도 중요하다고.

숲은 내 몸을 살리고 세상을 살린다

일, 사랑, 놀이가 모두 있는 곳이 어딜까? 벌레와 꽃, 먹을 것까지 풍성한 곳, 사계절 매력 느낄 수 있는 곳. 숲이다.

『숲에서 놀다-풀꽃지기 자연일기』(이영득, 황소걸음, 2016)는 숲, 농사, 먹을거리 이야기다. 코로나19를 필두로 숨 막히는 병적 현상들이 사람의 몸에서건 우리 사회에서건 끊이지 않고 드러나는 이때, 코로나가 한풀 꺾였다지만 여전히 힘들고 지친 현대인들에게는 숲에서 논다는 말만 들어도 뭔가 숨통이 트인다. '숲'은 산과 나무가 있고 계곡물이 흐르는 그 숲을 말하는데, 이 책이 전하고자 하는 의미는 그뿐이 아니다. 자연의 소중함이다. 사람의 손길이 함부로 조작해 낸 인공물이 아닌 천연 그대로의 삶을 넌지시 강조한다.

심리학자 프로이트는 몸과 정신이 모두 건강하게 살려면 일(공부 포함)과 사랑과 놀이가 필요하다고 했다. 숲에는 그게 다 있다고 저자가 말한다. 즐길 줄 아는 사람은 병이 없다. 동학 경전에서도 그렇게 말한다. 마음이 즐거워야 큰일을 할 수 있다고(滿心快哉而後 能爲天地大事). 그렇다. 힘듦마저도 놀이로 여길 수 있다면 그보다 좋을 수가 없겠다. 책의 저자는 숲에서 놀자고 한다. 숲이 최고라고.

신록의 계절 5월의 숲에서는 뭘 하고 놀 수 있을까? 그러잖아도 5월 5일에 한 무리의 여학생들이 우리 집으로 체험학습을 오기에, 산으로 데려갈 생각을 하면서 책을 들춰 보니 놀이만 있는 게 아니라 먹을 것도 널려 있다. 산나물이다. 돌나물, 벌씀바귀, 개망초, 고마리, 취, 고사리, 두릅, 가락지나물, 벼룩나물, 찔레순, 국수나무, 야생 참당귀 등 끝이 없다. 천연색 사진과 함께 74쪽까지 빼곡하다. 산나물과 함께 각종 벌레와 꽃들을 만나면서 저자는 감탄한다. "예술이 어찌 자연을 뛰어넘을까"라고. 꼬마장수말벌의 집은 도자기보다 더 도자기처럼 생겼다면서 하는 말이다(71쪽). 숲에는 한 가지만 있지를 않다. 섞여 있으므로 조화를 이룬다. 서로가 서로에게

밥이 되어 서로를 살린다(이천식천).

봄 다음에는 여름이고(152쪽까지), 여름 다음에는 가을, 그리고 겨울이다. 사계절이 다 담긴 책이다. 책을 보면서 며칠 뒤에 학생들과 할 놀이를 생각해 본다. 양파망에 가랑잎을 꼭 담아서 나뭇가지 틈새로 넣는 농구 놀이, 마음에 드는 나무를 껴안고 체관부와 물관부로 오르내리는 수액 흐름 엿듣기, 바위나 나무나 작은 벌레에게 말 걸기, 숲에 드러누워서 땅속 마그마의 열기 느끼기, 솔방울을 가지 끝에 길게 매달아 제기차기, 줄기 꽃으로 화관 만들어 씌워 주기, 좁은 오솔길에서 눈을 손수건으로 가리고 손뼉 소리 따라 걷기…. 이건 선생님이 눈을 가리고 학생이 안내를 맡으면 좋다. 학생 말 잘 듣는 선생님(!)이 된다.

관심이 가는 나무나 풀이 있어 식물도감을 살펴봐도 잘 알기는 힘들다. 식물도감에는 그 식물의 365일이 담겨 있지 않아서다. 그 식물의 특징이 가장 잘 드러난 때거나 또는 꽃이 활짝 피었을 때의 사진 몇 장이 고작이니 매일매일 달라지는 초여름 식생의 순간을 알 수 있겠는가. 그렇다면 저 초목들과 말을 주고받으면 다르지 않을까. 이름을 필두로 인사를 나누고 궁금한 것을 물어보면 어떨까. 그럴 거면 숲 통역사가 있어야 한다. 여기에 있다. 스스로를 숲속 생물들의 삶과 그들이 하는 이야기를 깊이 이해한 다음, 사람들이 알아듣기 쉽게 통역하는 일을 하고 있다는 저자 황경택이다. 그

가 쓴 책이 『숲 읽어주는 남자-산책이 즐거워지는 자연 이야기』(황
경택, 황소걸음, 2018)이다.

서양민들레, 뽕나무, 청설모 등 숲속 생물들의 삶이 들어 있다.
아주 알기 쉽게 풀고 있어서 마치 숲과 인간 사이에 있는 통역사 같
다. 다양한 꽃들의 세밀화도 예쁘게 들어 있다.

책의 구성이 재미있다. 우리의 하루 일과를 따라 통역사가 따라
다닌다. 우리는 날이 밝으면 일어나 집을 나선다. 길을 걸으며 도
심의 숨통을 터주는 가로수를 보게 되고 동네 공원도 둘러보고 구
부러진 길도 만나고 건물도 만난다. 벚나무 은행나무 느티나무도
만난다. 서울의 허파인 남산에 오른다. 서양민들레가 피어 있다.
뽕나무도 있고 인부가 가지치기도 한다. 문득 머리 위로 청설모 한
마리가 나무 사이로 건너뛴다. 이들에게 말을 건넨다. 통역사가 되
어주는 책이 있어 가능하다.

제5장 '숲다운 숲, 북한산'에 오르면 생명의 총체가 눈앞에 펼쳐
진다. 잎과 줄기는 물론, 뿌리도 살펴보고 껍질도 살펴본다. 그루터
기에 앉아서 나이테도 세어 본다. 저만치 나무를 잘라 쌓아 놓은 게
보인다. 왜 잘랐을까. 이럴 때 통역사가 나선다. 솎아베기(간벌) 한
것이라 알려준다. 솎아베기는 물과 양분이 부족했던 진달래나 앵
두나무 등 키가 작고 원줄기와 가지의 구별이 분명하지 않은 숲 아
래층의 떨기나무(관목)들을 빠르게 성장시키는 효과가 있다. 한해

살이나 여러해살이 풀(초본)도 솎아베기를 통해 빠르게 자란다.

베어서 쌓아 놓은 나무더미는 곤충들의 아파트라고 할 수 있다. 작은 벌레와 곤충들의 서식지가 되어 숲 생태계를 더욱 풍성하게 한다. 노란색이나 흰색 페인트칠이 되어 있는 나무가 솎거나 보호해야 할 나무라고 보면 된다(336쪽).

숲 통역사는 캔버스를 펼치고 치자나무 꽃을 그린다. 수술 여섯 개와 꽃잎 여섯 장. 꽃받침도 여섯 개다. 모란꽃도 그린다. 모란 꽃잎은 열두 장이다. 수술은 백 개도 넘는다. 통역사는 그림쟁이이기도 하다. 이 책은 그가 그린 세밀화로 가득하다. 책의 부록으로 실린 '나무 식별하는 법 7단계'는 한눈에 나무를 분류하는 안목을 제공한다. 바늘잎이냐 넓은잎이냐, 홑잎이냐 겹잎이냐, 한줄기 나무냐 여러 줄기 나무냐 등등. 이 책을 통해 나는 숲과 빨리 친구가 되는 비결 하나를 얻는다. 보기, 살피기, 그려보기를 하면 되겠다.

이 책이 초등학생을 대상으로 한 거라면『숲 생태학 강의-경이롭고 역동적인 자연으로의 안내』(차윤정·전승훈, 지성사, 2009)는 대학생쯤을 대상으로 하지 않나 싶다. 그래도 통역사는 우리말을 하니까 어려울 건 없다. 나무와 숲을 살피고 나면 궁금해진다. 숲은 어떤 원리로 구성되는지, 숲의 변화는 어디서 비롯되는지, 숲 생태계의 본질과 사람의 삶 관계도 궁금하다. 이 분야를 생태학이라 하는데 이 책을 보면 하나씩 궁금증이 풀린다. 자연계의 신비스러운 흐름을 추적해 볼 수 있다.

이 책은 생태계의 구성을 생물 요소와 비생물 요소로 나누는데, 생물 요소는 다시 생산자, 소비자, 분해자로 나눈다. 생태학에서 생산은 광합성작용으로 탄수화물을 만드는 것이다. 식물들이 이 일을 한다. 그렇다면 생태계의 소비는 무엇일까. 일차생산자인 식물이 만든 유기물을 섭취하는 행위가 생태계의 '소비'다. 대부분의 동물들이 이런 소비 행위를 한다. 식물을 먹는 곤충이나 조류, 일부 포유동물은 일차소비자이다. 이를 초식이라 한다. 일차소비자가 만들어 낸 지방이나 단백질을 이차생산이라 하는데 이는 이차소비자인 동물들의 좋은 먹잇감이다. 이런 이차소비 행위를 포식이라 한다.

움직일 수도 없고 소리를 지르지도 못하는 식물이 스스로를 어떻게 지켜낼까? 첫째가 독성물질 발산이다. 초식동물들에게 치명적인 독성물질을 뿜어 식물은 자신을 지킨다. 보호색을 띠기도 한다. 제 몸의 일부를 먹여 가면서까지 초식동물의 천적을 불러들이는 작용도 한다. 참 신기한 생명의 세계다.

마지막으로, 분해자는 누구일까. 미생물과 박테리아와 바이러스다. 이들은 모든 유기물을 세상의 일차생산자인 식물이 이용할 수 있는 상태로 잘게 쪼개는 역할을 하는데 지구상 모든 생물 사체가 그 대상이다.

잠이 보약이라는데 잠을 잘 자려면?

"잘 주무셨습니까." 아침에 나누는 습관적인 인사지만 '잘 잤느냐'는 말의 함의는 크다. '걱정거리 없이 잘 사시느냐'는 인사일 수도 있고, '오늘 하루를 활기차게 지내시라'는 축원이기도 하다. 걱정거리가 있거나 몸 상태가 안 좋아서 간밤에 잠을 설쳤으면 종일 머리가 띵하고 졸음에 시달리며 집중이 안 된다. 이렇게 하루를 비척거리면 그날 밤 잠자리도 달콤할 수 없다. 악순환이다.

한 시간 적게 자면 그날의 업무 효율과 학습 능력은 30퍼센트나 떨어진다고 한다. 11시 이후에 밤늦게 자면 같은 시간을 자도 깊게 잠들지 못해 피로가 쌓인다. 잘 때 코 호흡(비강호흡)을 못하고 입 호흡(구강호흡)을 하면 심장이 손상되며 뇌세포가 죽는다는 이야기도 있다. 입 벌리고 자는 게 아주 안 좋다는 말이다. 모든 건강의 근원은 숙면에 있다는 부제가 달린 책에 나오는 이야기다.

『수면 밸런스-모든 건강의 근원은 숙면에 있다』(한진규, 다산, 2017)는 일어나는 시간을 규칙적으로 유지하라고 한다. 매일 온몸에 햇볕을 골고루 쬐라고 한다. 억지로 자지 말고 잠 오기 기다리라고 한다. 잠 안 오면 자지 말라고 한다. 이게 쉬운가? 쉽지 않다고 말하는 사람이 많을 것이다. 그런 사람도 배려하는 책이다. 저자는 신선한 채소, 산·들나물에 답이 있다고 말한다. 먹는 것과 잠을 연결한다.

잠을 잘 자야 한다고 강조하는 이유가 있다. 가장 에너지를 많이 소비하는 뇌는 잠을 잘 때만 쉬기 때문이란다. 심장도 우리가 잘 때 비로소 쉰다. 잠은 면역력도 키워서 바이러스로부터 몸을 잘 지켜 내게 한다. 낮 동안의 경험과 생각들을 장기기억 저장고에 차곡차곡 저장하는 일도 잘 때 한다. 저자(한진규)는 국내 최초의 잠 전문의원 원장이다. 한국수면학회 이사도 겸하고, 미국에서 수면 전임의로 일했다. 잠 분야의 최고 권위자다. 잠의 기능과 역할, 잠을 제대로 못 자는 원인과 처방, 렘 수면과 비렘 수면의 주기 설명 등 잠에 대한 모든 것이 다섯 장에 걸쳐 소개되어 있다. 진료와 상담, 대학 강의를 통해 얻은 생생한 사례가 책의 곳곳에 있어 이해가 쉽다.

수면유도제는 최대한 피하라며 그가 권하는 잠 잘 자는 방법을 순서대로 나열해 보자. 각자 자기 생활 리듬에 맞춰 적용하면 되겠다. 첫째 방법은 오래전부터 내가 하는 방법이기도 하다. 정해진 시간에 일어나서, 낮잠을 자지 말며, 밤을 좀 일찍 맞는 것이다. 일어나는 시간을 최소 4~5일 동안만 규칙적으로 유지하면 습관이 된다.

둘째 방법은 매일매일 햇볕을 온몸에 골고루 쬐는 것이다. 일광욕이 그렇게 좋단다. 뇌 호르몬과 신경전달물질의 분비를 촉진한다는 것이다. 셋째는 불면증이 있는 사람이 잘 잘 수 있는 방법이다. 자려고 억지로 노력하지 말고 잠이 올 때까지 자지 말라고 한다. 참 간단하다. 잠이 올 때까지 자지 않으면 불면증은 치료된다니.

책의 끝부분에 '음식에 답이 있다'는 꼭지가 있다. 잠을 잘 자게 하는 음식이 있다는 것으로, 섬유질과 곡식류도 그렇지만 신선한 채소가 최고란다. 신선도와 생동력을 따지자면 산나물, 들나물을 따를 게 없다. 유기농작물보다도 몇 배나 낫다.

책의 앞부분에 있는 '피츠버그 수면의 질 설문'으로 독자들은 자신의 수면 문제를 파악해 볼 수 있다. 부록으로 실려 있는 잠을 부르는 명상 시디를 이용하면 듣기만 해도 잠이 솔솔 온다. 오디오 파일로 제작된 점진적 근육 이완법 프로그램이다.

잠을 잘 자야 건강하다는 말은, 건강하면 잠을 잘 잔다는 뜻이기도 하다. 야생의 자연에서 건강을 회복하는 이야기가 『야생의 위로-산책길 동식물에게서 찾은 자연의 항우울제』(에마 미첼, 신소희 역, 심심, 2020)다. 한 달을 한 장으로 하여 12장으로 구성된 이 책은 야생 속으로 저자가 한 걸음 한 걸음 옮겨 가는 섬세한 기록이다. "줄기 아래쪽은 꽃송이가 만개하여 꽃잎 하나가 바깥으로 젖혀 있고 위쪽은 꽃봉오리가 벌어지기 직전이다. 햇살과 풍요로운 꽃들이 시야를 가득 채우고 강렬한 만족감이 퍼져 나간다."(167쪽)

야생의 자연은 우울증을 앓는 저자를 위로하고 치료했다. 숲과

정원의 길가에서 항상 저자를 기다리는 수천 가지의 미묘한 기쁨을 저자는 놓치지 않고 발견한다. 이러한 식물 기반의 자가 치유 과정으로 혈압이 떨어지고, 스트레스 호르몬인 코르티솔 수치가 감소했으며, 불안이 가라앉고 맥박도 차분해졌다고 기록되어 있다.

직접 그린 수채화와 소묘 그리고 사진을 보다 보면 저자와 함께 야생 속 깊숙이 들어가고 있는 느낌마저 든다. 아래 구절은 어떤가. 읽는 것만으로도 숲의 풋풋한 향내가 책갈피에서 왈칵 풍긴다.

"이제 맺히기 시작한 산사나무 열매. 그 짙은 포도주 빛은 나에게 생생한 시각적 치료약이다. 내 마음을 위로하고 마음속 어둠을 쫓아내 줄 힘을 지니고 있다. 그 자리에 서서 산사나무 꽃의 진한 향기를 들이마신다."

저자도 독자도 오늘 밤 달게 잘 것 같다. 요약하자면 "자연과 멀리 떨어져 살면 불면증에 시달린다!"가 되겠다.

04

이제 자연식물식이다

육식의 종말

자연식물식이 미래다 1
―육식문화의 종말을 예감하다

자해문명을 어찌할 것인가

진드기를 잡고 닭을 살리고자 살충제를 뿌렸는데 어처구니없게도 양계장 달걀을 전량 폐기처분한 것도 모자라 닭마저 살처분을 하느니 마느니 한 적이 있다. 생산성 향상과 효율 극대화를 향해 질주하는 현대 물질문명의 폐해가 양계농장에 드러났다 할 것이다.

현대 농업, 현대 축산은 식물이건 동물이건 성장을 촉진하고자 성장호르몬제를 넣고 운동을 제약하는 시설 안에서 키운다. 동물들은 운동을 하고 식물은 햇볕을 쬐어야 한다는 건 알지만, 현대 농법은 이를 역행한다. 빨리 키우고 정해진 공간에 좀 더 많이 길러야하기 때문이다. 이렇게 과성장을 하느라 허약해지니 이번에는 항생제, 살충제, 농약을 친다. 여기에 그치지 않는다. 이런 상태에서 자란 농작물과 동물성 음식을 먹은 사람에게는 치명적인 스트레스 호르몬인 '코르티솔'이 다량으로 생긴다. 당뇨와 비만, 고혈압과 그로 인한 합병증이 생긴다. 식욕부진과 피로감과 우울증 등등 끝이 없다. 필자는 졸저『아름다운 후퇴』(내일을 여는 책, 2012)에서 이를 두고 '자해문명'이라 불렀다. 더 잘 살자고 하는 인간의 행위가 인간 스스로를 위협하는 현상을 두고서다.

폭발적으로 성장해 온 육식 소비량

대통령까지 나서서 근본 대책을 마련하라고 지시한 살충제 검출 달걀 문제의 대안이 동물복지농장으로 의견이 모아지는 듯하다. 2010년 겨울에서 이듬해 봄까지 진행된 지독한 구제역 사태를 겪고 나서 2013년에야 이른바 축산선진화법이라 불리는 동물복지법 29조의 개정으로 등장한 것이 동물복지농장이다. 그러나 동물복지 농장이 결코 대안이 될 수 없다고 본다. 풀어 놓고 키우는 방사형 양계와 함께 철저한 방역 시스템, 엄격한 품질 인증제 등을 실시하더라도 우리 육식 밥상이 바뀌지 않고서는 어떤 대책도 산업형 축산에 따르는 재앙을 근본적으로 막지 못할 것이다.

아래 같은 통계를 소개하면 처음에는 다들 입을 벌린다. 그런데 워낙 이런 일에는 만성이 되어서일까. 딱! 한 번 입을 벌리며 놀라고는 바로 잊는 듯하다. 아주 편리한 망각 기능이다. 그래도 다시 한번 보자. 우리 밥상에 살충제 달걀이 올라왔다고 하니 말이다.

지난 2020년 기준 우리나라 시민 1인당 육류(쇠고기·돼지고기·닭고기) 소비량은 54.3킬로그램이었다. 얼마나 많이 먹는지는 그 전의 수치와 비교해 보면 바로 알 수 있다. 1961년은 4.12킬로그램이었다. 1980년에는 11.3킬로그램이었고 2018년에는 53.9킬로그램이다. 육류 소비 증가율 중 닭고기의 증가율이 5.1퍼센트로 가장 높았으며 돼지고기가 3.7퍼센트, 소고기가 2.5퍼센트 순으로 매년 그렇게 증가했다. 수입은 돼지고기 증가율이 9.9퍼센트로 가장 많았다. 그렇다면 2020년 시민 1인당 쌀 소비량은 얼마일까? 57.7킬로그램이다. 육류 소비량이 주식인 쌀의 94퍼센트 수준까지 올라와 있다.

지난 2000년 이후 육류 소비는 매년 1.12킬로그램씩 늘어난 반면 쌀은 1.8킬로그램씩 감소하는 추세다. 이 흐름이 유지된다면 2022년에는 육류 소비량이 쌀 소비량보다 2.4킬로그램 더 많아질 것으로 전망된다고 한다. 2021년 한 해에 우리나라 사람들은 9억 마리의 닭을 잡아먹었다. 달걀은 1인당 평균 300개 정도 먹었다. 달걀은 김밥이나 계란찜, 계란말이에만 들어가는 게 아니다. 과자와 빵에도 들어가고 분유와 이유식에도 들어간다.

밥보다 고기를 더 많이 먹는 시대. 고기 위주의 서구화된 식사가 늘면서 한국은 대장암 발병률 1위(10만 명당 45명) 국가가 됐다. 국민소득과 육류 소비량은 비례하지만, 통상 국민소득 3만 달러를 넘으면 닭고기 소비가 다른 육류를 추월한다. 선진국일수록 상대적으로 건강에 좋은 백색육인 닭고기를 선호한다는 것이다. 하지만 우리나라는 여전히 삼겹살 위주의 돼지고기 소비가 압도적이다. 끊일 줄 모르는 아프리카돼지열병(ASF)과 구제역·조류인플루엔자(AI) 등 가축 전염병도 우리 식탁이 육류 중심으로 이동한 것과 연결되어 있다고 하겠다.

한국인, 1년에 닭 9억 마리를?

고기를 먹는 것은 동물권, 환경 문제, 건강 문제와 얽혀 있다. 주위 친구들에게 물어보면 이런 문제를 다 안다. "나 이제 고기 줄였어. 이제 많이 안 먹어"라고 말한다. 그런데 대개는 실제와 다른 인식의 오류다. 자신이 바라는 바와 실제 행위 사이의 편차다. 통계가 말해주고 있다. 식습관은 혀가 기억하고 배가 기억한다. 몸의 세포 하나하나가 기억한다. 탐진치 삼독에서 식탐을 으뜸으로 친다. "식은 색을 부르고 색은 잠을 부른다"라는 말이 있을 정도다. 더구나 요즘 육류는 우리나라 사람들이 1961년도에 1년 동안 먹던 4.12킬로그램의 육류와는 비교할 수도 없는 것이다. 음식이라 이름

붙일 수 없을 만큼 오염된 것이다. 이런 점을 다 알고는 있으리라. 그래도 다시 한번 닭을 놓고 살펴보자.

닭들이 육계는 몸무게가 900그램(g) 내외가 되는 40일 정도 살고, 산란계는 겨우 20개월 남짓 산다. 평균수명의 180분의 1에서 12분의 1을 살다 죽는 셈이다. 80세를 사람의 평균수명이라고 했을 때 몇 살에 죽는지 빗대어 볼 수 있으니 상상만 해도 끔찍하다.

조류 독감이 오면 닭들은 이 정도의 수명마저도 보장받지 못한다. 2021년 말, 1개월여 만에 3천만 마리가 살처분됐다. 이처럼 육식 밥상은 생명 경시와 대량 살처분을 인간의 새로운 만성질환으로 만들었다. 이제는 무감해졌다. 감각마저 사라졌다는 것은 중증이 되었다는 것이다. 육식 밥상은 이처럼 동물들의 원혼과 떼죽음 위에 차려진 것이다. 우리가 대량 살생에 둔감하고서 어찌 세상 평화를 바랄 수 있으랴. 화해와 치유를 말할 수 있으랴.

육식이 늘면서 각종 건강 문제도 생겨났다. 사람의 심성이 거칠어지고 의료비가 급증하는 것도 육식과 관계된다. 결론은 간단하다. 식물식 식단으로 우리 밥상을 바꾸는 것이 살충제 달걀과 대량 살처분의 악순환을 벗어나는 근본 대책이라 할 것이다. 식물성 식품으로만 구성된 식단은 비만과 아토피, 천식, 비염 등을 개선하고 임신, 수유기, 유아기, 유년기, 청소년기, 노년 성인, 운동선수들을 포함한 모든 단계의 삶에 적합하며 만성질환을 감소시켜 의료

비까지 줄인다. 학습 집중도도 높인다. 미국의 영양식이요법학회 (Academy of Nutrition and Dietetics)에서 작년에 나온 보고서 내용이다.

기후 재앙의 가장 큰 요인도 육식이다

포르투갈은 몇 년 전, 모든 공공시설의 급식에 한 가지 이상의 엄격한 식물식 메뉴를 의무적으로 포함시키도록 하는 법안을 승인했다. 학교와 병원은 물론 교도소까지 원하는 사람에게 완전한 식물식 식단을 제공하게 되었다. 이미 유럽 선진국은 완전 채식 슈퍼마켓이 등장했고, 채식이 시민의 기본권으로 자리 잡는 추세다. 가까운 대만만 보더라도 채식 요리가 발달해 있고 채식 전문 시장이 즐비하다. 채식 인구도 전체 인구의 20퍼센트가 넘는다고 한다. 우리는 시내 음식점에서 고기 안 들어간 메뉴를 고르고 고르다가 겨우 된장찌개를 시켜 보지만 국물은 육수인 우리 현실이 참으로 아득하다.

기후변화의 가장 큰 요인도 육식이다. 그래서 비틀즈 멤버였던 폴 매카트니가 제안한 '고기 없는 월요일'(Meat Free Monday)이 한국에서도 2010년부터 활동하고 있다. 이들의 노력으로 국내 시민사회단체, 공공기관 70여 곳에서 고기 없는 월요일이 진행된다. 서울시는 2013년부터 시청 구내식당에 금요일마다 채식 식단을 제공하고 있으며, 전북교육청도 동참해 100여 개 학교에서 주 1회 채식 급식을 하고 있다. 요즘은 채식이라는 말보다는 '자연식물식'이라고 부른다.

탄산음료와 튀김류 음식이 학교에서 사라졌듯이 동물성 식단이 학교에서 먼저 추방돼야 한다. 자라는 아이들에게 치명적인 유해 음식 명부에 육류를 포함시켜야 한다. 최소한 소와 돼지, 닭들도 '생명'이라는 인식을 가져야 한다. 이제는 아무데서나 담배를 피거나 슬레이트 판 위에 고기를 구워 먹는 사람은 없다. 육식문화도 마찬가지라고 예상한다. 오래지 않아 채식이 문명인의 기준이 되고 지구인의 교양이 될 것이다. 만악의 근원이 육식문화이기 때문이다.

경유 자동차에 환경 부담금을 물리듯 축산을 비롯한 육식문화산업 전반에 환경 부담금을 물리고, 건물 에너지 효율 등급에 따라 인센티브를 주듯이 식물식 식단에는 각종 지원이 있어야 할 것이다.

육식문화를 그대로 둔 채 추진하는 동물복지농장 정책은 실패한다. 우리나라처럼 좁은 국토의 제한된 농지에서 동물복지농장은 한계가 있고 밀집 축산은 숙명이다. 더구나 1년 중 목초 생육 가능 기간이 짧게는 220일 뿐이고, 제주도에 가야 300일 정도 되는 현실을 봐야 한다.

자연식물식이 미래다 2
— 선택 아닌 필수

'식피아' 너머를 꿈꾸는 일

최근에 잘 운영된다는 '동물복지농장'을 방문한 적이 있다. 이 농장은 동물복지법과 그 시행령뿐 아니라 100여 개나 되는 시행 세칙을 잘 지키는 것은 물론이고, 그 이상의 환경 조건을 갖추고 있는 곳이라고 했다. 농장주도 동물에 대한 사랑이 남다른 분이었다. 그러나 어디까지나 동물은 관리의 대상이었다. 그곳에는 '생명'이 아니고 '축산물'이 있을 뿐이었다.

1990년대 초에 야마기시공동체에서 야마기시 수련을 하면서 '야마기시 양계'를 본 적이 있다. 칼릴 지브란의 『예언자』에 나오는 '먹고 마심에 대하여'를 떠오르게 하는 곳이었다. 아래와 같다.

그대가 대지의 향기로 살아갈 수 있으며 공기 식물처럼 빛에 의지해 유지될 수 있다면 좋으련만. 그러나 그대는 살기 위해서 죽이지 않을 수 없고, 그대의 목마름을 달래기 위해서 새로 태어난 새끼에게서 어미의 젖을 훔쳐야 하기에, 그때 그 행위가 당신의 예배 행위가 되게 하시오. …(중략)…

어떤 짐승의 고기를 먹을 때 그대들은 그에게 마음속으로 이렇게 말하십시오.

너를 죽이는 바로 그 힘으로 나도 죽임을 당하고 나 역시 너처럼 먹힐 것이다.

너를 내 손에 넘겨준 그 법칙이 나를 더 힘 있는 손에 넘겨줄 것이기 때문이다. (후략)…

야마기시 양계에서는 닭장에 모이를 줄 때 먼저 노크를 하고 닭장 문을 연다. 그리고는 "아침밥 가져왔습니다"라고 말한다. 달걀을 꺼내 올 때도 먼저 알리고 양해를 구한다. 닭을 잡을 때도 마찬가지다. 고통을 최소화한다. 인공조명을 쓰지 않고 채광과 통풍을 사람 살림집답게 한다.

우리의 과도한 육식문화에서는 친환경 인증기관과 축산산업, 국립농산물품질관리원의 유착도 근절될 수가 없다고 본다. 그래서 인증기관의 부정행위와 (동물복지) 축산 농가의 위법행위가 주기적으로 도마 위에 오르는 것이다. 돈벌이 양계의 한계라고 봐야 한다.

핵발전소에 기대어 먹고사는 '핵피아'가 있다. 밥상을 뜯어먹고 사는 '식피아'들이 있다. 수입농산물과 육식 관련 업종이다. ㈜하림을 축으로 한 하림 그룹은 우리나라 3,200여 양계농가의 87퍼센트를 수직 계열화했다. 이들 간의 살벌한 생산성 경쟁을 부추긴다. 대표적인 식피아다. 이들의 발호를 막고, 식물식 식단에 대한 시민의 선택권을 보장함으로써 밥상을 근본에서 바꿔 가는 것이야말로 되풀이되는 축산 재앙으로부터 벗어나는 길이 될 것이다.

구제역과 조류독감은 밀집 축산의 업보

2010년으로 기억된다. 경북 안동에서 시작된 구제역으로 온 나라가 난리였다. 대량 살육되는 소, 돼지의 마릿수가 날마다 늘어만 갔다. 발굽 동물인 유제류는 매장하여 살육하고, 그 마을 사람들은 꼼짝달싹 못하고 바깥나들이가 통제된 전시와 다를 바 없었다. 이렇게 대량 살육된 소, 돼지가 45만 마리가 넘었다고 한다. 이 죄업을 어찌 할 것인가. 대량 살육과 방역에 드는 비용이 거의 1조 원에 육박했다. 참으로 끔찍하다.

왜 이런 일이 벌어지는지 깊은 성찰이 필요하다. 이런 일이 벌어진 것은 최근의 일이다. 아무리 멀리 잡아도 40년이 안 된다. 40년 사이에 무슨 일이 있었기에 이런 비참과 대량 살상이 일상화되었단 말인가. 모든 결과는 원인이 있게 마련이다.

모두 다 인간 때문이다. 인간의 끝 모를 탐욕과 식습관 때문이다. 하지만 아무도 이것을 거론하지 않는다. 이 문제가 해결되지 않으면 구제역은 더욱 창궐할 것이다. 구제역뿐인가. 조류독감이 그렇다. 닭과 오리를 대량 살육하는 조류독감도 계속 되풀이될 것이다.

첫째 이유는 인간들의 과다한 육식 때문이라는데 이견이 없다. 50여 년 전만 해도 우리나라 소는 30만 마리가 안 됐다. 지금은 300만 마리가 넘는다. 갓난애까지 포함해 인구 15명당 소 한 마리다. 육류 소비량은 50년 사이에 10배가 넘게 늘었다. 한 해 평균 우리나라 한 사람 당 55킬로그램의 고기를 먹어치우고 있다. 육식의 건강상의 폐해를 더 이상 따질 생각은 없다. 이렇게 고기를 많이 먹어댄 후과는 사람의 문제에만 그치지 않는다. 지구 환경 문제를 야기하고, 죄 없는 축생의 대량 살육으로 이어지고 있는 것이다.

이것은 자연히 두 번째 이유와 연결된다. 싸구려 고기를 생산하는 밀집 축산에 그 원인이 있다. 이른바 공장형 축산이다. 대량생산을 위해 산업화된 축산은 유전적 다양성을 축소시켰고 무역 규모까지 늘렸다. 대형슈퍼와 체인망이 촘촘히 늘어서서 값싼 고기를 내놓고 육식을 부추기고 있다. 돈벌이를 위해 소중한 가치들을 내팽개친 것이다.

'집짐승'은 사라지고 오로지 '축산'만 있다. 좁은 공간에 많은 짐승을 키우다 보니 병이 돌았다 하면 순식간에 전염이 된다. 옛날에는 구제역이 발생해도 가축과 사람의 이동이 덜하고 한 집에 한 마리가 있을 둥 말 둥 하다 보니 좀 앓다가 회복했다. 치사율도 1퍼센트 내외였다.

성장호르몬과 배합사료로 대표되는 단기간 고속 사육이 짐승들의 내성을 떨어뜨린 게 네 번째 이유다. 삼계탕 집 닭은 달걀에서 깨어난 지 단 27일 만에 출하된다. 돼지도 옛날 집돼지에 비해 1/4에 불과한 기간에 다(?) 자란다. 태어난 지 150일 만에 90킬로그램에 도달하게 키워대니 그야말로 축사는 고기 공장에 다름 아니다.

정치인들이 내세우는 대책은 티브이에 나와서 쇠고기 먹는 행사뿐이다. 구제역이 수인성 질병이 아니니까 구제역이 아무리 심해도 사람이 쇠고기 먹는 것은 '암시랑토 않다'고 쇼를 한다. 구제역의 근본 문제를 호도하고 백성들의 건강을 오도하는 행위다.

동물복지라는 말이 등장한 지 오래다. 인권만이 아니라 동물권이라는 말도 오래전부터 사용하고 있다. 동물들에 대한 인간들의 참회가 필요한 때다. 억울하게 죽어간 동물들의 영혼을 위로하고 천도제를 지내줘야 한다는 의견, 그렇게 하는 사람들의 절절한 참회의 기도를 귀담아 들어야 한다. 그리하여 식습관과 인간 탐욕을 벗어나야 한다. 그것이 인간을 살리는 길로 통하기 때문이다.

　아래 칼럼을《한겨레》에 썼는데 이런 참상을 보고 동물단체와 채식단체, 종교단체와 같이 위령제를 올리기도 했다.

　아래는 당시의 칼럼이다.

　〈공장 축산을 매장하라〉

　만약에 말이다. 그 옛날, 1855년에 프랭클린 피어스 미국 대통령으로부터 땅을 팔라는 제안을 받고 깜짝 놀란 스퀘미시 족의 시애틀 북미원주민 추장이 그랬던 것처럼 구제역으로 살육당하는 소, 돼지를 대표해서 1970년대를 살았던 늙은 소 한 마리가 연설을 한다면 오늘의 구제역 사태를 두고 뭐라 한탄할까?

　"전에 우리는 들판에서 풀을 뜯고 살았습니다. 논에서 쟁기를 끌었고 무거운 등짐을 장터로 옮겼습니다. 진실한 노동 끝에 한 통의 여물을 받았고, 짚 몇 단으로 일용할 양식을 삼아 고단한 하루를 넘겼습니다. 일 년에 몇 번 제사상이나 명절상에 귀한 음식으로 오르긴 했지만, 한 번도 식탐의 재료가 되어 사시사철 고깃집에 걸려 있지는 않았습니다.

　그런데 이게 뭡니까? 달포 사이에 소, 돼지가 140만 마리나 죽임을 당해 언 땅에 파묻혔습니다. 일부는 생매장되기도 합니다. 날이면 날마다 소주에 곁들여 우리를 뜯어 먹던 이들이 포클레인 삽날로 우리를 짓뭉개고 있습니다. 사람들이 만들어 놓은 재앙을 왜 죄 없는 우리 소, 돼지에게 뒤집어씌우는지 이해할 수가 없습니다.

좁은 쇠창살 속에 가두어 놓고 평생을 사료만 먹이는 짓을 누가 했습니까? 90퍼센트 이상을 외국에서 사온 사료를 먹이면서 눈앞에 펼쳐진 7월의 무성한 풀밭에는 제초제를 뿌려대고 우리는 단 한 입도 풀을 뜯지 못하게 한 게 누구입니까? 평생토록 단 한 번도 짝짓기를 못하게 하고는 강제 인공수정으로 새끼만 빼내 가는 짓을 누가 했습니까? 구제역이 왜 번지는지 정녕 모르고 하는 짓들입니까? 대량살육과 생매장으로 과연 구제역을 막을 수 있다고 믿기나 하는지요? 예방 백신만 확보하면 이런 사태를 다시는 되풀이하지 않을 거라는 확신을 갖고나 있는지 되묻지 않을 수 없습니다.

자동차에 기름을 넣듯이 지금의 배합사료는 쇠고기 만드는 공장에 넣는 공업용 원료입니다. 우리는 원래 되새김 동물입니다. 위가 네 개인 우리는 되새김질을 해야 정상적인 순환작용, 소화작용을 합니다. 대부분 유전자조작(GMO) 옥수수를 갈아 만든 이따위 배합사료는 단백질 덩어리와 다름없습니다. 일대일로 균형을 이뤄야 할 오메가6 지방산이 오메가3보다 무려 66배나 많은 옥수수는 되새김질은 커녕 목구멍을 넘기면서 흡수되어 버립니다. 우리의 몸은 망가지고 살만 찝니다.

막사 구석에 어지럽게 쌓여 있는 항생제들은 우리 몸뚱이를 지탱하는 의족이자 의수입니다. 우리에게 먹이는 항생제 양은 호주의 37배나 되고 미국의 근 3배나 됩니다. 우리는 늘 약물중독 상태입니다. 도대체 누가 이런 만행을 저질렀습니까? 한 생명체가 다른 생명체를 이렇게 취급해도 되는지 묻지 않을 수 없습니다. 소 한 마리가 구제역에 걸리면 반경 얼마 안에는 전부 몰살당해야 하는 이 비참을 누가 조성했습니까?

자식같이 키웠는데 하루아침에 살처분 당했다고 통곡하는 축산 농가에도 우리는 할 말이 있습니다. 정녕 자식을 이렇게 키웁니까? 영양제와 항생제로 자식을 키웁니까? 좁은 우리에 가두어 놓고 경제성이 가장 좋은 출하시기를 자로 재듯이 가늠해 가며 되팔아서 통장으로 들어오는 돈이 최대의 관심사가 아니었습니까? 우리를 자본재로 여기며 자본회전 속도에 관심을 더 두지 않았습니까?

우리가 축사에서 나오는 순간 바로 도살장으로 끌려가 컨베이어벨트 쇠갈고리에 걸려 빙글빙글 돌면서 바로 온몸이 갈기갈기 찢겨나가는 것을 그들은 알 겁니다. 때로는 목숨이 다 끊어지지 않은 채로 머리가 잘리고 사지가 조각납니다. 이런데도 자식처럼 키운다는 말이 나옵니까? 우리가 듣기에 거북합니다. 인간들이 야속하고 원망스럽다 못해 원혼이라도 살아 복수를 해야겠다는 생각도 합니다.

좁은 이 땅에 소만 340만 마리나 됩니다. 갓난애부터 노인병원 와상 환자까지 다 합쳐서 14명당 한 마리입니다. 돼지는 1,000만 마리나 됩니다. 세 끼 밥 먹고 살자고 이런다면 또 모르겠습니다. 돈을 향한 맹목적인 탐욕과 싸구려 고기로 식욕을 부추기는 이런 짓을 해야 합니까? 이러고도 만물의 영장이라고 내세우는 게 가당키나 하단 말인가요?

소, 돼지를 파묻는 데만 급급할 게 아니라 진정 파묻어야 할 것은 공장식 축산입니다. 돈벌이 목적의 산업형 축산입니다. 시급히 생매장해야 할 것은 과도한 육식문화입니다.

우리는 사람들의 건강에 보탬이 되고 싶지 건강을 망치는 원흉이 되고 싶지는 않습니다. 진정 한 식구처럼 살고 싶은 것은 우리들입니다. '축산물'이 아니라 '가축'이 되고 싶은 것입니다.

더 늦기 전에 유제류의 원혼을 위로하는 초혼제를 지내고 속죄하기를 호소합니다. 참된 속죄를 통해 스스로를 구원하시기를 간곡히 당부드립니다. 마지막 한 마리의 소가 구제역으로 쓰러지기 전에. 마지막 한 마리 돼지가 파묻히기 전에. 그때는 이미 늦습니다."

* 졸고, 《한겨레》, 2011년 1월 9일 칼럼.

자연식물식으로 넘어 가는 길

"육식하는 사람들이 지구를 먹어 치운다!"는 말이 있다. 지구 없이 인간이 살 수 없다. 지구를 먹어 치운다는 것은 인간을 먹어 치운다는 말이 된다. 뜻하지 않게도 육식인은 식인종이 된다는 것인가? 그런 삼단 논법이 가능하겠다.

전 세계 반 정도의 농경지에서 식량이 아니라 사료작물을 키운다. 2022년 11월 16일 자로 세계 인구가 80억 명을 돌파했다. 그런데 세계 인구 10명 중 1명은 기아 상태다. 그렇다면 8억 명이 기아 상태다. 역시 삼단 논법을 적용하면, 육식은 8억 명의 인구를 굶주리게 하고 있다.

배스킨라빈스의 상속자였던 존 로빈스는 그의 명저 『육식, 건강을 망치고 세상을 망친다』와 『음식혁명』에서 중요한 주장을 한다. 소고기에서 1칼로리의 단백질을 생산하기 위해서는 화석연료 54칼로리를 사용하는 반면, 콩에서 1칼로리의 단백질을 생산하기 위해서는 2칼로리만 쓰면 된다는 것이다. 옥수수나 밀에서 1칼로리의 단백질을 얻기 위해서는 화석연료를 3칼로리만 태워도 되지만 소고기에서 그만한 칼로리를 얻으려면 그보다 18배나 많은 화석연료를 소모한다고 주장한다.

현대적 육류 생산이 이산화탄소와 그 밖의 온실가스를 대량으로 배출하여 지구온난화를 가속하고 있다는 건 널리 알려진 사실이다. 기후 재앙이 인간의 생존을 가장 위협하는 현실임을 아는 이상 빨리 육식문화를 '자연식물식'으로 바꿔야 한다. 축산과 육식문화를 넘어서지 못하면 축산 농가는 물론이고 농업, 농촌, 농민의 미래는 없다.

이를 극단적인 채식 단체의 주장쯤으로 치부하면 안 된다. 기후위기로 인한 농업, 농가 부담이 가중되는 중심에는 축산이 있다. 숲이 파괴되고 물이 오염되는 것, 각종 성인병, 수인성 전염병에는 역시 축산이 자리 잡고 있다. 그래서 인도의 마네카 간디는 "육식하는 사람들이 지구를 먹어 치우고 있다"고 말한 것이다.

2023년에 들어서며 우리나라 축산 농가 특히 소를 키우는 농가는 소값 하락으로 시름이 크다. 송아지 사육 두수가 급속하게 늘 때부터 예상된 현상이다. 구제역이나 돼지열병, 조류독감 등으로 되풀이되는 축산 농가의 고통이 뒤따른다. 자기가 키우던 소, 돼지가 생매장되고 강제 도살되는 것을 바라보는 농민은 외상 후 스트레스 장애에 시달린다는 보고도 있다. 이는 돈벌이 축산에 나서는 농민 자신도 문제고 고기를 탐하는 모든 국민의 책임이라 하겠다.

이 악순환의 단절을 위해 정부는 축산 농가의 전업을 차근차근 추진해야 한다. 부산의 신발 공장과 대구의 섬유 공장이 사라졌다. 떠오르는 산업이 있고 지는 산업이 있는 법이다. 축산은 지는 산업이다. 과감히 축소하다가 없애야 하는 산업이다. 기후 재앙은 물론이고 토지와 물의 남용과 오염, 인간 건강의 문제까지 축산이 관여되어 있다. 시골마다 내걸려 있는 주민들의 축산 오폐수와 악취 항의 현수막은 축산이 지역 갈등을 조장하는 현장의 속살을 보여준다. 에너지 과다 낭비 역시 축산과 육식문화에 기인한다. 육식문화와 육식 산업 전반을 놓고 볼 때 성인병 등 국민 건강에 대한 위협도 빼놓을 수 없다.

정부는 한발 앞서서 축산 농가의 전업을 위한 장기 계획을 세워야 하며, 농업의 다원적 가치와는 정면으로 배치되는 축산에 대한 조정 작업에 들어가야 한다. 농민단체 역시 아픈 자기 성찰을 해야 한다. 동물 학대 논란까지 일으키는, 끊이지 않는 축산 관련 사건사고를 냉정하게 돌이켜 봐야 한다. 축산 관련 협회 등 권력화되어 있는 농업의 부문 단체들도 마찬가지다. 반복되는 고통을 끊기 위한 용기 있는 선택을 해야 한다.

식생활교육지원법과 그 시행령에 따라 활동하는 학교급식네트워크나 한살림 등의 식생활 교육 기관들이 활발하게 움직이고 있다. 이들의 몫도 크다. 전 국민 식생활 개선 캠페인이 중요하기 때문이다. 그 방향은 자연식물식이다.

05
———
———

모시는 밥

밥이 하늘이다

신성한 밥을 대하는 우리의 자세
— 식고, 청수, 이천식천, 향아설위

여기까지, 먼 길을 톺아 왔다. 이제 여정을 마무리할 때다. 우리는 살기 위해서도 먹고, 먹기 위해서도 산다. 잘 먹어야 잘 살고 잘 사는 사람은 참으로 잘 먹는다. 먹는 것이 인간 삶의 진실과 진리를 내포할 수밖에 없다. 일찍이 동학(천도교)에서는 이 진실을 소박하게 날 것으로 설파하였다. 이제 그 이야기를 해 보자. 여정의 마무리이며, 새 여정의 시작이 되기도 하리라.

음식, 시대와 문화의 산물

종교단체마다 음식에 대한 독특한 금제와 권장이 있다. 이는 종교단체뿐이 아니다. 나라와 민족도 그렇다. 각기 일상의 음식이 다르며, 계절과 시기에 따라 음식을 금하기도 하고 권하기도 한다. 몸의 상태에 따라 그러하며, 절기나 행사에 따라 그러하다.

이슬람 문명권에서는 라마단 기간 동안에는 먹지도 마시지도 않는다. 흡연은 물론이요 성행위도 안 한다. 기도와 순례와 자선을 할 뿐이다. 전쟁 중에도 이 라마단 기간을 어기지 않는다. 이 기간에 공격을 하거나 적대행위를 하면 이는 신성모독이 된다. 돼지고기를 금하는 종교도 있고 소를 숭상하는 종교도 있다. 향이 강하고 매워서 수행에 방해가 된다 하여 오신채를 금하는 게 절집의 계율이다. 오신채는 부추, 달래, 파, 마늘, 흥거다. 우리나라에서는 흥거를 별로 안 쓰는 관계로 대신 양파를 꼽는다.

이런 내용과 종교간 차이는 문화적 산물이다. 그 종교가 태동할 당시의 사회문화, 환경 조건의 반영이고, 시대적 특징과 한계를 반영한다. 아울러 오늘의 현실에 대한 재점검 과제이기도 하다.

200년 전 한국에 들어온 기독교는 교리처럼 엄격히 술과 담배를 금했다. 이런 규칙은 성경에는 술에 취해 방탕하지 말라고는 했지만 금하지는 않았고 예수 역시 포도주를 마셨지만, 조선 사람들이 술을 너무 마시는 데서 비롯되었다고 한다. 성경에 담배 피우지 말라는 얘기가 없는 것은 중동 지역에는 담배 자체가 없었기 때문이다. 우리가 신성시하는 종교적 교의는 모두 시대적, 문화적 산물이라고 확인하고 오늘의 논의를 시작하는 것이 좋겠다.

음식과 관련한 쟁점은 크게 두 가지가 있다. 뭘 먹을 것인가가 첫

째요, 어떻게 먹을 것인가가 둘째다. 먹는 절차나 상차림, 분위기 등은 생략하자. '사람이 곧 하늘'이라고 선포한 동학에 뿌리를 둔 천도교에서는 이런 문제에 대해 어떤 입장인지 살펴보고자 한다. 경전에서 언급하고 있는 음식에 대한 이해와 시각을 정리하고 천도교인들은 이를 삶 속에 어떻게 구현하는지도 알아본다.

강단에서 긴장도 설렘도 없이 운위되는 그런 관념 속 음식이 아니라, 입으로 들어오는 '정의'를 바로 세우는 한편, 종교가 나아갈 생명의 길을 돌아보는 것이다. 천도교의 음식문화를 근거로 해서.

청수봉전의 전통

천도교에서는 과식을 경계한다. 어떤 음식이냐에 앞서서 음식을 얼마만큼 먹어야 하는지에 대한 조절력을 말하고 있다. 음식이 과하면 위가 넘치고, 위가 넘치면 경락이 고르지 못하여 해가 많다고 의암성사(義菴聖師, 孫秉熙, 이하 '의암 선생') 법설 제24편 위생보호장 (衛生保護章)에 언급되어 있다. 아무리 몸에 좋은 음식도 과하면 안 된다. 아무리 나쁜 음식이라도 약으로 쓰일 때가 있는 법이다.

같은 경전에서 고기와 술도 해가 많다고 지적한다. 이는 음식의 질을 말하는 것이다. 오곡은 정기가 순연하여 몸에 이롭지만 고기와 술은 정기가 바르지 못해 해롭다는 것이다. 영양으로만 밥상의 질과 격을 따지는 서구의 논리와는 사뭇 다르다. 기운을 중시하는 음식문화다. 특히, 아이를 가졌을 때는 육지살이는 물론 바다살이도 먹지 말라고 가르친다. 논의 우렁이도, 개울의 가재도 먹지 말고, 고기 냄새마저 맡지 말라고 한다. 태어나는 아이가 모질고 탁해진다는 이유다. 해월신사(海月神師, 崔時亨, 이하 '해월 선생') 법설 제27편 내칙(內則)에 나오는 말씀이다.

또한 천도교에서는 개를 먹지 말라고 한다. 사람 다음으로 영험한 존재가 개라 하여 개고기 먹는 것을 금한다. 구한말, 굶주리는 민중들이 야만스러운 도살 과정을 거쳐 개를 잡아먹는 것이 결국 스스로의 영과 혼을 잡아먹는 것과 같은 것이기에 금하지 않았을까.

이는 원시 불교 경전에서 높은 데 올라가지 말라고 한 부처의 가르침과 견줄 수 있다. 부처 주위에 법문을 듣고자 몰려든 군중들이 서로 높은 데 올라가 다치는 경우가 종종 있자 이를 경계하였다. 인도에서는 남자들도 치마를 입기에 복잡한 군중 사이에서 치마폭이 넓어 자주 걸려 넘어지지 않았나 짐작이 된다. 이처럼 음식문화는 그 주체와 시대, 지역의 특성을 반영한다. 이것은 경전을 문자로만 읽을 것이 아니라 당대의 문화에 맞게 문맥을 재해석하고 응용할 것을 요청하는 것이기도 하다.

천도교 음식문화는 식고(食告)와 청수봉전(清水奉奠)에 기본 얼개가 담겨 있다고 할 수 있겠다. 식고는 식사할 때 한울님에게 고하여 천지부모의 은혜에 감사드리며 기도하는 것을 말한다. 하늘과 사람과 만물을 동등하게 한울님으로 바라보는 천도교에서는 음식 역시 한울이다. 음식을 한울로 보면서 하는 식고는 이러한 종교 철학에 바탕을 두고 있다. 따라서 음식을 먹는 행위가 지극한 한울 모심의 의례가 되어야 하는 것은 두말할 나위가 없다. 그러하기에 식고는 이천식천(以天食天), 이천화천(以天化天)과도 연결되며, 한울님 감응의 표징인 영부(靈符)와도 관계가 깊다. 영부에 대해서는 해월 선생 법설 제8편 영부주문(靈符呪文)에 나온다; "우리 도의 뜻은 한울로써 한울을 먹고, 한울로써 한울을 화할 뿐이니라. 만물이 낳고 나는 것은 이 마음과 이 기운을 받은 뒤에라야 그 생성을 얻나니, 우주 만물이 모두 한 기운과 한 마음으로 꿰뚫어졌느니라."

청수봉전은 동학이나 천도교에서 시일식 등 모든 의식이나 제례때 깨끗한 물 한 그릇을 받들어 올리는 의식을 말한다. 청수봉전의 근본 뜻은 인내천 사상으로 접근해 알아볼 수 있다. 모든 사람이 귀천이 없고 상하가 없으며 앞뒤가 없다고 선언한 동학(천도교)은 청수 한 그릇으로 이를 삶 속에 구체화한다. 청수 한 그릇에 함축된 음식문화는 천도교의 사상과 직결된다. 이는 천도교여성회와 천도교한울연대 활동에서 더욱 구체화된다. 종교의식과 제의로서의 음식문화가 시대 현실에 조응하여 새롭게 체현되는 것이다.

식고—한울님 조상님 스승님 감응하소서

천도교는 감응의 종교다. 감응은 기도와 정성에 응답하는 것이다. 감응의 주체는 한울님이고 조상님이고 스승님이다. 그들이 나의 기도, 심고에 감응하시기를 바라는 것이다. 주체와 대상을 편의상 나눴을 뿐 천도교에서는 이를 일체된 하나로 본다. 그래서 늘 심고(心告)를 한다. 심고는 살아가는 동안 한울님과 분리된 나, 분리된 조상님과 스승님과 내가 다시 하나 되는 과정이다. 감응을 통해서 하나 된다. 그래서 심고는 "(한울님, 조상님, 스승님) 감응하소서"로 시작하고, 마친다.

다시 말하자면 심고는 한울(신)과의 소통이다. 심고는 한울 된 자가 다시 한울 됨의 과정이다. 한울이 한울을 먹고(以天食天), 한울이 한울이 되고(以天化天), 한울이 한울을 모시는(以天奉天) 것은 심고를 통해 감응하기를 바라고, 감응함으로써 완성된다.

식고(食告)는 음식 앞에서 하는 심고다. 생활 속에서 신적 합일을 중요시하는 동학은 가장 적나라하고 구체적인 합일의 생명 행위가 먹는 것에 있기 때문에 심고의 세분화된 행위로 식고를 한다.

음식 앞에서의 심고를 식고라 하여 강조하는 것은 특별한 의미가 있다. 밥 한 그릇의 이치를 깨닫는 것이 천지의 도를 얻는 것이기 때문이다. 세상만사가 결국은 밥 한 그릇의 이치 안에 들어 있다는 가르침이다. 천도교 음식문화의 핵심은 이 식고에 있다고 해도 과언이 아니다. 다른 종교에서 하는 음식에 대한 감사기도와는 궤를 달리한다. 식고는 천도교경전의 다른 가르침들과 함께 살펴볼 때 제대로 파악할 수 있다.

일찍이 해월 최시형 선생은 법설 천지부모(天地父母) 편에서 "만사지 식일완(萬事知 食一碗)"이라 하여 세상만사 이치를 아는 것은 밥 한 그릇이 내 앞에 놓인 이치를 아는 데에 있다고 하였다. 식고는 밥상을 앞에 두고 하는 심고이지만 밥상과 연결된 세상만사, 세상만물에 대한 화답과 감응의 과정임이 이렇게 밝혀져 있다. 그냥 밥 한 그릇이 아니다.

세상만사와 세상만물은 또 무엇인가? 해월 선생은 물건마다 한울이요 일마다 한울이라고 했다. 해월 선생 법설 제24편인 이천식천(以天食天)에 "내 항상 말할 때에 물물천(物物天)이요 사사천(事事天)이라 하였나니, 만약 이 이치를 옳다고 한다면 물물(物物)이 다 이천식천 아님이 없을지니…"라고 했다.

따라서 밥 한 그릇에는 고스란히 한울이 담겼다고 하는 것이다. 식고라는 천도교 음식 의례는 어쩌면 장엄한 우주 원리에 대한 되새김이라 하겠다. 우주의 원리는 오묘한 작용을 거쳐 밥 한 그릇이 되고, 밥 한 그릇은 다시 오묘한 우주 원리를 구성하는 것이다. 이때의 밥은 쌀만을 일컫는 것은 아니다. 음식 일반을 말한다.

식일완 만사지에 앞서 해월 선생은 설명 하나를 덧붙였다. 사람은 먹어야 살기 때문에 밥에 의지하여 태어날뿐더러, 밥에 의지하여 자라고 밥에 의지하여 생각도 하고 밥에 의지하여 말도 한다는 것이다. 그러면서 아주 새로운 말씀을 하셨다. '사람이 밥에 의지하는 것과 같은 이치로 한울은 사람에 의지한다'는 말이다.

나에게 제사를 지내라
—내 안에 한울님, 부모님, 조상님이 있으니

사람이 한울(하느님, 부처님, 알라님)에 의지하는 게 아니라 한울이 사람에 의지한다? 뭔가 바꼈다고 생각할 것이다. 이 말은 사람이 있음으로 해서 한울은 자기 존재를 현재화한다는 말이다. 신은 사람에게 의지하고 사람은 밥 한 그릇에 의지한다면 어떻게 되는가?

한울된 나에게 차리는 밥상

사람뿐 아니라 신마저도 밥 한 그릇에 의지하고 있다는 경천지동(驚天地動)의 선언이 되는 것이다. 편의상 신과 사람과 밥을 나눠서 살펴보았지만 사실은 밥을 축으로 하나 된 한울이다. 그래서 "만사를 아는 것은 '밥 한 그릇'의 이치를 아는 데 있다"고 한 것이다.

밥 한 그릇에 목을 매고 있는 신(神)! 밥 없이는 존재할 수 없는 신! 전지전능하고 무소부재한 절대화된 타자로서의 신이 아니다. 한울이 곧 사람이고 사람이 곧 한울이라는 것을 밥 한 그릇에 오롯이 담아내고 있는 것이다. 이러한 밥 한 그릇이니 천도교에서 식고의 종교적, 문화적 무게가 어떠한지 가늠이 될 것이다.

달리 보자면, 사람이 중하다는 말이 된다. 사람이 손가락 하나 까닥이는 것도 한울의 조화하심의 결과이지만 마찬가지로 한울은 사람을 통하지 않고는 하찮은 먼지 하나 어쩌지 못한다는 말이 된다. 식고는 이렇게 우주 삼라만상을 꿰는 원리를 대변하고 있다. 천도교 음식(밥)문화의 장대함을 볼 수 있다.

해월 선생은 이런 말도 했다. "어머니의 젖은 사람 몸에서 나는 곡식이고 곡식은 천지가 주는 젖이다(乳也者 人身之穀也 穀也者天地之乳也)." 우리가 밥상 앞에 앉는 것은 단순히 백반 일인분, 비빔밥 일인분이 아니라 천지가 주는 젖을 먹기 위한 것이다. 한울과 조상과 스승이 내 몸 안에서 한울로 거듭나는 것이 밥 먹는 일이며, 이로써 한울님과 조상님과 스승님의 감응을 체현하는 것이 식고라 하겠다. 밥 먹는 일은 천지의 부모님을 내 안에 모시는 거룩한 일이 된다. 이를 천도교경전에서는 '천지부모'(天地父母)라 한다.

천지부모와 함께 향아설위(向我設位)는 천도교 음식문화의 특징을 잘 보여준다. 제사를 모실 때 벽을 향해 위패를 두어 조상님으로 여기는 게 아니라 나(내 안의 한울님)를 위패로 삼아 제사상을 차린다는 말이다. 시천주, 즉 한울 모심의 종지에 따라 식고를 하는 것처럼 향아설위 역시 한울 모심의 구체적 표현이다. 한울이 모셔진 나(我)는 곧 스승이고 조상이고 천지만물이다. 이러한 '나'를 위패로 삼는다는 게 향아설위다. 내가 위패가 되어 한울님과 스승님과 조상임을 모시고 제사를 지내는 것이다. 해월신사의 향아설위는 기존의 제사 관습뿐 아니라 세상을 바라보는 관점을 송두리째 뒤바꾼 법설이다. 한울님이 밖이 아닌 내게 모셔져 있기 때문에 가능한 것으로, 제사상을 나를 향해 차리라는 말이다.

한울 모심, 즉 시천주는 내 안에 모신 '내유신령'(內有神靈)을 섬기는 것이지 밖에 있는 절대적 존재를 섬기는 것이 아니다.(『최제우의 철학』, 김용휘, 43쪽) 제사를 지내는 것도, 음식을 먹는 것도 결국 내 안에 모셔진 한울님을 향하는 것이라는 얘기다. 천도교에서 식사는 내 몸에 영양분을 주입하는 것이 아니다. 한울님 모심의 구체적 생명 살림 행위이며 신성한 의식이다.

이천식천- 감응의 밥상, 감사의 밥상

밥상으로 한울님이 모셔지는 것은 한울 된 내가 한울인 밥상을 먹는 이천식천의 완성태가 된다. 바로 식고를 통해서다. 식고는 결국 감사의 밥상을 차리는 의식이다. 식고는 한울님 감응하심을 기원하고 갈망하기도 하지만 한울님 감응하심에 대해 감사하는 것이기도 하다. 이렇게 감사를 드리는 음식은 그냥 이뤄지지 않을 것으로 보인다. 오늘날의 농산물 생산 과정과 식품가공이나 유통을 두루 살펴볼 때 그렇다.

재료가 좋고 요리 솜씨가 뛰어나도, 고마워하며 감사하는 마음으로 먹는 것만 못하다. 감사하며 꼭꼭 씹어서 음미하듯 삼키면 그게 바로 보약이 된다. 생명 살림이다. 생채식이다, 현미식이다, 소식이다, 오래 씹는다 등 건강한 식사의 귀한 기준과 원칙들이 있지만 감사식이야말로 내가 가장 먼저 꼽는 기본 원칙이다. 내 생명의 직접적인 원천이 밥 한 그릇일진대 감사식이 우선될 수밖에 없다.

감사식이 충실해지기 위해서는 그 대상이 분명해야 한다. 음식의 원재료는 누가 만들었고 어디서 왔으며, 누가 밥상을 차렸는지를 알면 좋다. 막연하고 추상적인 '하나님 아버지'가 감사의 대상이라면 부족하다. '햇볕과 비바람과 물과 공기와 노고를 아끼지 않은 많은 농부님들'이라는 감사도 하나마나다. 감사식은 밥상공동체 안에서 가장 온전해질 수 있다. 누가 재배했고, 누가 옮겼고, 누가 다듬었는지를 아는 밥상이 최고의 밥상이다. 실명 관계, 근거리 음식이 감사식의 필수가 된다. 익명의 음식은 추상적 감사에 머문다.(졸고, 「내 손으로 차리는 밥상」, 『살림이야기』 2013년 여름호, 한살림, 2013)

지역 농산물과 소박한 밥상이 오늘날에 있어서 식고의 바탕이 되어야 할 것으로 보인다. 이러할 때 매일매일 먹는 음식이 곧 약이 되어 어릴 적부터 있던 병도 사라지고, 집안의 우환도 없어지며, 가족이 일 년 내내 건강할 수 있다는 수운 선생의 권학가(勸學歌) 노래가 유효해진다. '용담유사'(龍潭遺詞)에 들어 있는 내용이다. 요즘의 음식은 먹을수록 오히려 독이 되어 몸을 상하는 경우가 허다하기에 식고와 감사식은 더 소중한 가르침이 된다. 식고의 힘이기도 하다.

다시 말하지만 감사가 식고의 핵심이다. 한울님이 감응한 밥상이 되는지 아닌지는 감사가 결정한다. 감사는 한울님을 밥으로 모셔지게 하는 동력이다. 해월 선생은 법설 천지부모 편에서 '식고란 반포의 이치요 은덕을 갚는 도리'라고 했다. 반포(反哺)는 수운 최제우 선생의 '동경대전'의 예화에 나온다. 어미 까마귀가 물어다 주는 먹이로 자란 까마귀 새끼가 자라서는 늙은 어미 까마귀에게 먹이를 물어다 주어 은혜를 갚는 이야기다.

청수일기(淸水一器) 의미

고종 원년(1864, 甲子) 3월 2일에 "대회군민(大會軍民)하고 효수경중(梟首警衆)하라"는 조정의 명에 의하여 수운 선생은 그해 3월 10

일 대구장대(大邱將臺)에서 목이 베이었다. 이때 형졸이 여러 번 칼을 내리쳤으나 목에 칼자국조차 나지 않자 수운 선생이 형졸에게 "청수 일기(一器)를 내 앞에 놓으라." 하여 청수 앞에 마지막 묵도(默禱)를 한 뒤 마침내 순도하였다고 한다. 전형적인 종교적 순도의 사례다.

그러나 실제 천도교에서 청수일기(淸水一器, 맑은 물 한 그릇)는 여러 가지로 쓰인다. 심지어 조상 제삿날에 모든 제물을 대신하기도 한다. 청수 한 그릇만을 제상에 올리는 것이다. 으리으리한 제물들 대신 오직 청수 한 그릇이다. 청수 속에는 모든 제물이 다 포함되어 있다고 보기 때문이다. 제상에 100가지의 제물을 차린다고 해도 모자라지만 청수 한 그릇 속에는 모든 제물이 다 들어 있다. 물은 만물의 근원이기 때문이다. 기도식 때도, 종교 의례 때도 그렇다. 우리 선조들이 장독대에서 새벽마다 정화수 떠 놓고 천지신명께 빌던 오랜 풍습을 그대로 계승하는 게 청수일기다.

왜 물일까? 만물 생성의 원리는 물에 있다. 물은 무색무취하다. 전통 선도에서도 물을 단순히 수소분자 두 개와 산소 분자 하나의 화합물로 보지 않는다. 그렇다면 물은 도대체 무엇인가?

물은 육각수가 있다고 합니다. 즉, 여섯 성질을 가지는데 은하수, 황하수, 태극수, 태반수, 염철수, 강하수라고 배웠습니다. 체질에 맞는 종류의 물이 있다고 합니다. '물 수련'은 계절을 가리지 않고 매일 새벽 5시와 저녁 9시에 30분씩 물속에 들어가는 수련이었는데 한 겨울에도 몸이 떨리지 않는 순간을 맞은 적이 있습니다.

노자는 일찍이 자연의 이치에 따라 물처럼 사는 게 으뜸이라면서 상선약수(上善若水)라고 했습니다. 물처럼 산다는 것은 부드럽고 포용적이며 낮은 곳을 향하는 겸손만을 말하는 건 아닙니다. 한순간에 생명체들을 깡그리 집어 삼키는 것도 물입니다.

물이 화가 나면 정말 무섭습니다. 큰 물난리가 나면 온갖 쓰레기 잡동사니를 쓸어가 버립니다. 세상을 깨끗이 정화합니다. 이처럼 의기 넘치는 혁명가의 삶도 자연의 이치를 따르는 물 같은 삶이지 않을까 합니다.(졸고, 「물처럼 산다는 것」, 『달팽이 통신』 2013년 3-4월호)

이 글에서 육각수는 육각형의 안정된 형태의 물 상태를 말하는 게 아니라 여섯 가지 성질을 가진 물을 말하고 있다. 이렇게 물은 다양하게 이해되고 있다. 흔히 맑은 물은 이를 통해 속된 마음을 정화하고 영혼의 순수함을 회복할 수 있다고 본다. 천도교의 청수도 고래의 이런 정화 기능을 계승했다고 할 것이다.

그러나 여기서는 이런 종교적, 철학적 물의 속성을 더 이상 따지지 말고 삶 속에서 생명으로 작용하는 음식의 하나로 청수 한 그릇의 의미를 새겨보고자 한다.

민중지향성 - 음식 예절의 번거로움을 없애다

해월 선생은 1875년(포덕 16년) '일체의 의식에 번거로운 예절을 사용하지 말라'는 강화의 가르침을 얻고 설법하기를 "앞으로 일체의 의식에 청수 한 그릇만 사용하는 날이 있으리라"고 하였다.

이후 천도교중앙총부가 1906년(포덕 47년)에 종령(宗令)을 발표했다. 천도교에서 매주 일요일에 하는 정기적 공동의례인 시일식에 청수일기만을 모시는 것을 규칙으로 하는 것이었다. 제대 위에 오직 맑은 물 한 그릇을 모시는 것으로 모든 제수를 대체했다. 1910년(포덕 51년)에는 전교식, 참회식, 시일식, 기념식, 기도식, 기타 예식에 청수일기를 봉전하도록 '천도교의절'에 명시했다.

유교 전통의 제의는 그 절차의 번거로움은 물론이려니와 중국식 용어와 과도한 상차림으로 민초들은 제의의 주체가 될 수 없었다. 물질적 부담과 의례상의 부담은 제사와 제의를 사대부 계층의 전유물이 되게 하였던 것이다. 해월 선생은 일체의 의식에 청수 한 그릇만 사용하게 함으로써 천도교 상차림의 본을 만들었다.

해월 선생은 법설 '향아설위' 편에서 "만 가지를 차리어 벌려 놓는 것이 정성이 되는 것이 아니"라고 하면서 "다만 청수 한 그릇이라도 지극한 정성을 다하는 것이 옳다"고 했다. 또 "제물을 차릴 때 값이 비싸고 싼 것을 말하지 말고, 물품이 많고 적은 것을 말하지 말라"고도 했다. "굴건과 제복도 필요하지 않고 평상시에 입던 옷을 입더라도 지극한 정성만 있으면 된다"고 했다. 의례 때의 복식 하나 갖추지 못하는 서민에게는 가뭄의 단비 같은 상차림의 혁신이라 하겠다.

예로부터 '가난한 집 제삿날 돌아오듯 한다.'는 말이 있다. 기제사, 세사, 사시제, 한식성묘 등 지내야 하는 제사가 끝이 없다. 제상을 차리는 데에 허리가 휜다. 모든 제물을 청수 한 그릇으로 바꿔 놓는 것은 형식과 허세에 치우친 유교문화 제례를 질타하고 오직 정성 하나만 지극한 마음으로 모시면 된다는 의식과 일상의 대전환이라 하겠다. 빈부격차를 따지지 않는 상차림이 가능해진 것이다.

수운 선생(최제우)이 큰 깨우침을 얻은 뒤에 여종을 한 사람은 수양딸로 삼고 또 한 사람은 며느리로 삼아 몸소 신분의 귀천을 없앴듯이 해월 선생(최시형)은 빈천이 가장 크게 드러나게 되던 제례에서 청수일기를 통해 모든 차별과 격차를 없앴다 하겠다.

분작 - 나눔의 밥상문화

청수봉전의 과정은 크게 세 단계로 나뉜다.

청수를 청수기에 담아 오는 과정이 첫 번째다. 몸과 마음을 가지런히 단장하고 깨끗한 물을 한 그릇 떠 온다. 두 번째 단계는 심고와 함께 시작되는 청수 모시기 의례이다. 마지막 세 번째 단계가 분작(分酌)이다. 마치는 심고를 마지막으로 의례가 다 끝난 뒤에 청수기에 담긴 청수를 함께 나눠 마시는 것이다. 맑고 깨끗한 물을 떠와서 모신 청수이지만 의식이 끝난 뒤의 한울이 감응한 청수는 처음 물과 전혀 다른 물이다.

에모토 마사루의 책(『물은 답을 알고 있다』, 더난출판사, 2008)에서처럼 지극하고 간절한 마음이 한울을 감응케 한 청수이기에 이를 작은 잔` 최대한 많은 사람들이 나눠 마시는 것은 예식에 참여한 모든 이의 일치와 한울 감응을 공유하는 것으로서, 나눔의 밥상과도 같다.

천주교 영성체 예식을 천도교 청수분작과 견줄 수 있겠으나 같다고 할 수는 없다. 축성된 그리스도의 몸과 피를 받아 모시는 의식인 영성체는 종교의식이라는 측면에서는 분작과 같을 수 있으나 분작은 우리의 전통 두리반 문화 맥락에서 나눔의 밥상 측면이 깃들어 있다.

밥 모심
—시천주 빈 그릇 운동

2011년 4월 9일 경기도 화성군 제암리에서 '시천주 빈 그릇 운동' 발대식이 열렸다. 〈천도교 한울연대〉'생활실천위원회' 주관으로 열린 이 순서에서는 일곱 가지 실천요강이 나왔다. 그중에 튀기거나 굽기보다 자연식과 전체식을 한다는 게 있다. 단지 음식을 남기지 않는 데 머물지 않고 음식의 재료와 요리에까지 한울 모심의 정신을 담았다. 마지막 실천 요강인 '냅킨을 함부로 쓰지 않고 주머니 속 손수건을 쓴다'는 대목은 생나무 가지 하나도 함부로 꺾지 말라는 해월 선생 법설 '내수도문'의 말씀을 식당 냅킨 하나에까지 연결해 놓은 실천 지침이다.

빈 그릇 운동은 2005에 법륜 스님이 만든 '정토회'에서 '쓰레기 제로' 운동과 함께 시작된 환경운동이다. 천도교 한울연대는 음식물 쓰레기를 줄이자는 차원과는 또 다른 시각에서 이 운동을 시작했다. 환경운동이면서도 한울 모심의 천지부모 섬기기 운동이라고 할 것이다. 빈 그릇 운동이되 '시천주 빈 그릇 운동'인 것이다.

취지문을 보면 그 의도가 더욱 분명하다. '시천주 빈 그릇 운동 선언문' 내용이다.

…(전략) 한 방울의 물에도 천지의 은혜가 스며 있고 한 톨의 곡식에도 만인의 노고가 깃들어 있습니다. 물 한 방울, 밥 한 숟갈도 천지부모의 젖인 양 고맙게 받고 공손하게 씹어 감사히 삼키겠습니다.

취지문을 보면 한울연대의 빈 그릇 운동은 시천주라는 한울 모심의 정신이 바탕을 이루고 있음을 알 수 있다. 천도교 가르침에 따르면 밥 한 숟갈도 남겨지거나 버려질 수 없는 것은 자명하다. 해월 선생 법설 제28편인 십무천(十毋天)에 보면 한울님께 하지 말라는 열 가지 조항이 나오는데, 그중에는 '한울님을 상하게 하지 말라'라든가 '한울님을 더럽히지 말라'는 것이 그것이다. 밥 한 그릇에 천지부모님이 계신데 그것을 쓰레기로 버릴 수 있겠는가. 시천주 빈 그릇 운동은 아래의 일곱 가지 규칙을 실천 덕목으로 제시한다.

1. 먹을 만큼만 담고 음식을 남기지 않는다.
2. 음식 앞에서 식고를 하고 꼭꼭 오래 씹어 먹는다.

3. 음식점에서는 안 먹을 반찬은 반납하고 밥이 많으면 미리 덜어낸다.

4. 남은 반찬이 있는 이상 빈 반찬 그릇을 추가시키지 않는다.

5. 육식보다는 채식을, 천천히 먹고 소식을 한다.

6. 튀기거나 굽기보다 자연식과 전체식을 즐긴다.

7. 냅킨을 함부로 쓰지 않고 주머니 손수건을 꺼내 쓴다.

이 '시천주 빈 그릇 운동'은 고속도로 휴게소 등 공중화장실에서 열풍기에 손을 말리거나 일회용 종이수건을 쓰지 않기 위해 손수건 가지고 다니기 운동으로도 연결되어 지금껏 진행되고 있다.

2011년 10월 경북 안동에서 시작된 공장식 축산의 대재앙, 구제역이 전국을 휩쓸 때도 천도교 한울연대는 타종교 생명·환경 운동 단체와 연대하여 동물에 대한 살육과 학대로 이뤄진 육식문화를 넘어서고 생명의 밥상을 꾸리자는 운동을 전개하였다. 그 일환으로 천도교중앙대교당에서 살육당하는 돼지들의 고통 현장을 영상으로 상영하고 인간들의 반 생명 식습관을 반성하기도 했다.

그러나 한울연대 활동 이전에 천도교여성회의 활동이 있었다. 2002년 3월, '건강한 먹거리로 우리와 한울님을 서로 살리자'는 선언을 한 천도교여성회는 건강한 땅에서 자란 먹거리를 섭취하는 일은 그 먹거리를 키우는 땅을 살리는 일이요, 농약으로 오염되는 물과 공기를 다시 살리는 일이 된다고 역설하였다.

천도교여성회는 여성회 안에 '한울타리'라는 환경보호실천 단위를 두고 친환경 식단을 만들어 24개 지부에서 교육하였다. 매월 첫째 수요일은 음식물 쓰레기 없는 날로 정해서 실천했으며, 매주 금요일은 냉장고 정리의 날로 정해 식품 냉장 보관 목록표를 만들기도 했다. 냉장고는 양면적인 가전제품으로 우리가 흔히 알고 있는 것과는 달리 신선한 음식 섭취를 오히려 방해하는 장치다. 냉장 보관 목록표 작성은 아주 긴요한 먹거리 운동의 하나가 되었다.

또한 올바른 식단을 마련하고 이에 기초해서 식품 구매와 조리, 그리고 음식물 쓰레기의 처리 과정이 일관성 있게 연동될 때 제대로 밥상 관리가 되는 것이라 여기고, 음식물 쓰레기 배출 시 이물질을 철저히 분리해 내는 일도 여성회는 실천하였다.

7번 항목의 손수건 쓰기는 휴지를 함부로 쓰는 것은 곧 나무를 베어 넘기는 것이라고 지적하는 것이다. 부모 곁에 붙어 지내는 어린이들의 정서에 딱 맞는 지도 방식이다. 밥을 남기지 않기로 약속한 아이들에게는 밥도 한울인데 한울을 버리면 한울님 슬퍼하신다고 가르쳤다고 한다.

지방의 어느 교구에서는 겨울철 산짐승 먹이 주기 활동을 하면서 모금까지 했는데, 이 돈을 동물보호 시민단체에 성금으로 보내기도 했다. 이들이 산짐승들에게 먹이 주기를 한 것은 해월 선생 법설 천지부모 편에 나오듯이 "어찌 홀로 사람만이 입고 사람만이 먹겠는가. 해도 또한 먹어야 하고 달도 또한 먹어야 한다(何獨人衣 人食乎 日亦衣衣 月亦食食)"는 가르침을 잇는 정신이라 하겠다.

지금의 뷔페식 문화도 사실은 천도교에서 가장 먼저 시작한 음식문화다. 의암 손병희 선생이 개화운동의 일환으로 음식 덜어 먹기를 시작했다고 전해진다. 해월 선생 법설 '내수도문'(內修道文)에는 먹던 밥이나 먹던 반찬은 절대 새 밥이나 새 반찬에 섞지 말라고 되어 있다. 따로 두었다가 먹을 때도 식고를 하지 말고 그냥 '먹겠습니다.'라고 하라고 한다. 남의 숟가락이 거쳐 간 음식은 먹던 음식이 된다. 그래서 덜어 먹기를 권장한 것인데, 이는 위생적인 식사, 안 남기는 식사, 뒷사람에 대한 배려라고 하겠다.

그래서 밥과 관련된 옛말도 많다. '세 끼 밥을 굶으면 남의 담장을 기웃거리지 않는 자 없'느니, '밥이 보약'이라느니 하는 말들은 다 제대로 먹어야 제대로 산다는 원리의 다른 표현이다. 이 먹는 문제가 사람을 졸렬하게 만들기도 하고 존엄하게 하기도 한다. 사람에 한정 지어 생각한다면, 먹는 문제가 생명과 체통과 위신과 건강을 좌우하는 것임에도 불구하고 현대사회에서 음식이 상품으로 전락되면서 먹는 문제에서 숱한 부정의와 불평등과 불(不)건강이 생겨나고 있다.

먹을 것이 없어서 굶기도 하고, 먹을 것이 오염되어서 정작 음식의 양은 많으나 마음 놓고 먹을 게 없기도 하다. 오죽하면, 건강하기 위해서는 뭘 어떻게 먹어야 하느냐가 아니라 뭘 안 먹어야 하느냐를 고민해야 하는 시대라고까지 할까. 범람하는 식품첨가물과, 식품의 엄청난 이동거리로부터 발생하는 탄소 발자국들, 먹을거리를 둘러싼 여러 문제들은 차고 넘치는 먹을거리들보다도 더 많은 논란을 불러일으키고 있다.

몇 년 전 미국에서는 일련의 퍼포먼스 같은 집단적 불법 행동이 농장지대에 출몰했다. '음식정의'라는 시민단체가 유전자조작 농작물(GMO)을 짓밟고 뿌리를 뽑아내는 게릴라식 운동이었다. 몬산토 같은 거대 종자회사를 겨냥한 저항운동이었다. 현대 식량 생산과 음식문화의 거대한 오염 고리를 절단하는 운동이라 할 수 있다.

만물은 모두 연결된 한 생명체

'환경의 역습'이라는 말이 있다. '환경의 복수'라는 말과 동의어다. 견디다 견디다 더 이상 못 견디고 죽기 아니면 살기로 폭동을 일으킨 로마의 노예 스파르타쿠스의 반란을 오늘날 우리 환경이 시작했다는 말이다. 환경이 일으킨 폭동이라?

그 이치를 제임스 러브록의 『가이아의 복수-가이아 이론의 창시자가 경고하는 인류 최악의 위기와 그 처방전』(The Revenge of Gaia, 이한음 옮김, 세종서적, 2008)이 잘 설명하고 있다. 제임스 러브록은 그리스신화에 나오는 '대지의 여신'인 가이아를 빗대어 이 책을 저술하면서 이 지구는 땅덩어리만이 아니라 여기에 대기권, 대양, 토양까지를 포함하여 하나의 유기체라고 설명한다.

지구 위의 생물, 무생물, 무기물과 유기물 모두가 서로 영향을 주고받는 단일한 생명체라고 보는 것이다. 사람으로 치자면 까까머리 중학교 시절, 훈육 교사가 머리가 길다고 바리캉으로 소년의 머리통 한가운데를 밀어버리면 그 소년은 얼굴을 붉히며 모자를 푹 눌러쓰고 이발관엘 달려가야 하는 것과 같다. 머리칼은 신경세포가 없어서 아프지도 않고 그게 없다고 활동에 장애도 없다. 그러나 생명체는 그게 다가 아니다. 예민한 사춘기 소년이 그 머리통을 한 채 어딜 나돌아 다니겠는가.

우리 지구가 그렇다는 것이다. 나무가 잘리고 강물이 보에 막혀서 제대로 흐르지 못하고 강과 바다로 나아가지 못하면 마침내 지구가 통째로 몸살을 앓게 된다. 상한 음식을 잘못 먹어 배탈이 나면 다리와 눈은 멀쩡한데도 한 걸음도 걷지 못하는 처지가 되는 것과 비교하면 쉽게 이해될 것이다.

환경의 역습은 지구 기온의 상승에서 비롯되며 그 원인은 인간들에 의해 온실가스가 폭증한 데 있다.

해프닝 - 식물의 복수?

이런 현상을 적나라하게 보여주는 영화가 〈해프닝〉이다. 라이트 샤말란 감독은 이 영화에서 자연을 마구 파괴하는 인류에게 식물들이 극단적으로 복수하는 이야기를 그려내고 있다. 사람은 식물을 먹고 산다. 또는 식물을 먹고 사는 동물을 먹는다. 결국 식물은 인간의 목숨줄이다. 그런데 그 식물이 인간에게서 생존의 위협을 느꼈다. 그러자 스스로를 방어하기 위해 화학물질을 내뿜게 되는데 이 냄새를 맡은 사람들이 자살하게 하는 물질이다.

좀 황당한 이야기지만 근거가 없는 것도 아니다. 순한 사람을 자꾸 약을 올려 화나게 하면 무섭지 않던가? 순한 식물이 화가 잔뜩 났을 때 어떤 일이 벌어지는가를 보여준다. 실제로 식물뿐 아니라 모든 지구상 생명체와 무생물들은 화가 잔뜩 나 있다. 인간 때문에.

사상충(絲狀蟲, filaria)처럼 자살하게 만드는 바이러스. 무지 무섭다. 감독의 기발한 착상에 의지한 영화이지만 이게 실제 일어나도 정말 전혀 이상하지 않을 수 있겠다는 생각이 들 정도다. 그냥 웃음거리 해프닝으로 치부할 수 없다는 점이 심각할 뿐이다.

기후가 일으킨 재난 이야기를 다룬 영화는 차고 넘친다. 일일이 거론할 필요가 없을 것이다. 다들 〈해프닝〉의 공포와 절망을 뛰어

넘는다. 돌이켜보면 대부분의 재난 영화는 기후문제와 연결되어 있다. 기후가 일으킨 폭동, '기후폭동'이라는 인식이 아니고서는 설명이 되지 않는 장면들이 즐비하다. '기후폭동'이라는 말은 2018년 8월 14일 지일기념식 때 천도교에서 천도교환경선언을 채택할 때 처음 등장한 용어다. 오늘날 기후변화에 대한 가장 합당한 이름을 찾아줬다고 할 것이다. '지일'은 천도교 제1세 교조인 수운 최제우 선생이 2세 교조인 해월 최시형 선생에게 도통을 전수한 날로서, 천도교 4대 경축일 중 하나이다.

필자가 공동대표로 있는 한울연대에서 기후폭동에 대처하기 시작했다. 기구를 새로 만들었는데 이름도 '한울연대 기후폭동 대응 추진단'(이하 추진단)이다. 천도교환경선언문에 나온 대로 "…사람을 공경함으로써 도덕의 최고 경지가 되지 못하고, 나아가 사물을 공경함에까지 이르러야 천지기화의 덕에 합일될 수 있느니라.(『해월신사법설』「삼경」)"의 가르침을 되새기는 것에서 시작한다. 원래 삼경은 경천, 경인, 경물을 일컫는데 예상과는 달리 경물, 즉 사물을 공경하는 데에 이르지 않으면 경천이나 경인이 말짱 도루묵이라고 말한다. 사물이 없으면 사람도 없고 한울도 없다는 말이 된다. 천도교경전에 따르면, 사물(자연)이 공경의 대상이 되지 않고 인간 편리를 위한 재료나 도구로 전락해서 초래된 재난이 기후폭동이라는 인식을 기반으로 한다.

음식 정의의 실현

앞서 말한 미국의 '음식 정의'라는 시민단체 활동가들은 빈민가에 자연 재배 채소 판매가게를 차려서 도시빈민들에게 이를 값싸게 공급하기도 하였다. 도시 뒷골목의 가난한 사람들이 열량만 높고 영양은 없는 싸구려 가공식품만 먹으면서 각종 성인병과 비만에 시달리는 현실을 '음식 정의'는 미국 사회의 불의로 본 것이다. 이렇게 인류 보편적 기본 인권이 고전적인 인신 존중 차원에서 이제는 에너지와 음식에의 정의 차원으로 확장되고 있는 시대이기도 하다.

'음식 정의' 같은 활동이 미국에만 해당되고 한국이라고 무관할까? 그렇지 않다. 2013년 5월 4일의 일이다. 홍대 앞 주변에 불량한 대자보가 나붙기 시작했다. 무시무시한 '지령1', '지령2'라는 표현까지 써 가며 전원 복면을 하고 밤 9시에 지령받은 장소에 지령받은 연장을 들고 나타나 일사불란하게 아스팔트를 까부수라는 대자보였다. 그리고는 그 자리에 땅을 파고 생명을 심으라고 선동했다. 모종을 심으라는 것이다. 아스팔트 파낸 자리에.

정말 밤 9시가 되자 가느다란 꽹과리 소리를 신호로 복면을 한 괴한(?)들이 곡괭이와 삽, 호미를 들고 나타났고 1.5리터 페트병에 물을 담은 여성들도 여기저기에 출몰해서 신속하게 아스팔트를 뜯어내고 상추니 고추니 가지니 하는 것들을 심었다. 이들은 스스로를 '도시농업 게릴라'라 불렀다.

한 게릴라가 인터뷰에서 이렇게 말했다; "세상이 정말 이래도 되는지, 도시가 이래도 되는지 문제를 제기하고 싶었다." 도시를 경작하고 생명의 먹을거리를 밥상에 올리자는 이 호미 든 게릴라의 호소를 어떻게 들어야 하는가. 먹을거리가 심각하게 오염된 현실을 고발하는 이 귀여운(?) 게릴라들의 절규를. 우리 종교인들이 이런 문제에 침묵할 수 없다. 사람은 먹어야 사는데, 그 먹을거리가 문제 덩어리라면 생명을 말하고 영성을 말하는 종교가 입을 닫고 있을 수는 없다.

무엇을 포기할 수 있는가?

놀부처럼 양 손에 떡을 들고서 다른 떡을 더 집으려고 하면 그 일은 가능하지 않다. 환경도 살리고 기후폭동도 진정시키고, 경제도 발전시키고 지속성 있는 개발도 할 수 있는 그런 방안은 없다고 봐야 한다. 이명박 정부 시절의 '녹색 성장'이라는 말은 애초부터 형용모순이며 사기라는 것이다. 도리어 지금의 편리한 삶에서 뭘 포기할지 과감한 결단을 전제로 하는 것으로 봐야 한다. 생태 실천은 불편함을 흔쾌히 감수하는 데서 출발한다. 한울연대는 기후폭동 문제를 논하기 전에 미리 새겨야 할 세 가지를 제시했다.

첫째, 우리(나)는 뭘 포기할 수 있는가.

둘째, 끝내 지키고자 하는 가치가 무엇인가.

셋째, 우리(나)는 어떤 불편함을 감수할 수 있는가.

근대 산업혁명이 시작된 이후 200여 년 동안 인간이 이룩한 눈부신 물질문명의 성장과 발전 이면에서 누적되어 온 문제가 야기한 기후폭동을 헤쳐 나가자니 물질문명 역주행이 요구된다. 그동안 너무 누렸고 너무 파괴했고 너무도 많이 잃었다.

폭염에 홍수, 지진, 식량문제, 의료비 증가, 탈핵운동, 수자원 고갈, 해수면 상승, 미세먼지, 대기질 오염, 우울증과 기관지염 등 온갖 문제의 뿌리에는 기후폭동이 있다. 경제, 통상, 인권과도 연결된다. 시대 정의, 역사 정의를 넘어 기후 정의라는 개념이 등장하고 있다.

한울연대추진단은 가장 먼저 실천강령 마련 팀을 구성했다. 내(우리)가 어떻게 바뀌고 어떻게 실천해야 할지를 최우선 순위에 두었다. 실천강령 공모도 하고 선포식도 하기로 했다. 자체 학습 조를 꾸려 기후폭동의 근원과 대책을 공부해 가면서 문제의식을 심화하는 것도 빼놓을 수 없었다. 기후폭동의 주요 쟁점을 일곱 가지로 간추려서 자체 발표회도 가졌다.

이런 활동에 참여를 권유받은 한 천도교인은 참여를 마다하면서

"지구를 하루 빨리 개발하고 다른 행성까지도 개발해서 지구 현실의 여러 문제들을 바꾸어 나가자는 생각을 하고 있기 때문에 도움이 못 되겠다"고 했다. 멀리서 응원만 하겠다고.

인류의 기후폭동 대응 방법에는 다른 행성으로 이주하는 것도 포함될 수 있을 것이다. 다만, 그 사이에 사회적 취약 계층에 집중되는 참상들을 방치하지 않겠다는 것이 한울연대추진단의 기후폭동 대응 사업의 기본 정신이라고 보면 되겠다. 욕망을 줄이고 과욕을 포기하고 불편을 감수할 때 얻게 되는 더 귀한 가치들이 있다.

핵심은 이산화탄소 줄이기

학계와 시민사회에서는 여러 터무니없는 공격과 비방을 이겨내고 기후폭동 주범이 이산화탄소로 대표되는 온실가스라는 결론에 다다른 것으로 보인다. 우리 생활과 가장 밀접한 것은 먹는 문제인 만큼 농산물도 저탄소 농산물, 즉 기후폭동 대응 밥상이 되겠다.

'기후폭동 대응 밥상.' 이름 참 좋다. 시름시름 앓고 있는 지구를 살리는 밥상에는 어떤 게 있을까? 세 가지가 있다. 하나는 농산물 생산 과정에서의 저탄소 농사, 즉 유기농 또는 자연농이다. 둘째는 먹거리의 이동과 보관의 문제가 있을 것이다. 요즘 범람하는 영어로 하자면 '푸드마일리지'다. 얼마나 이동한 먹거리냐 하는 데서 이산화탄소 양이 정해진다. 보관 기간이 길어도 이산화탄소 배출량은 늘어난다. 내가 사는 지역에서 재배한 농산물을 제철에 먹는 것, 대단히 중요한 기후폭동 대응 밥상이라 하겠다.

기후폭동 대응 밥상의 세 번째 원칙은 누가 뭐래도 채식이다. 귀에 딱지가 앉을 만큼 채식 얘기를 해도 모자란다. 육식은 엄청난 온실가스를 배출한다. 채식만으로도 우리는 영양 부족 없이 건강하게 살 수 있다. 서울시가 몇 년 전에 육식의 문제를 꺼냈다가 축산 농가들이 벌떼처럼 들고 일어나 난리굿을 치른 적이 있다. 그러나 어쩌랴. 국내 축산 농가에서 구제역·조류독감(AI) 등이 '연례행사'처럼 유행하는 것을! 대부분의 성인병이 육식과 관련 있는 것을!

좀 더 정교하게 말하자면 '육식' 문제라기보다 소규모로 한 식구로 여겨지는 '가축'을 기르던 농가들이 사라지고 새롭게 그 자리에 들어선 기업식 공장 축산이 문제다. 성공회대 경영학과 박창길 명예교수는 이러한 공장식 축산을 '지구상에서 가장 악마적인 시스템'이라고 표현했다. 2017년의 살충제 계란 파동도 같은 맥락에서 일어난 재난이었다. 육식은 이런 참상의 온상이다. 환경운동 한다거나 종교를 가진 사람이 육식을 한다는 것은 이율배반이다. 공장식 축산이 지배하는 사회 현실에서 말이다. 생명과 사랑과 상생과 환경 모두와 어긋나는 게 축산이다.

밥상 말고 이산화탄소 없애기에 도움이 되는 일은 또 뭐가 있을

까? 기후폭동 대응 주거, 기후폭동 대응 교통, 기후폭동 대응 문화,
기후폭동 대응 의료·보건, 기후폭동 대응 교육 등 이산화탄소를
줄이는 방향으로 전환할 분야는 차고 넘친다.

노라 가버트 감독의 〈노 임팩트 맨〉이라는 다큐멘터리 영화가
있다. 지구환경에 전혀 부담을 주지 않는 삶을 살아내는 환경운동
가이자 작가인 '콜린'이 1년간의 가족생활을 담아냈다. 흥미로운
실험, 유쾌한 연습이다. 인생 자체가 지구라는 무대 위에서 연출하
는 실험이고 연습이다. 천도교에서 이런 삶을 시범적으로 살고자
하는 교인을 추천받아 기후폭동 대응 연습, 기후폭동 헤쳐 가기 실
험을 해 보면 어떨까?

제철 음식을 먹고 비효율적인 삶을 살아야

지구온난화를 악화시키는 농업은 때 아닌 먹거리들을 밥상에 올
리게 하는 것과 무관하지 않다. 제철 농사를 짓고 제철 음식을 먹는
다는 것은 그래서 중요하다. '음식 거리 점수'(푸드마일리지) 운동이
활발해져서 원거리 이동을 통하여 온실가스를 많이 배출하는 농산
물은 그것이 '외국산'이라서가 아니라 지구온난화 문제 때문에라도
멀리해야 한다. 외국농산물 수입을 국내 농민 보호 차원만이 아니
라 지구온난화 방지 차원에서도 통제해야 한다. 국제협약으로 농산

물 장거리 이동 제한 제도를 만들어야 한다. 국내에서도 생협들이 스스로 광역별 물류센터 중심으로 사업하는 관행을 멈춰야 한다. 부산한살림처럼 지역 내 농산물 유통을 대원칙으로 삼아야 한다.

'실천강령'에서는 손수건과 개인 통컵(흔히 '텀블러'라고 하는데 우리말인 '통컵'이 좋다)은 물론 장바구니를 가지고 다닌다고 했다. 값싸고, 가볍고, 때깔 좋고, 내구성 좋다고 마구 쓰다 보니 세상 천지가 비닐이고 플라스틱이고 미세먼지다. 뉴질랜드 정부는 2019년부터 일회용 비닐봉지 사용을 법으로 전면 금지하기로 했다. 우리나라도 2022년 11월 24일부터 마트와 슈퍼마켓 등에서 일회용 비닐 쇼핑백 사용을 전면 금지했다. 그동안 공짜로 제공되던 제과점 비닐봉투도 일정액 돈을 주고 사야 한다. 환경부는 이 같은 내용의 '자원 절약과 재활용 촉진에 관한 법률'(이하 '자원재활용법') 시행령 개정안을 만들었다. 위반하면 5만 원에서 200만 원까지 벌금도 물린다. 법 이전에 해월 선생의 법설을 놓고 보더라도 천도교인이 함부로 자연을 훼손해서는 안 된다.

손수건을 가지고 다니면 휴게소나 건물 화장실에서 일회용 종이 수건을 안 쓸 수 있고, 에너지 효율이 빵점인 열풍기를 안 써도 된다. 중국집에서 짜장면 먹을 때 냅킨을 수북하게 곁에 쌓지 않아도 된다. 장바구니와 통컵도 일회용 줄이기에 좋은 대안이다.

일회용품 남용은 재난이 되어 돌아오고 있다. 이른바 일회용품

비닐과 플라스틱의 역습이 만만찮다. 실천강령 열 가지 중 세 가지가 일회용품 사용 않기와 관련된다. 손수건 가지고 다니기, 개인 컵 가지고 다니기, 장바구니 가지고 다니기.

식 · 의 · 주와 전자 쓰레기 문제

- 외식을 줄이고 도시락을 가지고 다닌다.
- 지역유기농산물로 식물식(채식)을 한다.
- 베란다와 텃밭에 채소를 가꾼다.

도시락을 싸가지고 다니는 것은 쉽지는 않다. 1만 원짜리가 한 장 있으면 배불리 먹는데, 더욱이 편의점에 가면 차고 넘치는 게 도시락인데, 손수 도시락을 준비한다니.

그러나 사 먹는 음식은 과도한 첨가물과 지나친 탄산나트륨, 원거리 이동 식품이라는 큰 문제가 있다. 한울연대추진단은 회의 때는 쌀과 반찬을 조금씩 가져와서 밥을 해 먹었다. 그 연장선상에서 기후폭동과 관련해서 온실가스를 줄이는 데 도움이 되는 식물식(요즘은 채식이라 않고 식물식이라 한다. 채소뿐 아니라 견과류와 과일을 중시하기 때문이다)을 하고 도시락을 가지고 다니기로 강령을 정했다. 기후폭동 시대에 육식을 삼가는 것은 공장식 축산으로 인한 동물 학대를 방지하는 첫걸음일 뿐 아니라 온실가스 배출량을 줄임으로써 지구환경에 친화적인 행동이기 때문이다.

식물식의 으뜸인 채소의 어원을 보면 식물식의 의의를 알 수 있다. 채소를 말하는 베지터블(vegetable)은 베지투스(vegetus)에서 비롯되었다. 원 뜻은 '원기 왕성한', '생기 넘치는'이라고 한다. 그렇다면 육식은 생기 없는 음식인가? 그렇다고 할 수 있다. 동물식에서 단백질과 지방 섭취가 필요하다고 하는 사람이 있지만 꼭 그렇지는 않다. 공장식으로 사육하는 과정의 스트레스 호르몬인 '코티솔'이 축적되고, 사료에 들어가는 항생제와 성장촉진제 등 각종 첨가물을 생각하면 생기가 없는 식품일 뿐 아니라 몸에 해롭다고 할 정도다.

이와 함께 지역에서 난 유기농산물을 먹고 베란다와 텃밭에 채소를 가꾸자고 강령에 넣었다. 손바닥만 한 곳이라도 채소를 가꾸면 생명감수성이 커진다. 지역 유기농산물은 땅과 공기와 물을 살리는 일에 동참하는 것이 된다.

"세상에 공짜는 없다"는 말이 있다. 불교에서 말하는 인드라망의 세계는 다 연결되어 있다. 우리는 보험사 등 제2, 제3 금융기관에서 걸려오는 상품판매 전화를 받으면 내 전화번호를 어떻게 알았을까 궁금해진다. 궁금증에 앞서 짜증이 나기도 한다. 그런데 알고 보면 짜증 내기가 민망하다. 그게 다 뿌린 대로 거두는 일이어서다.

무슨 말인가? 우체국에 가서 430원 하는 우표를 사 붙여서 2~3일

걸려 보낼 수 있는 편지를 돈 한 푼 안 들이고 이메일로 보내는데 그게 공짜일 수가 있겠는가? 우리는 공짜지만 메일서버나 포털사이트 운영기업은 상당한 비용을 치른다. 그 비용을 치르는 과정이 광고전화가 되어 우리의 일상을 파고드는 것이다.

어떤 환경단체도 아직 카톡이나 이메일, 페이스북, 밴드 등 전자 소통 도구들을 줄여서 전자쓰레기를 줄이자는 활동을 하는 곳은 없다. 아마도 한울연대가 처음으로 제창하지 않았나 싶다. 단체로 운영되는 누리 소통망(소셜 네트워크 서비스. sns)도 삼가야 할 정도로 우리 삶을 지배하고 있어서다. 서버와 단말기의 전력 소비량도 만만찮을 것이다.

흔히 큰 냉장고나 대형 가전제품을 들이면서 스스로에게 마취제를 투입하는 방법이 있다. "소비전력이 얼마 안 된데…"라거나 "이왕 장만하는 거 가격 차이가 안 나서…"라는 말이다. 내가 아는 후배는 엄청 좋은 차를 탄다. 옛날에 민주화 운동도 같이 했고 교도소도 갔다 온 녀석이다. 묻지도 않았는데 그 친구는 "운전을 오래해도 피곤하지가 않거든…", "만에 하나 사고가 났을 때 안전이 중요해서…"라고 말한다. 이런 유혹과 변명을 떨쳐버려야 한다.

천도교한울연대 〈10대 실천강령〉에서는 계단을 이용하고 가까운 거리는 걷자고 했다. 이는 주거 공간을 줄이고 가전제품 의존도를 낮추자는 것도 일맥상통한다. 몸을 많이 쓰자는 것도 같은 뜻에서 나온 말이다. 몸을 쓰지 않고 기계를 과도하게 쓰니까 기후폭동도 가속화되고 몸도 망가진다. 계단과 걷는 일을 열심히 하면 공짜 운동을 하는 것과 같다. 헬스클럽에 가서 돈 내고 하는 운동만 운동이 아니다.

실천강령에서는 냉·난방과 조명도 줄이자고 했다. 이제는 '빛 공해'라는 말이 나올 정도다. 인공위성에서 찍은 야경을 보면 휴전선 아래는 한밤에도 불야성이다. 평양에 겨우 촛불 하나 보일 듯 하는 인공위성 야경을 보고 더 이상 바보 같은 자부심을 갖지 않아야 할 것이다. 기후폭동의 주범이라는 자책을 해도 모자랄 판에.

실천강령에는 조명, 난방, 에어컨을 줄인다, 주거 공간을 줄이고 같이 산다(함께 살기). 이렇게 두 가지가 포함되어 있다.

제도와 시스템 변화, 그리고 개인의 실천

정부에서 내년부터 일회용품에 대한 강력한 단속 의지를 밝히고 법령을 정비하자 스타벅스 등 대형 카페에서도 빨대나 일회용 종이컵을 대체하는 움직임이 있다. 자동차 뒷좌석 안전띠 매는 것도 오랜 홍보를 거쳐 법제화했다. 흡연문제도 그렇다. 법제화가 되면 전면적인 사회적 실천이 진행된다. 제도화는 이렇듯 중요하다.

〈10대 실천강령〉은 우선은 제도와 시스템보다는 개인적 삶의 전환에 초점을 맞췄다. 그럼으로 해서 생태문제와 생명환경문제에 대한 섬세한 감성을 일깨우고 사회적 실천과 개인의 일상을 맞춰 가려는 의도라고 보면 된다. 앞으로는 사회적 경제 시스템, 공유경제 시스템으로 한울연대가 관심 분야를 확장해 가리라고 본다.

개인 차원의 실천강령 만들기도 좋겠다. 가령, 〈기후폭동 대응, 홍길동 실천강령〉 만들기를 하면 어떨까? 양치질 할 때 컵으로 헹굼 물 받아서 하기, 목욕탕에서 샤워기 끄고 몸에 비누칠 하기, 세제 안 쓰고 맹물로 머리 감기(요즘 이게 유행이다. 탈모방지에도 좋다. 마지막 순서에 천연 감식초를 살짝 추가하면 향도 난다), 조명 기구를 엘이디(LED)로 교체하기, 이불 속에 보온 물주머니 쓰기 등….

개인적 다짐과 결단도 중요하지만 개인이 결단하기 좋은 환경을 조성하는 것도 중요하다. 그것을 제도화하는 것은 더 중요하다. 그러면 집단의지가 작동하게 되는 것이다. 공유의 삶은 생태보존 실천운동의 핵심이다. 오늘날 극단적으로 개별화된 삶은 자본이 부추긴 측면이 있다. 경쟁적으로 자기 살 궁리만 하는 각자도생의 삶은 각 개인을 야만으로 이끌고, 한정된 자원을 고갈시킨다. 공유의 삶은 과도한 경쟁과 불안, 초조, 두려움에서 벗어나게 한다. 자원보존도 가능하고 그에 앞서 효율적인 운용이 된다.

생활용품은 물론 이동수단, 주거, 밥상이 공유의 우선적인 대상이 될 수 있다. 1인 가구에도 화장실이 있어야 하고 티브이나 세탁

기, 냉장고가 있어야 한다. 자동차나 전자레인지도. 4명이 함께 살
아도 될 품목을 혼자서 다 갖추고 살아야 하니 환경에 부담이 갈 수
밖에 없다.

각성을 불러일으키는 교육과 문화의 조성

자동차 운전자가 안전띠를 매는 게 요즘은 상식이 되었고 뒷좌
석 안전띠 매기도 제법 정착되어 가고 있다. 이것은 10년 이상 계속
된 계몽과 단속의 결과물이다. 머리로 이해하고 가슴으로 받아들
인다고 그렇게 살게 되지는 않는다. 생활화되기 위해서는 꾸준한
반복과 교육이 필요하다. 한 발 더 나아가 강력한 각성을 위한 계기
가 마련된다면 금상첨화가 될 것이다.

지난해(2022) 연말부터 대형마트에서는 비닐봉지를 무료 제공은
물론 판매하는 것이 금지됐다. 대형마트, 대형슈퍼는 일회용 비닐
봉투 제공·판매를 법적으로 금지하고 제과점의 경우 비닐봉투의
사용이 가능하지만 무상 제공은 법적으로 금지한다. 이렇게 전격
적으로 벌금을 수백만 원까지 물리면서 제도화하는 것은 2018 중
국에서 플라스틱을 비롯하여 폐기물 수입을 전면 금지하면서, 우
리나라에 이른바 폐비닐, 폐플라스틱 대란이 일어나면서 시작되었
다.

결국, 환경부장관까지 교체되기에 이른 이 사태는 전격적인 일회용 비닐 사용 금지 법안이 전광석화처럼 마련되는 계기가 되었다. 환경의 역습은 그 기세가 끔찍할 정도다. 일회용 비닐봉지 사용에 대한 금지나 벌과금, 또는 환경 부담금을 대폭 올려서 자각과 긴장도를 급격히 끌어 올릴 필요가 있다. 파괴된 환경의 복원은 너무도 오래 걸리기 때문이다. 기후폭동으로 돌발병해충, 외래 유입 병해충의 발생이 급증하고 있다. 국가 간 농산물 교역량 확대에 따라 외래 병해충과 잡초의 유입이 증가하고 발생 양상이 변화하고 있다는 현실과 함께 기후폭동으로 인한 영향도 크다.

농업의 위기는 그것이 밥상 위에까지 영향을 미칠 때 심각해진다. 한반도의 연평균 기온이 1912년 10.5도씨(℃)에서 2010년에는 12.3도씨로 상승하는 등 아열대화가 지속적으로 진행되고 있다. 또한 재배 환경의 변화는 재배 작물, 재배 적기 및 재배 적지의 변화와 더불어 병해충과 잡초의 발생 양상을 변화시키고 있다. 이와 함께 국제교역 확대 등으로 외래 병해충 유입과 피해 가능성이 더욱 커지고 있다. 즉, 1900년대 이후 우리나라에 유입된 외래 병해충은 89종인데, 이 중 34종이 2000년 이후 유입됐다. 또한 돌발해충의 발생 면적도 2015년에 비해 2017년에는 꽃매미 2.4배, 미국선녀벌레 3.7배에 달했다. 특히 과수화상병은 식물세균성 병으로 전 세계적으로 치료제가 없어 예찰과 예방이 최선책이 되며, 발생 시 인근

100미터 이내 기주 식물을 포함해서 전면 매몰해야 한다.

산림도 예외는 아니다. 기후폭동의 영향이 심각하다. 1960~1970 년대에는 솔나방이 대표적 산림해충이었으나 1980~1990년대에는 솔잎혹파리, 최근에는 소나무재선충 피해지역이 확산되고 있다. 기후변화와 산림 생태계의 다변화로 산림병해충의 발생 다양화 및 피해의 대형화가 예상된다. 온난화 진행을 멈추지 못한다면 속도를 줄이기라도 할 특단의 대책은 다른 데 있지 않다. 순차적으로 문명을 철거하는 것이다. 문명에서 자연으로 회귀하는 것이다. 이 방향에 분명히 서서 기술 개발도 아열대성 작물재배도 해야 할 것이다.

후천개벽 - 전환의 시대, 영성의 시대의 새 종족

위기의 시대에 등장하는 구원론이나 종말론이나 내세론은 몇 가지 단어들을 공유한다. 재앙, 신, 영성, 명상, 회개, 치유, 수련 등이다. 이런 단어들의 중요성은 말해 무엇하랴만, 자본이 개입되면서 상업화되는 면을 봐야 한다. 유기농산물 꼴이다. 대형 유통업체에 전용 진열대가 생기면서 비롯된 유기농작물의 상업화는 자연 농부들로부터 시작된 유기농산물의 신뢰마저 떨어뜨렸다.

현대 문명의 질병 증상이 도리어 공포 마케팅에 이용되면서 수련과 명상과 영성이 오염된 게 사실이다. 극단적인 종교의 영향도 있다. 이름을 어떻게 붙이든 변혁의 시대, 개벽의 시대, 전환의 시대다.

개개인의 영적 각성이 중요시된다. 그런 사람들 간의 집합성도 요구된다 하겠다. 영적 삶과 세속적 삶을 다 사는 사람을 윤중 황선진 선생은 양서류적인 삶이라고 말한 적이 있다. 양쪽에 다 발을 걸치는 양서류적인 삶. 일종의 이중생활이다.

예로부터 탁월한 혁명가만이 이중생활을 할 수 있었다. 대중조직과 전위조직의 활동을 병행하기란 쉽지 않다. 양서류적인 삶은 현실세계에 발을 딛고 살면서도 늘 자신의 신령스러움을 잃지 않는 것이다. 늘 명상하고 수련하며 영적 세계를 염원하는 것이다. 신적 존재로서의 품격과 체신을 잃지 않는 것이다.

이전에도 무수한 농촌을 향한 대열들이 있었다. 먹거리 해결을 위해서, 무지몽매한 백성들의 계몽을 위해서, 계급혁명을 위해서! 우리가 지금 농촌을 열망하고 지향하는 것은 과연 그 연원이 무엇인지 새겨야 할 것이다. 표피적 현상 이면의 큰 흐름을 직시하면서 현실적인 정책을 세우고 살아내야 할 것이다.

새로운 대열이 농촌을 향하도록 하고 농촌에 뿌리내리는 신인류들을 잘 탄생시키면서, 스스로가 새로운 종족으로 거듭나야 하는 것이다. 그런 점에서 '한울연대'란 '한울사람 연대'인 것이다.

해와 달도 사람처럼 먹고 마시고 자야 한다

2022년 2월 24일, 전라북도 도청 앞이었다. 〈새만금 해수유통 공동결정 촉구 기자회견 및 생명평화 기도회〉 자리였다. 국무총리와 국토부 장관까지 참석하는 새만금위원회가 그곳에서 열렸다.

여기서 나는 기도 형식을 빌려 절규했다. "해월 선생께서는 일찍이 산짐승, 날짐승, 물살이도 입고 덮고 자고 먹어야 한다고 했습니다. 해와 달과 별도 마찬가지라고 했습니다. 물살이와 나는 새들이 입고 덮고 먹는다는 게 뭐겠습니까. 우리는 그들의 잠자리를 빼앗았고 그들의 밥그릇과 그들의 옷을 빼앗았습니다"라고. 천도교를 비롯한 5개 종단이 주최한 행사였다.

기후폭동, 기후위기, 온난화, 기후재난, 기후붕괴···. 어떻게 불리든 이건 날씨 얘기가 아니다. 날씨를 넘어섰다. 문명의 위기, 문명과 인류 붕괴의 총체적 난국을 일컫는 말이 되었다. 그래서 탈핵,

새만금 해수유통, 설악산 케이블카 반대 현장으로 간다. 혼자, 또는 종교환경회의랑 같이. 또는 천도교 교단의 이름으로. 모든 환경문제, 생명 문제는 총체적 기후위기로 귀결되고 있다.

천도교경전의 해월 선생 법설 '천지부모' 편에서처럼 오곡이 천지부모가 주시는 젖이라고 한다면, 우리는 참 불효막심한 짓을 맹렬하게도 하는 셈이다. 부모인 천지의 가슴팍을 짓이기고 속을 뒤집어 놓으며 하지 말라는 짓만 골라서 한다. 이는 '천지부모' 편 외에 '삼경', '이천식천'에 잘 나온다.

동학에서는 '사람이 곧 하늘'이라고 한다. 그래서 하늘(한울)을 공경하라고 했는데 하늘은 사람을 떠나 따로 있는 게 아니라면서 아무리 조상과 하늘을 공경한답시고 법석을 떨어도 사람을 공경하지 않는다면 물을 쏟아버리고는 해갈을 바라는 것과 같다고 했다.

씨앗을 놔두고 바라보기만 하고 심지 않는 것과 같다고도 했다. 사람이 곧 하늘이기 때문이다.

여기까지는 동서양의 경전과 성현들 말씀에도 나오는 것으로 우리 귀에 익숙하다 하겠다. 그다음에 동학 천도교에서만 볼 수 있는 천지자연 생명사상의 핵심이 나온다. "(하늘을 공경하고 나아가) 사람을 공경한다고 해도 도를 이루었다고 할 수 없다. 물(物, 사물, 자연)을 공경해야만 도의 완성이라 할 것이다."(『해월신사법설』, 〈삼경〉)

생협 운동의 효시라 할 '한살림'의 사상적 토대는 해월 선생의 밥 사상이다. 전 부산대 임재택 교수의 생태유아공동체 운동 역시 그렇다. 이들은 논외로 치더라도 천도교여성회와 천도교청년회에서는 2000년대 초반부터 기후위기라는 용어를 쓰지는 않았어도 생활환경운동과 지역사회 환경 활동을 해 왔다.

우리의 모든 주제와 관심은 결국 밥상이다. 밥 한 그릇의 이치를 제대로 파악하고 그 이치에 따른 밥상을 차리는 것이다. 좋은 흙이 건강한 작물을 만들고 건강한 작물이 살아 있는 밥상을 보장한다는 땅 살림, 사람 살림, 하늘 사람 밥상을 차리는 것이다. 우리가 밥을 제대로 먹는지 돌아볼 일이다.

밥은 하늘입니다

등록 1994.7.1 제1-1071
1쇄 발행 2023년 3월 31일

지은이 전희식
펴낸이 박길수
편집장 소경희
편 집 조영준
관 리 위현정
디자인 이주향
펴낸곳 도서출판 모시는사람들
        03147 서울시 종로구 삼일대로 457(경운동 수운회관) 1207호
전 화 02-735-7173, 02-737-7173 / 팩스 02-730-7173

인 쇄 피오디북(031-955-8100)
배 본 문화유통북스(031-937-6100)
홈페이지 http://www.mosinsaram.com/

값은 뒤표지에 있습니다.
ISBN 979-11-6629-159-3   03300

* 잘못된 책은 바꿔 드립니다.
* 이 책의 전부 또는 일부 내용을 재사용하려면 사전에 저작권자와
  도서출판 모시는사람들의 동의를 받아야 합니다.